新编高职高专旅游管理类专业规划教材
谢彦君　总主编

LÜYOU DIANZI SHANGWU JIAOCHENG

# 旅游电子商务教程

周春林　王新宇　周其楼　等编著

北京·旅游教育出版社

# 新编高职高专旅游管理类专业规划教材编委会

主　任　谢彦君
委　员　（按音序排列）
　　　　狄保荣　　韩玉灵　　计金标
　　　　姜文宏　　罗兹柏　　王昆欣
　　　　张广海　　张新南　　朱承强

# 总 序

经过将近三年的策划与组织,旅游教育出版社的"新编高职高专旅游管理类专业规划教材"终于要整体付梓印行了。本套丛书不管是在编写宗旨的确立还是在撰著者的遴选方面,都经历了一个较为严谨而细致的过程,这也为保证丛书的质量奠定了一个良好的基础。

中国的高等旅游教育和旅游产业发展,已经度过了三十多个春秋。从20世纪70年代末的筚路蓝缕到今天已蔚为大观的局面,这当中包含了几代学人和业者共同努力、共同创业的艰辛。在今天看来,尽管在这个知识和行业共同体中曾经并依然存在着观点、思想和认识上的碰撞和摩擦,但一路前行的步伐却始终没有停止过。这也是中国旅游教育界、旅游产业界呈现于世人的最令人鼓舞的风貌和景观。

在整个高等旅游教育体系中,职业教育的发展,只是在最近的十几年中才真正被政府纳入到大力发展的战略框架当中,并在今天形成了占据旅游高等教育半壁江山的势头。如果站在整个旅游高等教育的视野来审视旅游职业教育和普通教育在整个旅游高等教育中的局面,大家会有一个基本的共识:旅游高等职业教育在人才培养方面,无疑更加体现了专业细分、供需对接、学为所用的人才培养效率和效果,并不像旅游本科教育那样,每年的毕业生有70%以上流入其他行业或领域,从而造成社会教育资源的极大浪费。这个问题学界多有认识、阐述和呼吁,并一致认为,其根源在一定程度上是由本科专业目录管理过于僵化的行政机制所造成。值得欣慰的是,最新的本科专业目录调整方案中,已经增设了饭店管理专业,这一举措借鉴了旅游专业高等职业教育按照旅游大类进行专业细化的成功方面,昭示了旅游大类下设专业(二级学科)进一步有限度细化的趋势。

不过,尽管旅游专业的高等职业教育有其成功的地方,但也不是没有问题。在专业格局有了科学摆布的前提下,人才培养的质量就取决于具体的人才培养方案了。在这当中,各个学校所拥有的教学资源、师资队伍、教材、教学法等方面的准备,就成为关键的教育因素。如果仔细盘点目前我国旅游专业高等职业教育在这一方面的家底,其实还很不容乐观。在我看来,由于我们对职业教育在认识上还不够成熟,准备上还不够充分,操作上还有待完善,加之旅游职业教育向来多以接待服务为教育的主体内容,缺乏硬技术、高门槛,因此,中国的旅游职业教育,依然显得离岗位培训距离不远、差异不大。在知识体系和职业技能的衔接方面,始终没有找到最好的途径和策略。因此,旅游职业教育在培养人的职业深度发展空间方面,始终有浅薄无力的缺欠。这是一个需要警觉,同时也是一个需要时间才能加以解决的问题。

旅游教育出版社在策划本套丛书的初期,就曾意识到这个问题,并有努力解决这一问题的想法。在本套丛书的书目确定、作者遴选、写作宗旨的厘定等方面,都试图对上述问题作出回应。从各位作者所作的努力来看,本套丛书还是在一定程度上解决了这个问题。整套丛书中,不乏在这方面做得很好的,也有在其他方面展现了充分特色的著作。因此,希望本套丛书的面世能够给旅游职业教育提供一套比较适用的教材资源。

本套丛书的作者都来自职业教育工作的教学与科研第一线,他们在各自所长的学科领域也都多有建树。作为本丛书的主编,我十分感谢他们在编写过程中所作出的巨大努力以及展现出来的合作与奉献精神。

由于水平所限,加之本人对旅游职业教育的理解缺乏深度,因此,本套丛书还是会存在总体架构、基本思想和具体编写工作方面的诸多不足甚至错谬。希望广大读者和其他人士对本书的缺欠不吝赐教,以图再版时予以修正,避免贻误学生。

是为序。

谢彦君

2011 年 7 月 22 日于灵水湖畔

# 前言

随着信息通信技术(ITC)与旅游业融合的加强,旅游电子商务以超乎想象的速度覆盖了旅游业的各种业态,而且还形成了诸如携程、同程、途牛、去哪儿等中间商或第三方的旅游新业态。《第30次中国互联网络发展状况调查统计报告》显示,截至2012年6月底,中国网民数量达到5.38亿,中国电子商务市场交易额达3.5万亿元,电子商务服务企业直接从业人员超过190万人,由电子商务间接带动的就业人数已超过1400万人,电子商务已经拉开了生活方式变革的序幕。目前,越来越多的企业、游客和网民通过各式各样的旅游电子商务平台实现自身的经营和生活目标,旅游电子商务业务成为众多旅游企业新的赢利方式。中国旅游产业已经确立了以信息化带动旅游业向现代服务业转变的基本途径。因此,在旅游类院校和旅游类专业开设旅游电子商务课程成为了一种普遍趋势。考虑到旅游类专业的课程设置和学生未来从业的趋势,我们试图在本教材中把电子商务的基础知识、不同旅游业态电子商务的模式、功能与应用,甚至电子商务系统设计和程序设计都囊括进来,以求得知识学习和技能习得的全面性。在本教材正式出版之前,我们编写了讲义,进行了试用,并且组织了一轮教学实践。但事实证明,这样做对教学双方的要求都非常高,教学目标的达成也打了折扣。因此,在本教材定稿时,我们删去了程序设计和数据库的相关内容。

全书共分为九章,前四章是旅游电子商务的基础知识,后五章是旅游电子商务的具体应用。参与本书编写的人员来自不同的高校。周春林(南京旅游职业学院)负责全书的框架设计、参与相关章节的编写、负责统稿和相关编务工作;倪月犁(南京师范大学)编写第一章,赵晓瑜(南京旅游职业学院)编写第二章,马卫(南京旅游职业学院)编写第三章,王娜(应天职业技术学院)编写第四章,周其楼(江苏教育学院)、胡丹丹(南京师范大学)编写第五章,李俊楼(南京旅游职业学院)、彭鹏(南京师范大学)编写第六、七章,王新宇(南京旅游职业学院)、盛方清(南京师范大学)编写第八、九章。

在编写过程中,我们得到了苏州同程、杭州西软、上海棕榈等相关企业在技术和资料方面的支持。苏州同程科技有限责任公司 CIO 王专博士、北京中长石基信息技术股份有限公司教育部经理吴少勇先生等业界朋友给了我们很大的帮助。此外，我们还参考了同行专家的许多文献资料，在书后的参考文献中一一列出，在此一并表示感谢！

  我们深知这本教材仍有不少缺憾，由衷期待同行专家和广大读者批评指教，以便今后进一步修订和完善，为我国旅游电子商务人才培养作出更大的贡献。

编者

2013 年 1 月

# 目 录

**第一章 旅游电子商务概述** ······ 1
  第一节 电子商务概述 ······ 1
  第二节 旅游电子商务概述 ······ 10
  第三节 旅游电子商务业务模式概述 ······ 21
  第四节 旅游企业与企业之间的电子商务 ······ 28
  第五节 旅游企业与消费者之间的电子商务 ······ 32

**第二章 旅游电子商务网站建设** ······ 41
  第一节 旅游电子商务网站建设概述 ······ 41
  第二节 旅游电子商务网站规划 ······ 44
  第三节 旅游电子商务网站设计 ······ 49

**第三章 旅游电子商务交易、支付与安全** ······ 57
  第一节 旅游电子商务交易 ······ 57
  第二节 旅游电子商务支付 ······ 73
  第三节 旅游电子商务安全概述 ······ 84
  第四节 旅游电子商务安全技术 ······ 90
  第五节 旅游电子商务涉及的法律问题 ······ 95

**第四章 旅游电子商务网络营销** ······ 103
  第一节 网络营销概述 ······ 104
  第二节 网上消费者购买行为 ······ 107
  第三节 网络营销的方法与途径 ······ 108
  第四节 网络营销策略 ······ 118

## 第五章　酒店电子商务 ... 129
- 第一节　酒店电子商务概述 ... 129
- 第二节　酒店电子商务功能 ... 135
- 第三节　酒店电子商务业务 ... 138
- 第四节　酒店电子商务网络营销 ... 141
- 第五节　酒店电子商务模式 ... 149
- 第六节　酒店电子商务建设 ... 153
- 第七节　酒店电子商务未来 ... 160

## 第六章　旅行社电子商务 ... 165
- 第一节　旅行社信息化概述 ... 165
- 第二节　旅行社电子商务 ... 172
- 第三节　旅行社行业的变革 ... 184
- 第四节　春秋国旅电子商务 ... 189

## 第七章　航空公司电子商务 ... 195
- 第一节　航空公司产品特点与营销方式 ... 196
- 第二节　航空公司电子商务应用 ... 200
- 第三节　中国国际航空公司电子商务 ... 218

## 第八章　景区旅游电子商务应用 ... 228
- 第一节　旅游目的地营销系统 ... 229
- 第二节　景区电子商务应用 ... 234
- 第三节　景区预订平台——驴妈妈 ... 238

## 第九章　旅游产品与服务中间商电子商务 ... 245
- 第一节　旅游产品与服务中间商概述 ... 246
- 第二节　旅游产品与服务中间商电子商务模式 ... 250
- 第三节　典型旅游产品与服务中间商盈利模式 ... 251
- 第四节　旅游产品中间商同程网电子商务 ... 255
- 第五节　旅游垂直搜索引擎去哪儿网 ... 264

**参考文献** ... 273

# 第一章 旅游电子商务概述

## 引言

电子信息技术的发展,特别是国际互联网的发展普及,使得利用电子网络进行的商务活动发展极为迅速。自1994年互联网进入商业应用以来,电子商务以前所未有的速度向社会各个领域渗透,并且在21世纪成为越来越重要的商贸方式。旅游业是信息密集型和信息敏感性行业,非常适用互联网电子交易方式。电子商务的发展深刻地改变着旅游业的经营、管理、运作模式,而高速增长的旅游市场和日益成长的网络消费人群给旅游业发展带来了新的契机,因此,旅游业电子商务越来越受到重视。

旅游电子商务的开展与推广,不仅可以使旅游产品跨越时空的界限向外界推广,而且可以通过网上结算,解决旅游业支付结算期限长、拖欠严重等问题。因而,与其他行业相比,旅游业更需要电子商务,电子商务更容易得到旅游业的认同,也更易于在旅游业中得到推广。

## 第一节 电子商务概述

随着计算机的普及和网络技术的发展,电子商务已经和人们的日常生活密不可分。我们身边就有许多电子商务应用的例子。例如:网上订机票、网上购物、网上预订酒店,这些都是人们生活中的电子商务。而旅游电子商务是电子商务在旅游业的发展和应用,要了解旅游电子商务的内涵和本质,就要先从电子商务的概念入手。

### 一、电子商务的概述

#### (一)电子商务的概念

电子商务的产生和发展不仅改变了传统的交易模式,也改变了商业伙伴之间建立的合作关系模式以及计算应用平台的模式。电子商务是在20世纪90年代兴起于欧美等发达国家的一个新概念。1997年,IBM公司第一次使用了"电子商务"(Electronic Business,E-Business)一词,后来"电子商务"的使用慢慢普遍起来。如今,电子政务、电子市场、电子银行、电子邮政等名词正不断涌现出来。

现在,电子商务一词已经被许多人所熟悉,电子商务的应用也走进了人们的日常生活,但是电子商务至今还没有一个较为全面、权威的定义。各种组织、政府、公司、学术团体都是依据自己的理解和需求来定义电子商务的,下面是一些有代表性的定义。

**1. 有关组织对电子商务的定义**

(1)加拿大电子商务协会给电子商务的定义是:电子商务是通过数字通信进行商品和服务的买卖以及资金的转账,它还包括公司间和公司内利用 E-mail,EDI,文件传输、传真、电视会议、远程计算机联网所能实现的全部功能(如:市场营销、金融结算、销售以及商务谈判)。

(2)欧洲经济委员会在比利时首都布鲁塞尔举办了全球信息社会标准大会,会上明确提出了电子商务的定义:电子商务是各参与方之间以电子方式而不是以物理交换或直接物理接触方式完成任何形式的业务交易。这里的电子方式包括电子数据交换(EDI)、电子支付手段、电子订货系统、电子邮件、传真、网络、电子公告系统、条码、图像处理、智能卡等。

(3)国际商会于1997年11月,在巴黎举行了世界电子商务会议,会上专家和代表对电子商务的概念进行了最权威的阐述:电子商务指实现整个贸易过程中各阶段的贸易活动的电子化。从涵盖范围方面可以定义为:电子商务是指交易各方以电子交易方式而不是通过当面交换或直接面谈方式进行的任何形式的商业交易;从技术方面可以定义为:电子商务是一种多技术的集合体,包括交换数据(如电子数据交换、电子邮件)、获得数据(共享书库、电子公告牌)以及自动捕获数据等。电子商务涵盖的业务包括:信息交流、售前售后服务、销售、电子支付(使用电子资金转账、信用卡、电子支票)、运输(包括商品的发送管理和运输跟踪,以及可以电子化传送的产品的实际发送)、组建虚拟企业、公司和贸易伙伴可以共同拥有和运营共享的商业方法等。

**2. 一些政府对电子商务的定义**

(1)美国政府在其《全球电子商务纲要》中比较笼统地指出:电子商务是指通过因特网(Internet)进行的各项商务活动,包括广告、交易、支付、服务等活动,全球电子商务将会涉及全球各国。

(2)欧洲议会关于电子商务给出的定义是:电子商务是通过电子方式进行的商务活动。它通过电子方式处理和传递数据,包括文本、声音和图像。它涉及许多方面的活动,包括货物电子贸易和服务、在线数据传递、电子资金划拨、电子证券交易、电子货运单证、商业拍卖、合作设计和工程、在线资料、公共产品获得。它包括了产品(如消费品、专门设备)和服务(如信息服务、金融和法律服务)、传统活动(如健身、教育)和信息活动(如虚拟购物、虚拟训练)。

**3. IT 企业对电子商务的定义**

(1) IBM 提出了一个电子商务的定义公式,即:电子商务 = Web + IT,它强调的是在网络计算机环境下的商业化应用,是把买方、卖方、厂商及其合作伙伴在因特网(Internet)、企业内部网(Intranet)和企业外部网(Extranet)结合起来的应用。

(2) 惠普提出电子商务以现代扩展企业为信息技术基础结构,电子商务是跨时域、跨地域的电子化世界 E – World, EW = EC(Electronic Commerce) + EB(Electronic Business) + EC(Electronic Consumer)。惠普电子商务的范畴按定义包括所有可能的贸易伙伴:用户、商品和服务的供应商、承运商、银行保险公司以及所有其他外部信息源的收益人。

(3) SUN 公司对电子商务的定义是:电子商务就是利用因特网进行的商务交易。在技术上可以给出以下三条定义:

①在现有的 Web 信息发布基础上,加上 Java 网上应用软件以完成网上公开交易。

②在现有企业内部交易网的基础上,开发 Java 的网上企业应用,达到企业应用企业内部网(Intranet)化,进而扩展到外部企业外部网(Extranet),使外部客户可以使用该企业的应用软件进行商务交易。

③商务客户将通过计算机、网络电视机机顶盒、电话、手机、个人数字助理等 Java 设备进行交易。

以上定义分别出自电子商务协会、国际组织、政府部门、知名公司,这些定义是人们从不同角度对电子商务的见解。

**4. 相关学者的定义**

著名电子商务学者卡拉库他(R. Kalakota)和温斯特(B. Winston)(1997)在《Electron Commerce: A Manager Guide》中将电子商务 E – Commerce 定义为:"从通信交流角度看,电子商务就是通过电话线、计算机网络或其他电子方式实现信息、产品、服务或支付的传送;从业务流程角度看,电子商务就是面向业务和工作流自动化的技术的应用;从服务的角度看,电子商务是一种工具,帮助厂家、消费者和管理层削减服务成本,同时提升商品和服务的品质;从在线的角度看,电子商务提供了通过因特网(Internet)和其他在线服务进行产品和信息的采购和销售的能力。"

卡拉库他(R. Kalakota)(2001)博士在其《电子商务 2.0:成功之路》中,进一步将电子商务定义为:"电子商务是企业的业务流程、应用系统和组织结构的复杂融合,从而形成高效的企业经营模式。"

肯尼思(Kenneth C. Laudon)和卡罗尔(Carol Guercio Traver)(2004)将电子商务定义为:"电子商务是利用因特网和万维网(WWW,World Wide Web)进行交易。更正式地说,就是在机构以及个人间进行数字化的商务交易。"

西安交通大学李琪(1997)将电子商务定义为:"电子商务是在技术、经济高度发达的现代社会里,掌握信息技术和商务规则的人,系统化运用电子工具,高效率、低成本地从事以商品交换为中心的各种活动的总称。"

中国人民大学方美琪(2001)将电子商务定义为:"电子商务是基于因特网/企业内部网或局域网、广域网,包括了从销售、市场到商务信息管理的全过程。"

宋玲(2000)将电子商务定义为:"电子商务是在网上开展的一种先进的交易方式,网络是电子商务最基本的架构。电子商务强调参加交易的买方、卖方、银行或金融机构和所有合作伙伴,通过企业内联网、企业外联网和互联网密切结合起来,共同从事在网络计算环境下的商务电子化应用。"

实际上,电子商务有广义和狭义之分。狭义的电子商务也称为电子贸易(EC, Electronic Commerce),主要是指借助因特网进行网上的交易活动。广义的电子商务(E-Business),指包括了电子贸易(EC)在内的所有通过计算机网络,利用现代信息技术进行的各种商务活动。这些活动不仅仅限于企业和企业之间,也包括在企业内部、个人和企业之间发生的一切商务活动(计算机网络指 Internet、Intranet 和 Extranet 等)。

一般而言,电子商务的含义应包含以下五个要素。

①采用多种电子方式,特别是通过因特网;

②实现商品交易、服务交易(其中含人力资源、资金、信息服务等);

③包含企业间的商务活动,也包含企业内部的商务活动(生产、经营、管理、财务);

④涵盖交易的各个环节,如询价、报价、订货、售后服务等;

⑤采用电子方式是形式,跨越时空、提高效率是主要目的。

综合以上分析,我们可以为电子商务做出如下定义。电子商务是各种具有商业活动能力和需求的实体(企业、政府机构、个人消费者等)采用计算机网络和现代信息技术等电子方式,在一定标准和规范下进行的各种商贸活动。

### (二)电子商务的内涵

20世纪90年代以来,随着互联网及其相关技术的日趋成熟,电子商务在社会经济领域得到了广泛的应用。在发达国家,电子商务发展迅速,电子商务推动了商贸、营销、金融、广告、运输等社会经济领域的创新,并因此形成了一些新产业,给世界各国企业带来许多新的机会。

在电子商务中,用户可将自己的各类供求意愿按照一定的格式输入电子商务网络,并进行多种网上交易业务的选择。电子商务涵盖的范围包括:商务信息交换、售前售后服务(提供产品和服务的细节、产品使用技术指南、回答顾客意见)、广告、销售、电子支付(电子资金转账、信用卡、电子支票、电子现金)、配送(包括有形商品的配送管理和运输跟踪,以及可以电子化传送的产品的实际发送)、组建虚拟企业等。

电子商务的内涵是:信息运营、集成信息资源、商务贸易、协作交流。

### 1. 信息运营

在过去,核心商务系统中的信息很难为更多的人知晓运用;而现在,通过通用的因特网界面,解决了信息系统的开放问题,信息的收集、分析、处理、发布可以更高效地进行。

### 2. 集成信息资源

企业数据包括客户数据、库存记录、银行账号、安全密码等最有价值的信息,这些宝贵的信息财富支撑着一个企业的发展。将这些信息与自己的网络站点集成起来,就可以把成千上万的雇员和商业伙伴连接起来,并由此引来更多的客户。此时的信息可以使公司工作效率更高、供货渠道更畅通、客户也更满意。如果把企业的事务处理系统与网络集成在一块,那么企业就开始进入了电子商务。这样,客户不仅可以从企业数据库中获得最新的产品信息,还可以实时购买并进行支付。目前国内外许多公司正在将自己的后台资源与信息网络进行集成,直接投入商业应用,从而扩大其在全球范围的商业合作伙伴和客户。

### 3. 商务贸易

商务贸易并不仅是提供在线购物,还为各公司间建立营销网络服务。电子商务的一个发展方向就是网上在线交易,这是一种全新的贸易方式。比较典型的是1997年在网络上出现的亚马逊(Amazon.com)网络书店。如神话一样,亚马逊在一夜之间成为全球最大、陈列书籍最多的书店,能提供110万种英文图书。在科技快速发展的今天,商业贸易的新模式每天都在不断涌现。因此,要不断利用最新的科技进行商务贸易方式的更新。

### 4. 协作交流

人人都能参与的新闻组讲座是交流的重要组成部分,但对于商务贸易来说,一些人以一种秘密、自由的方式通过因特网进行交流是商务活动中非常有意义的发展和进步。电子化的商业贸易已经快速发展,而电子商务最强有力的方面正是协作交流。

 **特别提示**

电子商务是一个不断发展的概念,电子商务的先驱 IBM 公司于 1996 年提出了 E-Commerce 的概念,到了 1997 年,该公司又提出了 E-Business 的概念。我国在引进这些概念的时候都翻译成电子商务,很多人对这两者的概念产生了混淆,事实上这两个概念是有区别的。有人将 E-Commerce 称为狭义的电子商务,将 E-Business 称为广义的电子商务。E-Commerce 应翻译成电子商业,是指实现整个贸易过程中各阶段贸易活动的电子化,E-Business 是利用网络实现所有商务活动业务流程的电子化。E-Commerce 集中于电子交易,强调企业与外部的交易与合作;而 E-Business 则把涵盖范围扩大了很多:广义上指使用各种电子工具从事商务或活动;狭义上指利用因特网从事商务或活动。

## 二、电子商务的基本特点

电子商务在全球各地通过计算机网络和信息技术等电子方式进行各种商务活动、交易活动、金融活动和相关的综合服务活动。这种新的商贸方式已经改变了人们长期以来习惯的传统贸易活动的内容和形式,在现代商务活动和日常生活中扮演着越来越重要的角色。相对于传统商务和 EDI 商务,电子商务表现出以下几个突出的特点。

### (一)电子商务的交易手段电子化,操作简单易行

电子商务的交易依赖于计算机网络和信息技术,这些商务活动的交易双方从搜集信息、贸易洽谈、签订合同到货款支付,无须当面接触,均可以通过网络运用电子化手段来完成。而互联网作为人们日常生活和工作必不可少的信息工具,几乎遍及全球的各个角落,用户通过网络可以便捷地开展各种商务交流、交易等活动。

### (二)电子商务的交易过程透明化

电子商务没有过多中间商,采取直销的方式,也不需要做很多广告,这样不仅减少了行销费用,降低了成本,而且避免了信息不对称的现象,使得交易变得更为透明。通过互联网,买方可以对众多企业的产品进行比较、筛选,也可以随时对卖家进行产品质量、信用等方面的评价。

### (三)商务运作快捷高效

电子商务克服了传统贸易方式费用高、易出错、处理速度慢等缺点,极大地缩短了交易时间,提高了商务活动的运作效率以及资金的周转速度。同时,电子商务交易网络没有时空的限制,是一个时刻运转、不断更新的系统。网络上的供求信息在不停更换,网上的商品和资金在不停流动,交易和买卖双方也在不停变更,商机

不断出现,竞争不断展开。正是这种物质、资金和信息的高速流动,使得电子商务具有了传统商业所不可比拟的强大生命力。

### (四)电子商务的业务范围具有全球化特征

互联网打破了传统贸易的时空界限,极大拓展了营销范围,把全球市场连接成了一个整体,做到了全球商品交流通畅。企业可以利用网络将自己商务活动的范围扩展到全球,消费者也可以足不出户在网络上选择全球的商品。

### (五)电子商务的服务具有个性化特征

在电子商务环境中,买方提高了对商品个性化以及服务方式的要求。电子商务能够实现客户和生产厂家的互动,消费者可以根据自己的需要和喜好向企业提供商品信息,企业便可以针对特定的市场和客户的要求,为消费者提供个性化的产品和服务。

### (六)电子商务具有社会协同性

电子商务涉及电子数据处理、网络数据传输、数据交换和资金汇兑等技术;在企业的电子商务系统内部有导购、订货、付款、交易与安全等有机联系在一起的各个子系统;在交易的进行过程中经历商品浏览和订货、销售处理和发货、资金支付和售后服务等环节。

电子商务业务的开展由消费者、厂商、运输、报关、保险、商检和银行等不同参与者通过计算机网络组成一个复杂的网络结构,相互作用,相互依赖,协同处理,形成一个相互间密切联系、连接全社会的信息处理大环境。电子商务的最终目标是实现商品的网上交易,这个过程的顺利完成除了要通过相关技术和系统的协同处理,还涉及许多社会性的问题。例如商品和资金的流转方式变革;法律的认可和保障;政府部门的支持和统一管理;公众对网上电子购物的热情和认可等。这些问题需要全社会各层次、产业各部门的协作努力才能解决,并且最终将电子商务潜在的优越性转变为现实的生产力。

电子商务虽然是在虚拟的空间进行商品交易活动,但是正因为具有这些特点,才使经济活动消除时空的限制,让人们的商务活动变得快捷高效,使得电子商务有了迅速扩展的市场和不断扩大的消费人群。

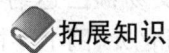
拓展知识

## EDI 商务知识

EDI 是 Electronic Data Interchange 的缩写,即电子数据交换。EDI 系统由通信模块、格式转换模块、联系模块、消息生成和处理模块 4 个基本功能模块组成。EDI 不是用户之间简单的数据交换,EDI 用户需要按照国际通用的消息格式发送信息,接收方也需要按国际统一规定的语法规则,对消息进行处理,并引起其他相关系统的 EDI 综合处理。整个过程都是自动完成,无须人工干预,减少了差错,提高了效率。

使用 EDI 的主要优点有:(1)降低了纸张文件的消费。(2)减少了许多重复劳动,提高了工作效率。(3)使得贸易双方能够以更迅速、有效的方式进行贸易,大大简化了订货过程或存货过程,使双方能及时地充分利用各自的人力和物力资源。(4)可以改善贸易双方的关系,厂商可以准确地估计日后商品的需求量,货运代理商可以简化大量的出口文书工作,商业用户可以提高存货的效率,提高他们的竞争能力。

由于 EDI 的使用可以完全代替传统的纸张文件的交换,因此,有人称它为"无纸贸易"或"电子贸易"。

## 三、电子商务的发展现状及趋势

### (一)电子商务的发展现状

#### 1. 全球电子商务发展现状

全球的电子商务发展很不平衡。美国的电子商务开发较早,基础设施完善,积累了大量的经验,并且美国作为世界上最发达的国家,国民的消费观念、消费方式都很先进,因此处于世界领先水平。根据艾瑞研究所公布的报告显示,全球 90% 的电子商务网站和 50% 的电子商务交易额发生在美国。欧盟电子商务的发展起步较美国晚,但发展速度快,成为全球电子商务较为领先的地区,其中英国和德国处于领先地位。亚洲作为电子商务发展的新秀,市场发展潜力较大,是全球电子商务持续发展的地区,其中发展迅速的有日本、新加坡、韩国。

#### 2. 我国电子商务发展现状

据国家统计局等相关单位的统计数据,2009 年中国电子商务交易额 3.6 万多亿元人民币,相当于全年 GDP 的 10.9%,网络零售占社会消费品零售总额的 1.86%。2011 年 1 月 18 日,中国电子商务研究中心发布了《2010 年度中国电子商务市场数据监测报告》。报告显示,2010 年中国电子商务市场交易额已达约 4.5 万亿元人民币,同比增长 22%,其中,B2B 市场交易额达到 3.8 万亿元,网上零售市场交易规模达 5131 亿元。

我国电子商务在经历了探索和理性调整后,步入务实发展的轨道,为以后快速发展奠定了良好基础。目前我国电子商务发展的现状是:

(1)电子商务应用初见成效。电子商务已经渗透到经济和社会的各个层面,国民经济重点行业和骨干企业电子商务应用不断深化,网络化生产经营与消费方式逐渐形成,面向消费者的电子商务模式日益创新,基于网络的数字化产品与服务不断涌现。

(2)电子商务创新能力不断提高。基于网络的产品、技术与服务的创新能力稳步提升,自主发展态势日渐显现。在线交易、电子支付、电子认证、现代物流等领域关键技术及装备的研究开发取得突破性进展,行业、区域及中小企业的第三方电子商务交易与服务平台加快发展,基础通信运营商、软件供应商等涉足电子商务服务,新型业务模式不断涌现。

(3)电子商务的用户规模不断增加。根据中国互联网络信息中心发布的《第27次中国互联网络发展状况统计报告》,截至2010年12月底,我国网民规模达到4.57亿,较2009年增长了19%,网络购物用户年增长高达48.6%。电子商务呈现出网购用户向非网民扩展,人均购买次数及金额大幅提升,利用第三方电子商务平台的中小企业数量增加的现象。

(4)电子商务呈现区域化和"块状经济"发展的特征。

我国电子商务的发展呈现出不平衡的状态,沿海地区是电子商务发展的发达地区,内陆地区是电子商务的发展区域,边远地区是电子商务发展的落后区域。

(5)交易商品品类不断增多。网购用户以年轻群体居多,18~35岁用户比重超过70%,网购商品囊括了人们日常消费的各类商品,商品种类不断丰富。

(6)从市场结构的角度说,网络渠道价值凸显,B2C是未来网络购物发展的新引擎,垂直性电子商务发展快速,带动了产业链各个环节的发展。

在取得成绩的同时,我国电子商务发展仍然面临一些突出问题。电子认证、在线支付、现代物流、交易信用、安全防护和市场监管体系建设尚不能适应电子商务快速发展的需要,发展环境有待进一步完善;电子商务标准规范的完整性、配套性和协调性不足,市场适用性需要进一步加强;企业信息化发展不平衡,电子商务公共服务滞后,普及应用水平亟待提高;电子商务在加速经济增长方式转变、提高经济运行效率等方面的促进作用尚未充分发挥。

**(二)发展趋势**

2010年,中国电子商务已经进入大规模发展、应用和运营的阶段,未来5—10年将继续高速发展并有望领先世界,电子商务对经济和社会的影响日益广泛和深刻。我们总结近年来电子商务发展所呈现出来的特征,对电子商务未来发展可能呈现的趋势进行了预测。

(1)电子商务将得到企业更为广泛的应用。传统企业无论线下影响力多大,其对电子商务应用都是绝对的亮点,2008年B2B电子商务在中小企业中渗透率达39.2%。

(2)电子商务的发展环境将不断完善,发展动力持续增强。

随着市场经济体制进一步完善,推进经济增长方式转变和结构调整的力度将继续加大,发展电子商务的需求会更加强劲。电子商务在未来会被广泛应用于生产、流通、消费等各领域和社会生活的各个层面,这将促使全社会电子商务的应用意识不断增强,电子商务发展的政策法律环境不断完善,商品物流、交易信用、电子支付等电子商务支撑体系更全面,从而使得电子商务发展的内在动力持续增强。

(3)移动电子商务将加速向普及化方向发展。

2009年我国政府正式颁发3G牌照,是中国移动电子商务发展的标志性事件。未来几年,在各级政府、电信运营商和互联网服务商的推进下,3G应用将不断扩展,用户将可以通过手机、上网本等移动终端实现随时随地购物。由电视、互联网和手机构成的立体化电子商务体系将逐渐成形,移动电子商务将在商务、工作、生活和学习等各个领域加速渗透。

数量巨大的移动电话用户,为移动电子商务在我国的发展和普及提供了坚实的用户基础,到2009年年底,我国移动电话用户已经达7.4亿。电信运营商大力推动移动信息基础设施建设,将为移动电子商务的发展和普及提供坚实的技术基础。

(4)三网融合,三屏合一,用户可以享受无处不在的电子商务服务。2010年,中国国务院常务会议决定5年内全面实现电信网、广播电视网和互联网三网融合。在同一个网上实现语音、数据和图像的传输,对用户而言,只用一条线路就可以实现打电话、看电视、上网等多种功能,这必将进一步促进电子商务的快速发展。

(5)电子商务网站将会出现兼并热潮。首先是同类兼并,目前我国不少网站市场定位和业务内容相同或相近,由于资源有限,在因特网"赢家通吃"原则下,最终胜出的只会是名列前茅的网站。其次是互补性兼并,由于个性化、专业化是电子商务发展的两大特点,而且每个网站在资源方面总是有限的,客户的需求又是全方位的,因此不同类型的网站以战略联盟的形式进行相互协作将成为必然趋势。

(6)行业电子商务将成为下一代电子商务发展主流。中国电子商务进入迅猛发展时期的典型特征是风险资金、网站定位等将从以往的"大而全"模式转向专业细分的行业商务门户。第一代的电子商务专注于内容,第二代专注于综合性电子商务,而下一代的行业电子商务将增值内容和商务平台紧密集成,充分发挥互联网在信息服务方面的优势,使电子商务真正进入实用阶段。

## 第二节　旅游电子商务概述

电子商务是在互联网与信息技术相互结合的背景下应运而生的一种在网络空间展开的互动式商务活动,旅游电子商务是电子商务在旅游业的应用。旅游业与信息产业都是当今世界最有发展潜力的产业,旅游业又是一个复杂度高、内外关联度强的产业,电子商务的发展改变了旅游业传统的交易模式,给旅游业带来了新的发展契机。

### 一、旅游电子商务的定义

旅游电子商务这个概念是由电子商务衍生而来。由于电子商务成为促进旅游业发展必不可少的工具,因而受到广泛重视,世界各国的院校、专业公司和咨询机构提供了大量研究旅游电子商务的文献和报告,但大多数都直接使用了旅游电子商务这一概念,并未定义什么是旅游电子商务。目前国际上广泛使用的是世界旅游组织对旅游电子商务做出的定义。

世界旅游组织在其出版物《E - Business for Tourism》中提出,电子商务被定义为"通过增进信息交流改进商务活动"(Price Waterhouse Coopers)和"利用互联网科技改进或变革核心商务流程"(IBM)。综合这两个定义,对于旅游目的地管理机构和旅游企业而言,电子商务就是通过先进的信息技术手段改进内部(通过内部网)和对外(通过互联网)的连通性(connectivity)。

我国的旅游学界对旅游电子商务概念也做出了较为详尽的阐释。王欣认为"旅游电子商务是指以网络为主体,以旅游信息库、电子化商务银行为基础,利用最先进的电子手段运作旅游业及其分销系统的商务体系"。杜鑫坤的阐释是"旅游电子商务就是旅游业以网络、数据库等信息手段进行旅游系统中各个部门的运营与管理"。杨宏伟的说明更加具体,他认为"可以从两个方面来认识旅游电子商务:一是互联网上在线销售,即旅游网站即时在线为每一位旅游者提供专门的服务;二是以整个旅游市场为基础的电子商务,泛指一切与数字化处理有关的商务活动"。唐超将旅游电子商务定义为"在全球范围内通过各种现代信息技术尤其是信息化网络所进行并完成的与各种旅游相关的商务活动、交易活动、金融活动和综合服务活动"。刘四青对旅游电子商务的定义是"买卖双方通过网络订单的方式进行网络和电子的服务产品交易,是一种没有物流配送的预约型电子商务"。刘笑诵给出的定义则是:"旅游电子商务则是指同旅游业相关的各行业,以网络为主体,以旅游信息库为基础,利用最先进的电子手段,开展旅游产品信息服务、产品交易等旅游商务活动的一种新型的旅游运营方式。"

也有一些网站将旅游电子商务定义为"利用先进的电子信息技术从事旅游商业活动,它是基于电子处理和信息技术,如文本、声音和图像等数据传输,旅游者和旅游供应者通过先进的网络信息技术进行不谋面的旅游交易,实现旅游商务活动各环节的电子化"。

结合电子商务概念,我们可以将旅游电子商务简单理解为旅游 + 电子商务。

在分析借鉴已有研究成果的基础上,我们把旅游电子商务定义为:利用计算机网络和信息技术开展旅游商务活动,实现旅游交易询价—报价—预订—支付—配送(服务)等一系列商务活动电子化。

## 二、旅游电子商务的特点及发展优势

旅游电子商务的发展带来了旅游企业、旅游市场和旅游消费行为的变化,全球旅游经济和旅游企业都受到了旅游电子商务的冲击或影响,整个旅游行业迅速朝向旅游电子商务方向发展。旅游电子商务正是因为自身的特点和优势才具有强大的生命力。

### (一)旅游电子商务的特点

#### 1. 旅游电子商务具有跨时空性

互联网跨越时间和空间覆盖着全球,旅游企业有更多的时间、更大的空间进行营销,消费者也可以随时随地通过网络查询自己需要的旅游产品信息和服务。

#### 2. 旅游电子商务具有聚合性

旅游产品是一个纷繁复杂,多个部分组成的结构实体,旅游电子商务把众多的旅游供应商、旅游中介、旅游者联系在一起,旅游相关行业可借助同一网站招徕顾客。网络旅游公司如携程网、途牛网成为旅游行业的多面手,它们将原来市场分散的利润点集中起来,提高了资源的利用效率。

#### 3. 旅游电子商务具有高效性

计算机可储存大量信息,可传递的信息数量与精确度,远超过其他媒体。消费者可以对即将前往的地方进行有效的查询,并在网上对所见到的产品提出自己的看法和意见。旅游商品网上交易的方法也非常简单,有时候只需要一键操作,就可以完成旅游商品的预订或购买,极大节约了时间。

#### 4. 旅游电子商务具有服务性

旅游业是典型的服务性行业,旅游电子商务也以服务为本。据中国互联网络信息中心报告,用户选择网络服务商(ISP)最主要的因素,第一位是连线速度(占43%),第二位就是服务质量(占24%);用户认为一个成功网站须具备的最主要的因素,第一位就是信息量大,更新及时,有吸引人的服务(占63.35%)。因此,旅游网站要想具有较高的访问量,产生大量的交易额,必须要通过在线交易平台提供多角度、多侧面、多种类、高质量的服务来吸引不同类型的消费者。在国外,像travel-source.com、triplel.com、travelweb.com等旅游网站,它们以提供大量的旅游信息资源,完善的在线预订服务而为广大网民和客户所钟爱。

## （二）旅游电子商务的发展优势

**1. 旅游电子商务可以节约营运成本**

一方面，通过互联网进行信息交换，代替以前的实物交换，可以减少印刷与邮递成本，减少迂回多次交换带来的损耗；另一方面，可以减少固定成本，电子商务可以无店面销售，节约了租赁费用与人工成本，也减少了管理成本。

**2. 旅游电子商务可以提供良好的互动性与参与性**

通过互联网，旅游企业可以直接与消费者交流，消费者可以把自己的想法反馈给商家，商家可以根据消费者的反馈意见及时改进、提高产品或服务质量。同时旅游电子商务可以通过信息提供和交互式交谈，与旅游者建立长期良好的关系。

**3. 旅游电子商务具有多媒体的功能**

互联网可以传输多种媒体信息，使交易过程中的信息交换以多种形式存在，让旅游宣传营销的方式丰富化、多彩化、人性化。随着信息技术的发展，网络旅游提供了大量的旅游信息和虚拟旅游产品，网络多媒体给旅游产品提供了"身临其境"的展示机会。这种全新的旅游体验，使足不出户畅游天下的梦想成真，并且培养和壮大了潜在的游客群。

## 三、旅游电子商务的发展现状及涵盖范围

### （一）旅游电子商务的发展现状

国外旅游电子商务起源于20世纪80年代末，北美、日本和欧洲一些国家和地区的旅游电子商务应用较早并发展迅猛。美国的旅游电子商务一直在国际在线旅游市场上保持领先地位，艾瑞市场咨询整理的美国旅游网络市场相关数据显示，2006年美国在线旅游商务，包括飞机、酒店、出租车等预订交易额，达到788亿美元，比2005年增长了21.4%。

丹麦的区域旅游研究中心调研发现，2007年欧洲在线旅游交易销售额达到372亿英镑，占据了旅游经济19.4%的市场份额，同比增长24%，CRT预测未来两年里要向550亿英镑进军，在线销售可能占据一半的市场份额。欧洲旅游电子商务的发展，表现出以旅游电子商务为基础的旅游企业间密切合作经营的发展趋势，例如英国最大的旅游信息门户网站www.lastminute.com和法国最大的旅游酒店集团Accor Group通过全球酒店分销系统GDS联盟了世界范围内近百个国家的酒店。据调查显示，2008年欧洲约55%的客人选择通过网络预订旅游线路、酒店、车票等。

我国旅游电子商务起步较晚，主要借鉴国外旅游电子商务发展的经验和模式，但发展非常迅速，市场需求持续增长。根据艾瑞网2007—2008年《中国网上旅行预订行业发展报告》，2007年中国网上旅行预订市场规模达22.7亿元，同比增长

47.5%;2008—2009年中国机票市场网络订单占机票整体销量的比例从7.6%上升至11.1%;2009年第二季度网上旅行预订市场规模为8.48亿元,同比增长10.1%。根据国家旅游局统计数据显示,近年来,中国的旅游总收入保持持续稳定增长态势,2009年全国旅游收入达到了1.26万亿元,同比增长8.6%,其中国内旅游业收入达到9500亿元,同比增长8.6%。旅游收入的稳步上升给旅游业的网络销售发展提供了良好的背景。中国在线旅游市场受网络普及、旅游产业规模猛增、旅游消费支出增长、电子商务环境改善等诸多因素影响,市场供给不断增加。传统旅游企业正逐步加大在旅游电子商务方面的投入,随之产生了一系列专门针对旅游业进行电子商务开发的企业。从国家角度看,随着互联网的不断发展和网络环境的优化,旅游电子商务的经营环境也在不断向着有利于行业发展的方向变化。

### (二)旅游电子商务的涵盖范围

我国旅游电子商务经过十多年的摸索和积累,已有相当一批具有资讯服务实力的旅游网站,主要包括地区性网站、专业网站和门户网站的旅游频道三类。比较成功的专业网站主要有携程旅游网、e龙网等,这些网站可以提供比较全面的服务,主要涉及旅游的食、住、行、游、购、娱等方面的网上资讯服务,成为旅游服务的重要媒介。

目前我国已有相当一批具有一定咨询实力的旅游网站。旅游网站约分为六大类别:①旅游机构和企业为宣传自身形象而制作的网页,如国家旅游局的神州风采——中国旅游综合信息(cnta.com)、北京旅游信息网(bjta.gov.cn)和各地旅游局网站,以及各大旅游企业的网页,如青旅在线(cytsonline.com)等。②一些以订房、订票、订团为主的网站,如中国电子商务网(chinaE-net.com)、信天游(travelsky.com)、中国旅行顾问网(lohoo.com)、中华旅游报价网(china-traveller.com)。③一些复合性门户网站的旅游频道,如新浪网、搜狐网、网易的旅游频道。④地区性、区域性的旅游网,如西部旅游信息网(intowest.com)、云南旅游信息网(tourinfo.com.cn)。⑤全国性的旅游网,如华夏旅游网(ctn.com.cn)、中国旅游资讯网(chinaholiday.com)、携程旅行网(ctrip.com)和e龙等网站。⑥专题性个人旅游网站。目前中国的旅游电子商务网站可以提供比较全面的服务,涉及旅游业食、住、行、游、娱、购等方面的网上咨询。

## 四、旅游电子商务系统的体系结构

旅游电子商务相关要素十分复杂,我们把这些相互关联的要素纳入一个系统中来讨论,认为完整的旅游电子商务体系是在网络信息系统的基础上,由旅游机构(旅游目的地营销机构和旅游企业)、使用互联网的旅游者或潜在旅游者、旅游信息化组织、电子商务服务商和提供物流与支付服务的机构共同组成的信息化旅游市场运作系统。多方参与的、多层次的、网状沟通的旅游电子商务体系广泛地影响着旅游业沟通与协作方式。

（一）旅游电子商务系统的基本框架

1. 网络信息系统——旅游电子商务体系的架构和基础

旅游电子商务体系的基础是网络信息系统，它是提供信息、实现交易的平台。旅游电子商务中涉及的信息流、资金流都和网络信息系统紧密相关。网络信息系统由旅游机构和电子商务服务商在计算机网络基础上开发设计，它可以成为旅游企业、机构及旅游者之间跨越时空进行信息交换的平台。在信息系统的安全和控制措施的保证下，旅游机构可在网站上发布信息，旅游者可搜寻和查看信息；交易双方能便捷地交流，通过网络支付系统可进行网上支付；旅游预订和交易信息可指示旅游企业组织旅游接待服务，最后保证旅游业务的顺利实现。网络信息系统的主要作用是提供一个通畅的、安全的和可控制的信息交换平台，它是旅游电子商务体系的骨架和基础。

旅游电子商务所依托的网络信息系统可分为互联网，内联网和增值网（Value Added Network，简称VAN）三种。

（1）互联网与旅游电子商务互联网。互联网，按照美国国际互联网协会的定义，是一种"组织松散、国际合作的国际网络"。通过因特网，人们可以很容易地与另一联网地区进行联系，互联网被称为"信息超导体"，其在全球得到普及得益于其自身的开放性、共享性、协作性和费用低廉性等特点。在因特网上任何人都可是信息的创造者也是消费者，信息流动不受限制，网络的运作是相互协调决定的，可以自由连接和退网，网络上的资源也可以随时随地共享。

基于因特网的信息系统，可以实现很多实用性强的功能，为旅游业务的开展提供便利。下面是基于互联网的一些重要应用信息系统：①E-mail（电子邮件）。利用它可以收发电子邮件，现在许多电子单证（如电子合同）是通过电子邮件系统实现传输的。②邮件列表（Mailing lists）。它可以自动批量发送电子邮件，许多旅游企业通过邮件列表发送旅游信息、产品信息和促销活动信息，是主动营销和客户管理维护的重要手段。③新闻组（Newsgroups）。查找、收发信息和有关某一固定主题词的新闻，许多企业通过新闻组进行宣传促销和获取市场情报。④万维网（Word Wide Web）。能自动查询各类互联网资源，图形化浏览器的使用进一步提高了使用效率。旅游企业可以通过WWW建立网站，展示多媒体信息，发布供求信息，处理客户订单并提供旅游咨询服务，这是互联网信息系统中最重要的部分。⑤远程登录（Telnet）。用于连接和利用各政府机构、院校和企业的远程计算机系统，银行用该功能为企业提供更安全可靠的服务，如银行转账、提款等。⑥聊天

(Chat)。能实时地与其他用户交谈,效果不受距离的影响,可用于业务洽谈。⑦公告栏(BBS)。用于兴趣爱好趋同的人进行交流,类似一块布告栏,任何人都可以就自己感兴趣的问题发表自己的观点,也可了解别人的观点。旅游者常用 BBS 征求结伴旅游、讨论旅游行程,旅行社也可以通过这个手段吸引参团者。上述互联网上具有不同功能的应用系统构成了支持信息交换和资源共享的完整的因特网信息系统。

由于互联网有便捷、开放的信息处理和沟通优势,当它与旅游业结合时,能为旅游机构提供巨大的商业机会。互联网作为信息平台,是一个与传统媒体相并列的新媒体,它因其 7×24 小时提供容量无限且纵深的旅游信息,信息提供成本不随空间距离而增加,支持图片、声音、影像等多媒体表现的特性,是传递旅游信息最理想的选择。互联网作为商业平台,为旅游商务活动跨空间的开展提供了支持,并为旅游企业的经营管理提供了一个全新的数字化的信息系统平台。

(2)内联网与旅游电子商务。内联网是在因特网基础上发展起来的企业内联网,或称内联网。它在原有的局域网上附加一些特定的软件,将局域网与互联网连接起来,从而形成企业内部的虚拟网络。内联网与互联网之间最主要的区别在于内联网中的信息受到企业防火墙安全网点的保护,它只允许授权者介入内部 Web 网点,外部人员只有在许可条件下(如拥有访问密码,通过指定的 IP 等)才可进入企业内联网。内联网能让旅游企业分布在各地的分支机构及企业内部各部门共享企业内联网站,使企业各级管理人员获取自己所需的信息。内联网如今在大型旅行社、饭店集团中被广泛使用,有效降低了通信成本,并推进了企业内部的无纸化办公。

(3)电子数据交换、增值网(VAN)与旅游电子商务。EDI 电子商务,就是按照商定的协议,将商业文件标准化和格式化,并通过计算机网络,在商务伙伴的计算机网络系统之间进行数据交换和自动处理。

相对于传统的分销付款方式,EDI 大大节约了时间和费用,相对于互联网,EDI 较好地解决了安全保障问题。这是因为使用者均有较可靠的信用保证,并有严格的登记手续和准入制度,加之多级权限的安全防范措施,能使包括付款在内的全部交易过程电脑化。但是,EDI 必须租用 EDI 网络上的专线,即通过购买增值网服务才能实现,费用较高。也由于 EDI 需要专门的操作人员,需要业务伙伴也使用 EDI,使 EDI 的企业应用受到一定制约。

在旅游业中,EDI 是最早的旅游电子商务方式。EDI 主要应用于旅游企业之间的商务活动,集中体现为计算机预订系统(Computer Reservation System,CRS)和全球分销系统(Global Distribution System,GDS)。早期由于计算机价格昂贵,网络速度慢,许多应用程序需自行开发,只有航空公司和大型饭店集团才有能力使用

EDI。由于成本的原因,EDI 至今在旅游业中仍未广泛普及。近年来,随着计算机降价,互联网的迅速普及,基于互联网使用可扩展标记语言(XML)的 EDI,或称开放的 EDI 正逐步取代传统的 EDI。

**2. 电子商务服务商——旅游电子商务的技术支持者**

旅游电子商务系统作为信息技术服务于旅游业的庞大体系,需要有一大批专业化分工者进行相互协作,为旅游企业、旅游机构和旅游者在网络信息系统上进行商务活动提供支持。电子商务服务商便起着这种作用,根据服务内容和层次的不同,可以将电子商务服务商分为两大类:一类是系统支持服务商,为旅游电子商务系统提供系统支持服务,为旅游电子商务参与方的网上商务活动提供技术和物质基础。另一类是专业的旅游行业电子商务平台运营商,它建设、运营旅游电子商务平台,为旅游企业、机构及旅游者提供沟通渠道、交易平台和相关服务。

(1) 系统支持服务商。根据技术和应用层次的不同,系统支持服务商可分为三类。第一类是接入服务商(Internet Access Provider, IAP),它主要提供互联网通信和线路租借服务,如我国电信企业中国电信、中国联通提供的线路租借服务。第二类是互联网服务提供商(Internet Service Provider, ISP),它主要为旅游企业建立电子商务系统提供全面支持。一般旅游机构和旅游者上网时只通过 ISP 接入因特网,由 ISP 向 IAP 租借线路。第三类是应用服务提供商(Application Service Provider, ASP),它主要为旅游企业、旅游营销机构建设电子商务系统时提供系统解决方案。这些服务一般都是信息技术(IT)公司提供的,如 IBM 公司曾为一些大型旅游企业提供过电子商务解决方案。有的 IT 企业不但提供电子商务系统解决方案,还为企业提供电子商务系统租借服务,企业只需要租赁使用,无须创建自己的电子商务系统。旅游者主要通过 ISP 上网连接到因特网,获取信息并订购旅游产品。对于旅游企业或旅游营销机构,根据自身的资金和条件,如果需要大规模发展,可以通过 ISP 直接连接到因特网;对于小规模的应用,则可通过租赁 ASP 电子商务服务系统连接到因特网。

(2) 专业的旅游电子商务平台运营商。专业的旅游电子商务平台运营商起着中间商的作用,它不直接参与网上旅游商务活动。一方面,它为旅游电子商务活动的实现提供信息系统支持和配套的资源管理服务,是旅游企业、旅游营销机构和旅游者之间信息沟通的技术基础;另一方面,它为网上旅游交易提供商务平台,是旅游市场主体间进行商务活动的基础。

熟悉互联网技术的专业公司整合行业资源,构建旅游电子商务平台,即具有强大的信息发布、检索能力,能提供交流与预订的大型旅游网站。旅游企业成为网站的会员后,便可以发布供求信息、开展商务活动,网站则收取服务费和佣金。旅游电子商务平台运营商为旅游企业提供的商务服务形式,一是面向旅游者的网上商厦,它出租一些空间给旅游企业,帮助旅游企业制作介绍其产品和服务的页面,并负责客户管理、预订管理和支付管理等。典型的例子是旅游者可以在专业旅游网站上预订机票和酒店。二是提供旅游企业间合作与交易的同业交易平台,它通过收集和整理旅游企业的供求信息,为供求双方提供一个开放的、自由的交易平台,并提供供求信息发布和管理服务。例如,饭店可对不同的旅行社报价,旅行社通过其注册权限登录后,可以查看报价,或对旅游饭店进行寻价;旅行社间可以相互拼团,组团社和地接社间可议价并洽谈合作。三是提供旅游产品拍卖中介服务,如美国的著名旅游网站 Bid4vacations.com,它针对美国的旅游饭店和游船旅游客舱普遍存在空房的现象,组织旅游企业将这些闲置资源公布到网上,组织旅游者之间竞价的拍卖服务,有效地均衡了旅游市场供求,从而成为一种有生命力的网上交易服务形式。另外,旅游电子商务平台能吸引众多有目的的访问者,还能为各类旅游机构发布新闻和宣传促销信息,由于受众准确,也成一种有效的媒介。

专业旅游电子商务平台的特点是规模大、知名度高、访问量大,有巨大的用户群。它收集并整理旅游市场信息,提供虚拟的交易场所,为参与旅游商务活动的各个方面提供信息通达的市场环境,降低交易成本,提高商务活动效率。由于专业旅游电子商务平台功能复杂,建设和运营的技术含量高,它通常由专业 IT 公司建设。它的另一优势在于旅游企业通过加盟专业的电子商务平台,可轻松地实现电子商务,而无须自行建设网站。

**3. 旅游目的地营销机构、旅游企业和旅游者——旅游电子商务的应用主体**

旅游商务活动,包括旅游产品的供方通过各种手段把旅游产品的有关信息传递给需方,影响、促进旅游需求并完成交易过程。现代旅游商务活动的主要参与者主要包括旅游目的地营销机构、旅游企业和旅游者:

(1)旅游目的地营销机构是目的地旅游形象的整体宣传者和旅游企业营销活动的统筹者;

(2)旅游企业包括旅游服务提供商和旅游中间商,生产、组织和销售旅游产品,开展跨地区、跨国度的旅游经营活动;

(3)旅游者购买旅游产品并到目的地进行旅游活动,是旅游产品的最终消费者。

在信息技术发展的今天,电子商务能为旅游目的地营销机构、旅游企业和旅游者的各种商务活动提供支持,它们是旅游电子商务的应用主体。

**(二)旅游企业电子商务系统的基本组成**

旅游企业是旅游市场的主体,由于旅游产品本身的特点和网络信息手段商业应用的倍速增长趋势,电子商务为旅游企业提供了非常有吸引力的全新市场空间。旅游企业上网是非常重要也是比较复杂的工作,一方面,旅游企业作为旅游商务活动的一方，只有上网才能进行网上商务活动；另一方面，旅游企业作为市场主体，必须为其他参与交易方提供服务和支持，如提供产品信息查询服务、支付结算服务、相关递送服务等。因此，旅游企业开展电子商务，必须进行系统规划，建设好自己的电子商务系统。

旅游企业电子商务系统由基于内联网的旅游企业管理信息系统、电子商务站点和企业经营管理组织组成。

**1. 旅游企业网络系统**

当今时代是信息时代，而跨越时空的信息交流与传播是需要通过一定的媒介来实现的，计算机网络恰好充当了信息时代的"公路"。计算机网络是通过一定的媒体如电线、光缆等将单个计算机按照一定的拓扑结构联结起来，在网络管理软件的统一协调管理下，实现资源共享的网络系统。根据网络的覆盖范围，一般可分为局域网和广域网。由于不同计算机硬件不一样，为方便联网信息共享，需要将互联网的联网技术应用到局域网中组建企业内联网，它的组网方式和因特网一样，但使用范围局限在企业内部。为方便旅游企业同业务紧密的合作伙伴进行信息资源共享，保证交易安全，在因特网上通过防火墙来控制不相关人员或非法人员进入企业网络系统，只有那些经过授权的人员才可以进入网络，一般将这种网络称为企业外联网。如果企业的信息可以对外界公开，那么企业可以直接连接到因特网上，实现信息资源最大限度地开放与共享。

旅游企业在组建电子商务系统时，应该考虑采用不同的策略通过网络与其商务对象进行联系。一般说来，旅游企业可将其商务活动对象分为三个层次并采取相应对策：对于特别重要的合作机构，如旅行社分布在不同地方的营业网点，可允许它们进入企业的内联网系统直接访问有关信息；对于与企业业务相关的合作企业，企业与它们共同建设外联网，实现企业之间的信息共享；对普通的旅游者和一般合作企业，则可以直接连接到因特网。由于因特网技术的开放、自由的特性，在因特网上进行交易容易受到外来的攻击，因此旅游企业在建设电子商务系统时必须考虑到经营目标的需要，保障企业电子商务的安全，否则就会影响企业电子商务系统的正常运转，甚至导致经营活动发生风险。

**2. 旅游企业管理信息系统**

旅游企业管理信息系统是功能完整的电子商务系统的重要组成部分，它的基础是企业内部信息化。企业管理信息系统是一个有机整体，在企业中收集、处理、存储和传输信息，以支持企业进行决策和控制，其最基本的系统软件是数据库管理系统DBMS（Database Management System），它负责收集、整理和存储与旅游企业经营相关的一切数据资料。

从不同的角度，可对信息系统进行不同的分类。根据不同的功能，可将信息系统划分为营销、内部流程管理、财务和人力资源等信息系统。要使各职能部门的信息系统能更有效地运转,必须实现各职能部门的信息化。例如,要使网络营销信息系统能有效运转,营销部门的信息化是最基础的要求。为旅游企业营销部门服务的旅游营销管理信息系统的主要功能包括:客户关系管理、预订管理、往来账款管理、产品信息管理、销售人员管理,以及有关市场信息的搜集和处理。

3. 电子商务站点

电子商务站点是指企业在内联网上建立的具有营销功能的,能连接到因特网上的 WWW 站点。电子商务站点起着承上启下的作用,一方面它可以直接连接到因特网,旅游企业的同业合作伙伴和旅游者可以直接通过网站了解旅游企业信息,并通过网站与企业进行沟通、开展交易。另一方面,它将市场信息同企业内部管理信息系统连接在一起,将市场需求信息传送到企业管理信息系统,使企业能根据市场变化组织经营管理活动。电子商务站点还可以将企业有关经营管理信息在网站上公布,使企业业务相关者和旅游者可以更好地了解旅游企业。

中国的互联网发展快速,网民规模保持持续稳定的增长趋势。根据中国互联网中心发布的最新数据显示,截至 2010 年 12 月,中国网民规模达到 4.57 亿人,互联网普及率攀升至 31.8%,给旅游业网络销售提供了用户发展基础。机票和酒店这两种相对标准化的产品比较适合在网上预订,用户自主预订旅游产品的需求比较高,因此直接催生了航空公司和酒店的网络销售渠道的拓展。不过,现阶段许多旅游企业对电子商务的建设还不成熟。一些旅游企业只建设了电子商务站点,而未实现外部电子商务与内部管理系统的衔接,有些旅游企业网站上只提供旅游信息,而无法实现预订和交易。但总的来说,信息技术与旅游行业的结合已为旅游饭店、旅游交通、旅行社、旅游景区景点等企业提供了比较完善的信息化解决方案,并正在推广普及。

(1)电子商务在旅游饭店有广泛的应用。早在 1963 年,美国的希尔顿饭店就安装了一台 IBM 的小型计算机,用于饭店客房的自动化管理。在中国旅游业对外开放的序列中,旅游饭店是最先实现对外开放的。20 世纪 80 年代初,我国旅游饭店就开始用计算机处理饭店内部事务,发展到今天,信息技术在饭店中的运用范围和普及程度大大提高,大量用于前厅接待、收银、问询、客房预订、销售、餐饮、保安、报表、汇总、门锁等各个方面。信息技术在旅游饭店中的广泛运用,致使旅游饭店管理和营销发生了显著变化。第一,降低了管理成本,提高了管理效率;第二,树立了良好的企业形象;第三,改变了管理思想;第四,改变了营销手段和方式。信息革命正推动着旅游饭店管理和营销向更广、更深层次发展。

(2)电子商务在旅行社中的应用。在线旅行预订运营商已帮助航空公司培育了我国的网上旅行预订市场。我国最早的两家旅行预订网站携程、艺龙均创建于

1999年,是它们将网上旅行预订的概念带入中国。根据CNZZ(著名的网络技术服务公司)的统计,截至2009年6月底,中国大陆共有4.92万家与旅游行业相关的网站,这比2009年1月的网站数增长了31.74%。就我国而言,互联网为我国旅行社提供了一个良好的市场营销手段。一方面,可以通过互联网向网络程度及电脑普及率较高的国家和地区有力地推销我国的旅游形象和旅游产品;另一方面,国际旅行社可以通过互联网进行个体营销,我国越来越多的旅行社已在互联网上建立了自己的主页。

(3)电子商务在旅游交通中的应用。根据艾瑞研究整理,欧美航空公司的网络销售早在20世纪90年代就已经开始起步。如:美洲航空公司于1995年就创建了自己的官方网站,并于1996年开始发展网络直销策略。到1998年已成为美国最受欢迎的航空公司网站;英国易捷航空公司EasyJet也早在1999年就开始大力宣传自己的官方网站,并于2006年实现了100%的直销。中国航空公司网络直销起步较晚,三大航空公司均于2000年以后才开始发展自己的网络直销策略。目前中国国际航空公司的网上订票系统也基本建成。通过网络系统,旅客可以了解车、船、航班情况,实现各种交通票务的预订;交通公司亦可对交通工具的调度、营运、燃料及耗材供应、配件、运行状况、安全运行记录、财务、人事等方面进行查询管理。另外,现代通信网络的发展还开发出车用电话系统、自动车辆监控系统、全球定位系统(GPS)、电子地图系统等,为旅游交通的准确、及时和高效管理提供了空前的技术支撑。

(4)电子商务在旅游景区景点的应用。旅游景区景点计算机的应用主要有信息服务、辅助经营管理、旅游景区景点设施设备管理以及内务管理等方面。经营管理子系统具备收费、领料、成本控制、查询、报表统计、运行维护等功能;信息服务子系统是为广大游客提供信息服务的,具备有关信息服务项目、交通、饭店、资源、社会信息查询等功能;旅游景区景点设施设备管理子系统具有设施登记、查询、报废、固定折旧、统计报表、系统维护等功能;旅游景区景点内务管理子系统则用于旅游景区景点内部的人事、工资、仓库、财务、客户管理以及经营查询和系统维护等。通过信息技术在旅游景区景点的广泛应用,可以改善旅游景区景点的内务管理,借助因特网宣传、推销自己,提高知名度,从而赢得客户和市场。

## 第三节 旅游电子商务业务模式概述

### 一、交易模式

电子商务的交易模式是指电子商务的基础技术在不同商务领域中的应用层

面,同时也是按照交易主体的不同对电子商务活动进行分类的一种方式。目前,参与电子商务活动的主体主要有政府、企业、个人消费者三种,所以电子商务的基本模式包括 B to B(即企业与企业,简称 B2B),B to C(即企业与消费者,简称 B2C),B to G(即企业与政府,简称 B2G),G to G(即政府与政府,简称 G2G),C to G(即消费者与政府,简称 C2G),C to C(即消费者与消费者,简称 C2C)六种类型。本书中我们主要研究 B to B,B to C 两种模式。

(一)**消费者对消费者**(Customer to Customer,C2C)

C2C 电子商务是消费者与消费者之间的交易。个人对个人的商务活动在传统上主要通过分类广告、收藏物品展、旧物出售和跳蚤市场这样的贸易方式或场所进行,或者通过拍卖行、当地分销商这样的中介进行。电子商务的发展为 C2C 打开了方便之门,C2C 电子商务的交易模式以零售业为主。网上拍卖网站即属于此类电子商务的网站;淘宝网上,个人卖家与买家之间的交易运用的也是这种 C2C 的模式。

(二)**企业对消费者**(Business to Customer,B2C)

"商对客"是电子商务的一种模式,也就是通常说的商业零售,直接面向消费者销售产品和服务。这种形式的电子商务一般以网络零售业为主,主要借助于互联网开展在线销售活动。B2C 电子商务是利用计算机网络使消费者直接参与经济活动的高级形式,也是人们最熟悉的一种电子商务类型。

B2C 企业通过互联网为消费者提供一个新型的购物环境——网上商店(如卓越亚马逊、京东商城、红孩子商城、当当网等),消费者通过网络在网上购物、在网上支付。由于这种模式节省了客户和企业的时间和空间,大大提高了交易效率,特别对于工作忙碌的上班族,这种模式可以为其节省宝贵的时间。

(三)**企业对企业**(Business to Business,B2B)

B2B,是企业对企业的营销关系。电子商务是现代 B2B 市场的一种具体主要的表现形式,它将企业内部网,通过 B2B 网站与客户紧密结合起来,通过网络的快速反应,为客户提供更好的服务,从而促进企业的业务发展。

B2B 电子商务包括非特定企业间的电子商务和特定企业间的电子商务,是指采购商与供应商在互联网上进行谈判、订货、签约、接受发票和付款以及索赔处理、商品发送管理和运输跟踪。通过增值网络运行的电子数据交换,已使此类电子商务得到了很大发展。B2B 模式是当前电子商务模式中份额最大、最具操作性、最容易成功的模式。

## 二、赢利模式

(一)**电子商务赢利模式的主要类型**

所谓电子商务赢利模式,就是通过电子市场反映产品流、服务流、信息流及其价值创造过程的运作机制,是企业能为客户提供价值、同时企业和其他参与者又能分享利益的有机体系。任何电子商务企业的赢利模式,都可以归结为三大类:产品交易型电子商务、服务型电子商务和信息交互型电子商务赢利模式。

**1. 产品交易型电子商务赢利模式**

这种模式实际上也可以称为价值链型模式,都是在网上从事实物产品的交易。其价值创造结构属于价值链,注重的是效率、过程以及成本的降低。这类模式使价值链中的许多经营活动提高效率,降低成本,在此基础上为客户提供了价值,创造了利润点。在商品网站上,客户甚至可以依照自己的爱好定制极具个性化的产品,这种差别化又给客户带来了价值。

这类模式的利润对象比较广泛,客户范围包括企业的供应商、合作伙伴和任何有购买能力的消费者。其收入来源与传统商业交易的收入来源在本质上是完全相同的,不同的只是实现收入的方式。在传统的商业交易中,存在着或长或短的中间环节,即大大小小的中间商和代理商,这些中间商和代理商必然要赚取利润,同时在中间环节中也必然会发生各种费用。而通过互联网,可以绕过这些中间环节直接进行交易,这样就节省了中间环节赚取的利润和在中间环节发生的部分费用,企业收入的来源即在于此。价值链上种种环节的优化,如采购、营销的优化,是这类模式需要采取的主要相关举措。

为了建立利润屏障,这类模式的企业往往采取联合策略。因为价值链上的活动,有些是企业的优势所在,有些是企业的薄弱环节,企业联盟策略则可以通过对不同企业价值链上相同价值活动的整合或者不同价值活动的共享来实现新价值链的最大化。这类赢利模式的代表网站,按不同行业分,有以下几类,如表1-1所示:

**表1-1 产品交易型电子商务赢利模式所处行业分类**

| 行业 | | 代表 |
|---|---|---|
| 以制造业为主导 | 计算机 | HP、Dell、Sun |
| | 家电 | 海尔 |
| 网上零售 | 图书与音像制品 | 亚马逊、卓越、当当 |
| | 服装零售店 | 淘宝 |
| | 鲜花与礼品 | |
| | 折扣店 | |

从表1-1我们可以看出,采用这类模式的主要有两种企业:

(1)以制造商为主导的电子商务企业。也就是传统制造企业通过在计算机网络环境下的商业化应用,把买家、卖家、供应商和合作伙伴通过互联网、企业内联网和企业外联网全面结合起来的一种应用。在这方面应用得最为成功的是计算机企业(如戴尔等)和家电企业(如海尔)。

采用这种模式的大多为大型制造企业,涉及电子、电器、化工、纺织、钢铁等行业。究其原因,主要是因为:①大型企业一般经过多年的发展,具备了成熟的管理体系,主要的业务流程比较规范,因此对提高企业信息化水平有比较迫切的需求,电子商务的实施对大型企业来说在提高效率、降低成本方面的效果更加突出。②大型企业具备完善的传统销售渠道,具有丰富的营销经验,作为价值链型企业,供应链和销售链的电子商务化相对简单,主要工作只是将其传统基础移植到网上,工作量大大减少,而且成熟的传统销售网络使大企业在客户资源方面也具有强大的优势。③大型企业具有品牌优势,比较容易吸引客户。

(2)以交易为主导的电子商务零售企业。如亚马逊书店、淘宝、当当等在线零售商。淘宝网发布的 2010 年网购数据显示,2010 年淘宝网注册用户达到 3.7 亿,在线商品数达到 8 亿,最多的时候每天 6000 万人访问淘宝网,平均每分钟出售 4.8 万件商品。同时,以淘宝商城为代表的 B2C 业务交易额在 2010 年翻 4 倍,淘宝网单日交易额峰值达到 19.5 亿元,分别超过北京、上海、广州三地社会消费品零售单日额。

**2. 服务型电子商务赢利模式**

随着人们可支配收入的增加以及消费理念的更新,人们对于精神消费、娱乐消费、休闲消费的需求越来越强烈,在关注产品和服务的同时,消费者对于精神层面的"体验消费"也表现出了极大的兴趣。国内休闲产业迅猛发展和假日经济持续红火的现象表明体验经济时代正在向我们大步地走来。

服务型电子商务就是在体验经济下应运而生的一种模式。赢利模式属于这一类型的电子商务企业大都属于服务提供商(service provisioning),它们通过提供与客户需要相适应、能够带来难忘体验的服务来创造价值,获得利润。例如,当一个旅行服务代理商收到来自客户以服务为导向的服务请求后,必须首先确定客户的需要是什么。与传统的制造行业知晓大多数客户的需要不同,旅行社的客户可能有不同的运输手段(飞机、火车、汽车、轮船)、不同的目的地(如北京、西藏、云南、国外)、不同的服务(住宿、导游、餐饮、购物)需求,旅行代理商的解决方案更为广泛。

按提供的服务的性质,我们将这些企业分为两类:

(1)娱乐服务提供商。娱乐服务提供商提供的服务主要是游戏和在线电影的下载和收看。其中网络游戏和视频游戏是一个巨大的产业,仅美国每年在这类游戏上的消费就超过100亿美元。以前有些游戏网站主要靠广告收益,现在越来越多的网站必须付费后才能在电脑上下载安装软件。在美国,多数游戏网站每月收费5—20美元。据互动数字软件协会(Interactive Software Association)估计,美国每年有1.7亿人玩网络游戏,并且每年增长17%。在我国,网络游戏也是所有电子商务网站中赢利最大和发展最快的。

(2)专业信息服务提供商。作为第四大传播媒体的因特网,上面散布的信息涉及政治、经济、科技、法律、文化等社会的各个方面,成为人们获取知识的主要渠道。因此企业利用电子商务的平台,开展网上信息服务,各种专门化信息服务网站迅速发展起来并获得可观的利润。这些网站提供的服务包括数字内容服务(如中国期刊网、中国数字图书馆)、搜索服务(如google、百度、3721)、求职信息发布(如Career site、前程无忧)等各类服务。其中马化腾的腾讯QQ是众多网友不可或缺的通信工具,连QQ的形象小企鹅都成为用户追捧的时尚品牌。据腾讯官方公布,截至2010年9月30日,QQ即时通信的活跃账户数达到6.366亿,最高同时在线账户数达到1.187亿。

这些网站的收费并不高,但一旦实现了规模效应,积少成多的收益是相当可观的。所以,专注一个需求巨大的领域,只要能够给用户提供实实在在的服务,收费和赢利并不是一件难事。

**3. 信息交互型电子商务赢利模式**

这种赢利模式的作用范围适用于中介服务领域,它是经纪业务演变的结果,中介服务能够使两个及以上需要交易的客户之间取得联系。中介商将买卖双方结合到一起,提供交易双方的信息,如果买者和卖者都感觉到中介商给它们带来了价值,中介商就可以获利。从取得收入的方式来看,此种模式有别于上述两种模式,它并不是买卖的一方,而是提供双方的交易信息,从中抽取一定的交易费用作为收入的来源。

这种赢利模式的电子商务企业基本上可分为三类:第三方交易市场、在线经纪商(如证券经纪、保险经纪、票务经纪、房地产与抵押贷款经纪)、在线旅行社。实际上,这几类企业在本质上都可以看作中介商,它们通过将买者和卖者结合到一起来获取利润。在传统经济中,世界排名领先的零售商大多是中介商;而在网络经济中,大多数排名位于前列的消费者网站要么是旅行服务机构,要么是经纪公司。相对于产品交易型和服务型企业而言,因特网对于信息交互型企业的影响最大,它使这类型企业的网络规模变大,地域覆盖更广,网络外部性的效果发挥更快。

比如一些拍卖网站经常拍卖古怪物品。eBay拍卖的10大古怪商品中,有人曾花1000多美元购买过一个据说被美国歌手贾斯汀咬过一口的法国吐司;一家湾流宇航公司生产的豪华私人喷气式飞机也被拍卖,成交价达490万美元,成为eBay网站上单项商品成交价最高的商品之一。2004年7月初,淘宝网拍卖了冯小刚2005年贺岁电影《天下无贼》的主要道具——火车。该类型模式的相关活动注重经纪服务、建立由使用者(购买者)和供应者组成的网络、接触管理、提供服务和设备操作。由于进入门槛不高,这类型网站要建立利润屏障可以通过阻塞策略来实现。例如,Priceline.com就将其反向拍卖模式申请了专利来防止其他竞争者轻易模仿。当然,也可以采掘他人的资源,采用联合的策略来壮大自己的赢利模式。

表1-2　信息交互型电子商务赢利模式按所处行业分类

| 行业 | | 代表 |
| --- | --- | --- |
| 第三方交易市场 | 中介 | 阿里巴巴 |
| | 拍卖 | eBay、易趣 |
| 在线经纪商 | 证券 | 嘉信理财、美林、所罗门美邦 |
| | 保险 | Quotesmith.com、InsWeb、YouDecide.com |
| | 票务 | Tickets.com |
| | 房地产与抵押贷款 | ZipRealty.com、Realtor.com |
| 在线旅行社 | | 携程、途牛 |

### (二) 电子商务赢利模式的收入来源

企业的收入和利润来源是赢利模式的一个重要组成部分,收入来源是企业赢利模式的"底线"。在传统商业中,企业往往从直接销售的产品和相关服务中获取利润。例如,汽车制造商的收入,一方面来自其销售的产品,另一方面,则主要从零配件和对汽车提供的服务中获取。实际上,从后者获取的收益往往比前者要大得多,因此,企业需要决定,哪一种收入来源对于企业更为有利。现在很多汽车销售商就不惜低价销售商品,而主要依靠售后服务获利。

电子商务企业,由于主要依靠网络技术,打破了时间和空间的限制,具有其他媒体不可比拟的交互性,因而对于收入来源的确定更为重要。哈佛商学院的学者通过对美国多家电子商务企业的调查研究,总结了电子商务的四大收入来源,如表1-3所示。

表 1-3 电子商务赢利模式的收入来源

| 商业收入 | |
|---|---|
| 类别 | 描述 |
| 产品销售收入 | 销售或批发物质或信息产品 |
| 佣金、服务或交易费 | 对所提供的服务收费,可以是固定数额,也可以按所提供产品或者服务的价格的百分比收取 |
| 内容收入 | |
| 类别 | 描述 |
| 订阅费 | 对所提供的不断更新的信息收费,这些信息可能是有关某一特定主题的,也可能是某一特定时期的(如某一年) |
| 注册费或事由费 | 对参与某一网络事由收费,如在线开店、在线学习 |
| 社区收入 | |
| 类别 | 描述 |
| 广告费 | 为提供的旗帜广告和专门的促销活动收费 |
| 安置费 | 为提供合作关系收费 |
| 推荐费 | 为向顾客提供其他站点的链接而收费 |
| 会员费 | 为加入某一私人团体或者接受某种私人服务而收费 |
| 基础设施收入 | |
| 类别 | 描述 |
| 软硬件销售费 | 销售或批发某一技术产品 |
| 安装和集成费 | 为所提供的安装或集成服务收费,包括固定费用和可变费用 |
| 维护和更新费 | 为软硬件的维护和更新收费 |
| 租用费 | 对租用的软件、网站、数据中心、网络收费 |
| 接入费 | 对接入网络服务收费 |

一般来说,普遍认为网络企业的收入来源有以下几类:

(1)连接收入:指消费者每月支付的注册费用,以便直接连入网络。

(2)广告收入:广告主将营销推广费投资在网络上,针对网络一对一的营销功能,使广告主有更大的能力将信息瞄准目标消费者。

(3)网站注册收入:目前大部分网站还未向使用者收费,但随着时间的推移,当网站建立了忠诚的用户群基础后,会有更多的网站开始向使用者收取获取内容的费用,其中有些站点可能会提供部分免费的内容。

(4)网上交易收入:指网上购物的收入,包括书籍、唱片、旅游票券、软件、个人电脑,甚至汽车等都可以在网络上购买。

网站的收入来源,除了以上的项目之外,以后也可能通过售卖工作平台、使用空间等方式来获取。不过在目前吸收流量的前提下,平台空间的使用大多免费。

## 第四节 旅游企业与企业之间的电子商务

### 导入案例

#### B2B 电子商务案例——同程网

同程网创立于2004年,总部设在中国苏州,目前员工1500余名,注册资金5000万元。经过数年在旅游在线市场的成功运作,同程网已成为国内最大的旅游电子商务平台之一,也是目前中国唯一拥有B2B旅游企业间平台和B2C大众旅游平台的旅游电子商务网站。2006年12月,同程网项目荣膺CCTV赢在中国五强项目,并得到软银赛富、IDG、今日资本等多家海内外风险投资商的青睐,2008年获得国内著名创投机构1500万元风险投资。

B2B旅游企业间平台作为中国最大的旅游B2B交易平台,搭建包括旅行社、酒店、景区、交通、票务等在内的旅游企业间的交流交易平台,目前注册旅游企业会员16万家,其中VIP会员6000余家,被誉为永不落幕的旅游交易会。2008年,同程网进入旅游软行业,目前基于SaaS平台的旅行社、酒店、航空代理软件已拥有客户1400余家,其中同程六合一旅行社管理软件拥有客户1000余家,正在成为国内旅行社信息化的标准软件。

作为中国领先的在线旅游网站,同程网拥有300万注册会员,面向大众提供酒店机票预订、演出门票预订、景区门票折扣与预订、旅游线路比价搜索等全方位旅行及旅游服务,并形成了以旅游点评、旅游问答、旅游询价、旅游博客为特色的旅游社区。2006年、2007年网站被北京大学等机构评为年度中国十大旅游网站,并连续26个月名列中国旅游资讯类网站第一名。

## 一、B2B 电子商务概述

企业间电子商务(企业对企业电子商务)是指企业之间通过网络信息手段实现相互之间的一对一、一对多的交易,如采购、分销等。在旅游电子商务中,B2B 交易形式包括旅游企业之间的产品代理,如旅行社代订机票与客房,旅游代理商代售旅游批发商组织的旅游线路产品,组团社之间相互拼团。

旅游业是一个由众多子行业构成、需要各子行业协调配合的综合性产业,吃住行游购娱各类旅游企业之间存在复杂的代理、交易、合作关系,因而旅游 B2B 电子商务有很大的发展空间。

旅游企业间的电子商务又分为两种形式:一种是非特定企业间的电子商务,它是在开放的网络中对每笔交易寻找最佳的合作伙伴。一些专业旅游网站的同一交易平台就提供了各类旅游企业之间查询、报价、询价直至交易的虚拟市场空间。另一种是特定企业间的电子商务。它是在过去一直有交易关系或者今后一定要进行交易的旅游企业之间,为了共同的经济利益,共同进行设计、开发或全面进行市场和存量管理的信息网络。如航空公司的计算机预订系统是旅游业内的一个机票分销系统,它连接航空公司与机票代理商(如航空售票处、旅行社、旅游饭店等)。机票代理商的服务器与航空公司的服务器是在线实时连接在一起的,当机票的优惠和折扣信息有变化时,会实时地反映到代理商的数据库中。机票代理商每售出一张机票,航空公司的数据库中的机票存量就会发生变化。B2B 电子商务的实现大大提高了旅游企业间的信息共享和对接运作效率,提高了整个旅游业的运作效率。

## 二、B2B 电子商务主要模式

### (一) B2B 电子商务模式的主要类型

目前企业采用的 B2B 可以分为以下两种模式:

**1. 面向制造业或面向商业的垂直 B2B**

面向制造业或面向商业的垂直 B2B 又可以称为行业 B2B。垂直 B2B 可以分为两个方向,即上游和下游。生产商或商业零售商可以与上游的供应商之间形成供货关系,比如 Dell(戴尔)电脑公司与上游的芯片和主板制造商就是通过这种方式进行合作;生产商与下游的经销商可以形成销货关系,比如 Cisco(思科系统公司)与其分销商之间进行的交易。

**2. 面向中间交易市场的水平 B2B**

面向中间交易市场的水平 B2B 又可以称为区域性 B2B。这种交易模式是将各个行业中相近的交易过程集中到一个场所,为企业的采购方和供应方提供了一个交易的机会,像阿里巴巴、环球资源网等。B2B 只是企业实现电子商务的一个开始,它的应用将会得到不断发展和完善,并适应所有行业的企业的需要。

目前企业要实现完善的 B2B 需要许多系统的共同支持,比如制造企业需要有财务系统、企业资源计划 ERP(Enterprise Resource Planning)系统、供应链管理 SCM(Supply Chain Management)系统、客户关系管理 CRM(Customer Relationship Management)系统等,并且这些系统能有机地整合在一起,实现信息共享、业务流程的完全自动化。

## (二)B2B 赢利模式

企业对企业旅游电子商务的所有参与者都是旅游企业或其他机构,其他机构包括与旅游企业业务联系频繁,以及为商务旅行提供管理服务的非旅游类企业、机构。目前大部分的旅游电子商务包括企业与其供应商之间的采购;客源地组团社与目的地接待社之间的业务协调;客源地组团社与目的地汽车租赁公司、航空公司、酒店之间的协调等。

B2B 交易包括跨组织信息系统交易。例如,企业商务旅行管理系统,它是一种安装在企业客户端的具有网络功能的应用软件系统,通过网络与旅行社电子商务系统相连。大型企业常需处理大量的公务出差、会议展览、职工福利奖励等旅游事务,在客户端,大企业差旅负责人可将企业特殊的出差政策、出差时间和目的地、结算方式、服务要求等输入商务旅行管理系统,系统将这些要求传送到旅行社。旅行社通过计算机自动匹配或人工操作为企业客户设计最优的出差行程方案,为企业预订机票及酒店,并将预订结果反馈给企业客户。商务旅行管理系统,还为与旅行社建立长期业务关系的企业客户提供系统报表功能。用户企业的管理人员可以通过系统实时获得整个公司全面详细的出差费用报告,并可进行相应的财务分析,从而有效地控制成本,加强管理。非旅游类企业、机构常会选择与专业的旅行社合作,由旅行社提供专业的商务旅行预算和旅行方案咨询,开展商务旅行全程代理。

B2B 交易也包括企业间的电子市场交易,如在线购买旅游产品、酒店耗材或服务等。B2B 旅游电子商务的赢利模式见表 1-4。

表 1-4 主要的 B2B 旅游电子商务赢利模式

| 赢利模式 | 收入来源 |
| --- | --- |
| 订阅 | 通过提供信息内容和服务来收取订阅者的费用 |
| 广告 | 通过提供广告来收取费用 |
| 会员制 | 通过业务推荐收取费用 |
| 销售 | 通过销售产品、信息和服务收取费用 |
| 交易费 | 通过授权交易或收取佣金 |

虽然有多种不同的旅游电子商务赢利模式,但是大多数的企业主要采用其中一种或几种模式的组合。这些赢利模式包括订阅模式、广告模式、会员制模式、销售模式和交易费模式。

在订阅赢利模式中,旅游网站向用户提供信息和服务,并向用户收取访问其所提供内容的费用。从订阅赢利模式的经验来说,要想做到让消费者对于使用网上信息需要支付费用的做法不感到厌倦,则所提供的内容就必须是高附加值的,是不容易被复制的优质信息。

在广告赢利模式中,旅游网站向广告客户收取费用为其发布广告,从而吸引大量的浏览者,同时能获得用户关注的旅游网站,都能收取高额的广告费,大部分网站都是根据广告在首页位置及广告类型来收费。

在会员制赢利模式中,旅游网站通过向会员推荐业务收取推荐费,或者从交易额中提取一定百分比的收入。当会员利用这一机会购买产品的时候,他们可以得到能换取赠品的积分。例如拥有艺龙贵宾卡,可享受如下服务:每周 7 天,每天 24 小时的商务订房客户服务;提供 800 免费电话,为会员及时解决商旅过程中的各种问题;可预订全国(含港澳地区)220 多个重点城市的 2600 多家酒店,得到 2—7 折的会员价格;全国主要城市的机票预订;全国重点城市 4000 多家著名餐饮、娱乐、健身、购物场所的 7～9 折的优惠;积分奖励活动,礼品奉送;有机会免费得到精美会刊,双月发行;定期的高档会员活动。目前会员费已成为我国 B2B 网站最主要的收入来源。比如阿里巴巴网站收取中国供应商、诚信通两种会员费,中国供应商会员费分为每年 4 万元和 6 万元两种,诚信通的会员费每年 2300 元。

在销售赢利模式中,企业通过向消费者销售产品、信息或服务来得到收入。

在交易费赢利模式中,企业从授权或交易中收取费用。例如,网上拍卖市场,如果卖方成功出售了物品,则将从中收取小额的交易费。

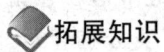
拓展知识

## 什么是 SaaS 模式

SaaS(Software-as-a-Service)的意思是软件即服务,SaaS 的中文名称为软营或软件运营。SaaS 是基于互联网提供软件服务的软件应用模式。作为一种在 21 世纪开始兴起的创新的软件应用模式,SaaS 是软件科技发展的最新趋势。

SaaS 提供商为企业搭建信息化所需要的所有网络基础设施及软件、硬件运作平台,并负责所有前期的实施、后期的维护等一系列服务,企业无须购买软硬件、建设机房、招聘 IT 人员,即可通过互联网使用信息系统。就像打开自来水龙头就能用水一样,企业根据实际需要,从 SaaS 提供商那里租赁软件服务。

SaaS 是一种软件布局模型,其应用专为网络交付而设计,便于用户通过互联网托管、部署及接入。SaaS 应用软件的价格通常为"全包"费用,囊括了通常的应用软件许可证费、软件维护费以及技术支持费,将其统一为每个用户的月度租用费。对于广大中小型企业来说,SaaS 是采用先进技术实施信息化的最好途径。但 SaaS 绝不仅仅适用于中小型企业,所有规模的企业都可以从 SaaS 中获利。

2008 年前,IDC 将 SaaS 分为两大组成类别:托管应用管理(hosted AM),以前称作应用服务提供(ASP),以及"按需定制软件",即 SaaS 的同义词。从 2009 年起,托管应用管理已作为 IDC 应用外包计划的一部分,而按需定制软件以及 SaaS 被视为相同的交付模式对待。目前,SaaS 已成为软件产业的一个重要力量。只要 SaaS 的品质和可信度能继续得到证实,它的魅力就不会消退。

## 第五节 旅游企业与消费者之间的电子商务

### 导入案例

**B2C 电子商务案例:亚马逊网上书店——电子零售业的王者**

亚马逊书店(amazon.com)是世界上销售量最大的书店,它可以提供的图书目录比全球任何一家书店的存书要多 15 倍以上。而实现这一切既不需要庞大的建筑,又不需要众多的工作人员,亚马逊书店的 1600 名员工人均销售额 37.5 万美元。这一切的实现,电子商务在其中所起的作用十分关键。它工作的中心就是要吸引顾客购买它的商品,同时树立企业良好的形象。

亚马逊书店的营销活动在其网页中体现得最为充分。亚马逊书店在营销方面的投资也令人注目:现在,亚马逊书店每收入 1 美元就要拿出 24 美分搞营销、拉顾客,而传统的零售商店则仅花 4 美分就够了。

亚马逊书店的营销策略主要有:

(1)产品策略。亚马逊书店所售商品分为三大类:书籍(BOOK)、音乐(MUSIC)和影视产品(VIDEO),每一类都设置了专门的页面。同时,在各个页面中也很容易看到其他几个页面的内容和消息,它将书店中不同的商品进行分类,并对不同的电子商品实行不同的营销对策和促销手段。

(2)定价策略。亚马逊书店采用了折扣价格策略。所谓折扣策略是指企业为了刺激消费者增加购买,在商品原价格上给以一定的折扣。它通过扩大销量来弥补折扣费用和增加利润。亚马逊书店对大多数商品都给予了相当数量的折扣。例如，在音乐类商品中，书店承诺："You'll enjoy everyday savings of up to 40% on CDs, including up to 30% off Amazon. com's 100 best - selling CDs（对 CD 类给 40% 的折扣，其中包括对畅销 CD 的 30% 的折扣）。"

（3）促销策略。常见的促销方式，也即企业和顾客以及公众沟通的工具主要有四种。它们分别是广告、人员推销、公共关系和营业推广。在亚马逊书店的网页中，除了人员推销外，其余部分都有体现。

逛书店的享受并不一定在于有足够的钱来买想要的书，而在于挑选书的过程。手里捧着书，看着精美的封面，读着简介往往是购书的一大乐趣。在亚马逊书店的主页上，除了不能直接捧到书外，这种乐趣并不会减少。精美的多媒体图片，明了的内容简介和权威人士的书评都可以使人有身临其境的感觉。

主页上广告的位置也很合理，首先是当天的最佳书，而后是最近的畅销书介绍，还有读书俱乐部的推荐书，以及著名作者的近期书籍等。不仅在亚马逊书店的网页上有大量的多媒体广告，而且在其他相关网络站点上也经常可以看到它的广告。例如，在 Yahoo! 上搜索书籍网站时就可以看到亚马逊书店的广告。

该书店的广告还有一大特点就在于其动态实时性。每天都更换的广告版面使得顾客能够了解到最新的出版物和最权威的评论。

亚马逊书店千方百计地推销自己的网点，不断寻求合作伙伴（associate）。由于有许多合作伙伴和中间商，从而使得顾客进入其网点的方便程度和购物机会都大大增加，它甚至慷慨地做出了如下承诺：只要你成为亚马逊书店的合作伙伴，那么由贵网点售出的书，不管是否达到一定的配额，亚马逊书店将支付给你 15% 的介绍费。这是其他合作型伙伴关系中很少见的。目前，亚马逊书店的合作伙伴已经有很多，包括 Yahoo! 在内的一些经常被访问的站点已经成为亚马逊书店的合作伙伴。

在中国，2004 年 8 月 20 日，亚马逊宣布以 7500 万美元收购卓越网，成为亚马逊（Amazon.com）全球第七个站点，一直以来都致力于探索具有中国本土特色的 B2C 电子商务营销模式，以此来推动中国电子商务的发展。

## 一、B2C 电子商务概况

### （一）B2C 电子商务概述

B2C 旅游电子商务是指旅游企业对旅游者（个人客户）或潜在旅游者的电子商务，它基本等同于电子旅游零售。旅游散客通过网络获取信息，涉及旅游活动日程表，预订旅游饭店客房、车船机票等，或报名参加旅行团，都属于 B2C 旅游电子商务。B2C 交易中涉及的参与主体主要包括以下几类：游客或潜在游客、网上旅游运营商或旅游服务提供商、收款银行（支付网关、发卡银行）和 CA 认证机构（数字证书的发行者)。对旅游业这样一个游客高度地域分散的行业来说,B2C 旅游电子商务方便旅行者远程搜索、预订旅游产品,克服距离带来的信息不对称。通过旅游电子商务网站订房、订票,是当今世界应用最广泛的电子商务形式之一。

旅游 B2C 电子商务还包括旅游企业对旅游者拍卖旅游产品,由旅游电子商务网站提供中介服务,如美国著名旅游网站 Bid4vacations.com,它针对美国的旅游饭店和游船旅游客舱普遍存在空房的现象,组织旅游企业将这些闲置资源公布到网上,组织旅游者之间竞价的拍卖服务,有效地均衡了旅游市场供求,从而成为一种有生命力的网上交易服务形式。

### (二)B2C 电子商务赢利模式

B2C 企业根据自身的实际情况,围绕产品的销售、服务以及增加交易量来适当整合其他的盈利模式帮助企业增加收入,这是许多 B2C 企业早已采取的方式。从表 1-5 中我们可以看出,B2C 电子商务的主要收入有以下几方面。

表 1-5　B2C 旅游电子商务的业务模式与赢利模式

| 业务模式 | 变体 | 模式特征 | 赢利模式 |
| --- | --- | --- | --- |
| 电子零售商 | 鼠标加水泥 | 有实体店面的旅游企业的在线、分销渠道 | 旅游产品销售 |
| | 旅游服务提供商或虚拟旅游运营商 | 传统旅游企业运营的在线版,游客或潜在游客不用离开家或者办公室,可以在任何时候购买旅游产品与服务 | 旅游产品销售 |
| | 在线购物中心 | 购物中心的在线版 | 旅游产品销售、交易费 |
| 门户网站/旅游目的地营销系统/旅游目的地管理组织 | 水平的/综合的垂直的/专业化的 | 提供集成为一体的旅游服务和内容,如搜索、旅游新闻、电子邮件、聊天、音乐下载、旅游视频流以及会议等 | 旅游广告 订阅费 旅游交易费 旅游产品销售 |
| 中介服务供应商 | APS:应用服务供应商 | 汇聚大量旅游产品,为旅游企业提供中介服务。通过向客户出售服务而不通过向客户提供产品来赚钱的企业。例如为旅游企业提供电子商务代理、出租空间并帮助建立附加于电子商务平台的企业网页等。 | 服务销售 |

续表

| 业务模式 | 变体 | 模式特征 | 赢利模式 |
| --- | --- | --- | --- |
|  | 网络促销服务业 | 旅游企业提供网络广告促销、网上黄页或产品列表促销、网上活动促销等服务 | 广告 促销交易费 |
| 交易经纪 |  | 旅游代理商通过帮助客户更快更便捷地完成交易而提高了客户的效率,例如:Expedia.com | 交易费 |
| 内容供应商 |  | 提供充实的旅游信息内容(包括一般旅游资讯和旅游产品信息),供浏览者阅读、查询,同时又支持旅游产品的预订 | 服务销售 |
| 社区服务商 |  | 可供有特定兴趣爱好和共同经历的人们在一起交换意见的网站,例如 BBS | 广告、订阅费、会员推荐费 |
| 市场创建者 | 反向拍卖以及其他动态定价形式 | 基于网络的业务,使用 Internet 技术来建立一个把游客与旅游产品提供商双方撮合到一起的市场,例如 Priceline.com |  |

**1. 广告赢利**

现在多数 B2C 企业都有广告赢利模式,靠吸引上网浏览者的眼球来换取收入。企业通过免费向顾客提供在线信息服务等方式吸引足够的"注意力",许多门户网站的收入模式都属于广告支撑型,此外还有一些信息搜索引擎、咨询、娱乐网站和免费软件下载功能等也被加入网站中来。从赢利角度来看,付费广告是重要的增长领域。

**2. 收取服务费**

除了按商品价格付费外,还要向网上商店支付一定的服务费。交易费用模式是指网站为交易的双方提供一个交易的平台,从中收取佣金。很多的 B2C 网站在开展网上零售的同时,还建立了自己的销售平台,完善自己的产品展示和售后服务。例如 DELL.com(戴尔官网),消费者在购买其产品后,在使用过程中如果遇到问题,可以通过网络或者 800 客服咨询以及预约售后服务,企业针对顾客的需求来开发"服务产品"。这种模式已成为网上企业普遍采用的赢利方式之一,但做得好的往往都有自己的核心竞争能力,如先入优势、行业优势或者是其他方面的优势。

### 3. 注册会员收费

提供与免费会员差异化的服务收费会员制在 B2C 企业中得到了广泛的应用。在 B2C 业界中,会员制开展得比较好的企业有贝塔斯曼在线、卓越、当当、阿里巴巴、亚马逊。实践证明,会员制与 B2C 结合是一条成功之路:①对会员提供完善的信息保证,至少应该包括方便的在线加盟注册程序、稳定的用户购买行为跟踪记录、可靠的在线销售统计资料查询等方面。②网站对会员制计划的推广也非常重要,推广力度与加盟会员的数量有直接关系,而会员数量在一定程度上决定了网站通过会员最终获得的收益。③提供适当比例的优惠政策并按时提供给会员。优惠的比例也许并没有固定的标准,取决于不同产品的利润状况和同行之间的平均水平。

### 4. 降低价格,扩大销售量

例如当当网上书店实惠的折扣价格。当当要当"中国的亚马逊",提供的所有商品,价格平均低于市价。低廉的价格,吸引网上读者,使得点击率提高,访问量持续攀升。

## 二、B2C 电子商务主要模式

### (一) 单一模式

#### 1. 无形产品和劳务的电子商务模式

(1) 网上订阅模式。网上订阅模式指的是企业通过网页向消费者提供网上直接订阅,消费者直接浏览信息的电子商务模式。网上订阅模式主要被商业在线机构用来销售报纸杂志、有线电视节目等。

(2) 付费浏览模式。付费浏览模式指的是企业通过网页向消费者提供计次收费性网上信息浏览和信息下载的电子商务模式。付费浏览模式让消费者根据自己的需要,在网页上有选择地购买一篇文章、一章书的内容或者参考书的一页,在数据库里查询的内容也可付费获取。另外一次性付费参与游戏娱乐将会是流行的付费浏览方式之一。

(3) 广告支持模式。广告支持模式是指在线服务商免费向消费者或用户提供信息在线服务,而营业活动全部用广告收入支持,此模式是目前最成功的电子商务模式之一。由于广告支持模式需要上网企业的广告收入来维持,因此该企业网页能否吸引大量的广告就成为该模式能否成功的关键。而吸引网上广告又主要靠网站的知名度,知名度又要看该网站被访问的次数。广告网站必须对广告效果提供客观的评价和测度方法,以便公平地确定广告费用的计费方法和计费额。

(4) 网上赠与模式。网上赠与模式是一种非传统的商业运作模式,是企业借助于国际互联网用户遍及全球的优势,向互联网用户赠送软件产品,以扩大企业的知名度和市场份额。通过让消费者使用该产品,让消费者下载新版本的软件或购买另外一个相关的软件。由于所赠送的是无形的计算机软件产品,用户是通过国际互联网自行下载,因而企业所投入的分拨成本很低。如果软件确有其实用特点,就很容易被消费者接受。

2. 实物商品的电子商务模式

实物商品指的是传统的有形商品,这种商品和劳务的交付以电脑为信息载体来实现。商务部发布的报告显示,2009年中国电子商务交易额达到3.8万亿元人民币,网络购物交易额达到2586亿元。

网上实物商品销售的特点主要是网上在线销售的市场扩大了。与传统的店铺市场销售相比,网上销售可以将业务伸展到世界各个角落。例如,淘宝网上的代购功能,可以让消费者坐在家中,买到全球各地的商品。

机票网作为专门出售机票的网站,从网站提供的服务内容上说,它采取的是单一的模式。

(二)综合模式

实际上,多数企业网上销售并不是仅仅采用一种电子商务模式,而往往采用综合模式,即将各种模式结合起来做电子商务。Golf Web 就是一家有 3500 页有关高尔夫球信息的网站,这家网站采用的就是综合模式。其中40%的收入来自订阅费和服务费,35%的收入来自广告,还有 25%的收入是该网站专业零售点的销售收入。该网站已经吸引了许多大公司的广告,如美洲银行、美国电报电话公司等,其专业零售点开业前两个月的收入就高达 10 万美元。

从服务的内容上来说,艺龙旅游网采取的也是综合模式。和机票网相比,艺龙网不仅仅提供机票服务,还提供酒店预订、旅游度假、旅游指南等相关的服务。

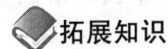 拓展知识

## 携程模式如何支撑旅游电子商务帝国

携程旅行网是中国旅游业第一家在美国纳斯达克上市的公司。创立于1999年的携程总部设在上海,下有北京、广州、深圳、香港四个分公司,并在中国二十多个大中城市设有分公司,现有员工两千余人,是中国最大的旅游电子商务网站,最大的集宾馆预订、机票预订、度假产品预订、旅游信息查询及特惠商务活动为一体的综合性旅游服务公司。产品覆盖中国绝大多数城市及海外主要商务城市,是行业内无可争议的领导者。

2006年4月,携程的市值达到15亿美元,是同在纳斯达克上市的艺龙的5倍,

同样高过了规模远大于己的新浪、搜狐和盛大。2011年2月13日,携程旅行网(纳斯达克股票代码:CTRP),公布其截至2010年12月31日第四季度和2010全年财务业绩。2010年携程净营业收入为29亿元人民币(4亿3700万美元),相比2009年增长45%。

携程缘何成功?

1.专业化经营11年来,携程一直谨守在旅游业"深耕细作"

携程创始人之一、现任董事长梁建章心中很明白,他搞互联网不会大而全、多元化,不走雅虎、eBay、Google的路子,而是专业化,盯住一个模式做到极致,如沃尔玛、星巴克、麦当劳。

虽然从一开始,梁建章等几个携程创始人的目标是做旅游业的电子商务,但携程的电子商务却又不能归于目前已有的任何一种电子商务。梁建章强调,B2B、B2C、C2C这些电子商务模式的概念提法,都不适用于携程网。

梁建章所创造的,更像是一种服务型电子商务。这种电子商务在B与C之间,搭建了一个B的中间平台;而在这个平台上流转的,不是商品与实物以及电子货物,而是信息与服务。

这种电子商务也不纯粹是互联网时代纯网络化的东西,而是线上与线下结合的。携程网的收入只有30%来自线上,而且这些收入主要来自订房业务,这些业务不需要涉及配送,也不需要网上直接支付。另外70%的收入,来自线下的电话订房和订票。1999年携程网收购了现代运通,开始从纯粹的线上业务走到线下。梁称,当时看中的就是现代运通与众多酒店间的长期业务关系。

2.统一全国市场绝对是大手笔

在明确了自己的角色定位后,携程把网络化与信息化的优势发挥得淋漓尽致。一个成熟发达的产业领域,无不是以统一市场和现代化大企业的形成为特征的。携程出现之前,中国旅游服务业看不到这一点;而携程的出现,把中国旅游服务业的市场化程度提升了一大步。

携程的这一步,在于它很好地利用了现代互联网,充分发挥了现代信息业的运作理念。以机票分销为例,在携程之前,没有一家全国性的公司能够统一处理全国各地的机票,传统机票市场的运作,基本上都是大批发商转给零售商,零售商再以柜台的形式面对各地区的客户。可以说,这样的运作时间长,效率低,且以地域为中心"各自为战",全国几十个票台,每个城市都有很多分点,就没法形成一个统一的反应与服务体系。

而携程击中了传统商家的软肋。在上海携程总部,全国各地的机票业务都可以由呼叫中心以及IT后台统一处理,出票时间、机票价格都能得到监控。

3.信息整合,建立核心资源优势

表面上看，携程是为酒店和航空公司"打工"的，提供的是一种代理服务，但深层次上，它的定位很明确，就是行业上下游信息的整合者。经济学上有个简单的原理，就是信息不对称，会导致市场不能有效运转，整个市场效率低下。而信息流畅通的市场，会最大限度地发挥市场的潜力与经济能量。

携程通过对全国酒店、机票预订市场信息和旅游消费者的全面整合，把供应商和消费者连接起来。携程一只手掌控着全国近数十万会员客户，另一只手，则与全国数千家酒店、所有的航空公司紧密相连。它很好地充当了供应链整合的角色，而这一点，是20世纪90年代以来最具现代商业精神的运作模式。

有人会问，信息整合，理念很简单。可为什么是携程充当了行业资源的整合者，而不是国旅、中青旅这些传统的旅游服务商？

香港中旅国际公民旅游总部助理总经理毕建文的说法是："当时，国内一些大的旅行社也都已看到在线旅游电子商务这块市场，不过，传统旅行公司因为已经有地面门店网络，对于这块'新业务'反应迟缓而谨慎，而互联网企业携程、艺龙转身更快。"

而中国社会科学院旅游中心副主任刘德谦则分析道："传统的旅行社会受制于既有的渠道模式，对于新技术、新的商业模型决策、反应机制滞后。"对于新技术的开放与接受程度，对于信息化时代的反应能力，对于新的商业模式的学习能力，以及对于创新的愿望与动力，拉开了携程与国旅、中青旅的距离。

4. 先进的制度与先进的管理

对于管理，东西方历来有不同的看法。中国本土企业注重领袖智慧，强调人的精神、团结与奋斗，风行企业界的狼道系列经管书在很大程度上反映了这一点。而西方的企业管理则是靠制度来说话的。

理念还是制度，携程的选择是后者。

"到机场发卡、建呼叫中心这些创新似乎都容易模仿，但在背后支撑这些创新的机制和保证其平稳运行的流程和技术，却是外界看不明白的。"梁建章说。

早在2000年，梁建章就开始把CRM、平衡记分卡、6西格玛管理模式等管理方法引入携程，像NBA一样让统计数据说话。"平衡计分卡就是一个体系，用数据化的指标全面衡量每个人、每个团队的业绩。"而6西格玛管理则使携程人拥有这样的意识：把客人打给呼叫中心电话的等待时间控制在国际通行的20秒以内；接听比例从80%提高到90%以上；服务客户的电话时长缩减到今天的150秒左右。这些精细化的管理制度使企业变得精确而高效，使企业完全具备了现代公司的快速、精准、反应灵敏、高速进化等典型特征。

在携程，"每个人都在眼皮底下"，管理层可以非常容易控制每一个环节，梁建章甚至"打开电脑就能看到携程每一分钟的几十张报表"。这在传统旅游公司里面,是很难做到的。

5. 务实而谦逊的企业文化

虽然携程在市场运作上大开大合,强势出击,但在企业文化上,携程却是谦逊而务实的。现任公司董事长梁建章认为,携程首先是一家旅游服务公司,其次才是一家互联网企业。在上海携程公司总部,有一个规模庞大的电话呼叫中心。现在这个呼叫中心已经拥有600多人,几乎占了携程员工总数的一半。这个呼叫中心所提供的,是快捷的查询,迅速的预订,使客户得到优惠的价格和满意的服务。正是这个呼叫中心,完成了携程网70%的线下收入。

与携程相类似的是阿里巴巴——国内电子商务的老大,同样有一个规模上千人的服务中心,每天全部的工作就是打电话、接电话,把服务的精神发挥到淋漓尽致。携程和阿里巴巴虽然有很大的不同,前者是服务信息的流转平台,后者是商品信息的流转平台,但二者有一点儿是相同的:依托于传统产业,服务于传统产业,以网络工具和信息理念释放传统产业能量,提升传统产业的价值。

 思考与练习

1. 简述电子商务与互联网的关系。
2. 你认为什么样的行业最容易实现电子商务,为什么?
3. 旅游企业应当怎样利用电子商务来更好地为企业服务?
4. 结合自身的亲身经历分析我国旅游电子商务还存在哪些问题,应该怎样解决。
5. 旅游信息资源在旅游业中有什么重要意义,如何理解电子商务与旅游信息资源的开发利用之间的互促关系?
6. 试述旅游电子商务的几种交易模式,并举例说明。
7. 你认为我国旅游B2C电子商务赢利模式存在哪些问题?有何优化的方法?

# 第二章 旅游电子商务网站建设

## 引言

旅游业是世界三大朝阳产业之一,是21世纪的主导性产业,近些年来,旅游业的飞速发展在国内外受到广泛的重视。21世纪的今天,人们开始迈进网络经济时代,旅游信息越来越成为旅游行业重要的战略资源,将旅游业与信息、网络高度融合是旅游业新的发展趋势。近20年来,旅游电子商务在全球范围内获得了迅猛的发展,旅游电子商务网站也成为旅游业信息化的主导力量和主要形式。

## 第一节 旅游电子商务网站建设概述

### 一、我国旅游电子商务网站的发展

旅游电子商务网站是旅游电子商务最重要的部分,是旅游企业和用户以及旅游企业间进行沟通的窗口。旅游电子商务网站是一系列网页、数据库、编程技术的融合,它是旅游企业体现企业形象、实施经营战略的平台。

我国旅游电子商务网站的发展相对国外而言,仅仅处于发展初期,在线旅游网站业务占整个旅游业的比重低,发展空间较大。随着国内旅游和电子商务行业的成熟及企业业务模式的完善,在线旅游对传统方式的替代将不断加速。目前国内具有代表性的在线旅游公司如携程、艺龙的增长率都超过30%,而国内旅游市场整体增长速度不超过15%,在线旅游的增长速度超过整体的增长,必然会替代传统的旅游市场。目前国内在线旅游只占电子商务的20%,一两年内将达到30%,替代传统旅游方式也将加速。

我国旅游电子商务网站的发展主要经历了三个阶段:20世纪90年代初为第一阶段,主要集中在综合性网站的发展初期。这一阶段由于受传统旅游市场运行机制的影响,主要以提供相关旅游信息和新闻为主,收入主要来自广告,"以追求高访问率吸引广告商和投资商"作为赢利模式。20世纪90年代末为第二阶段,其模式慢慢开始转向基于B2C的网上直销模式,这个阶段开始宣扬利用B2C网上直销模式代替旅游中间商,对传统旅游业进行全面的替代。第三个阶段以"金旅工程"的启动为标志,这个阶段开始强调旅游网站之间的整合以及旅游网站与传统旅游企业的整合,旅游电子商务转向了对传统的回归和融合。旅游电子商务网站发展的三个阶段经历了由感性上升为理性的曲折过程,同时也反映了我国旅游电子商务网站在认识上的逐渐深入和成熟。

## 二、旅游电子商务网站建设流程

旅游电子商务网站不仅是要展示与推广旅行社或者酒店等企业或机构的产品或服务,达到与用户或合作伙伴实时、互动的信息交流与沟通,实现信息流、资金流和物流协调有序的快速流动,而且要体现旅游行业的管理理念、组织文化、品牌形象。

旅游电子商务网站的设计与管理是一项复杂的系统工程,是企业对内部业务流程进行整合,对内部信息资源与外部信息资源进行集成,更有效地开展经营与管理的过程。从电子商务发展的历程来看,开展旅游电子商务,一般按照以下三个阶段进行:第一阶段为启动阶段,其特征是以信息交互为核心;第二阶段为成长阶段,其特征是在网上开展商务交易;第三阶段为发展阶段,其特征是实现经营管理思想和商务模式的转移。旅游电子商务的开展是一个由低级向高级循序渐进的过程,是一个确认新的管理理念、改革传统的管理方式、重组业务流程,以基础管理为起点、向经营管理现代化逐步发展的过程。

基础管理的科学化、规范化和信息化成为企业现代化发展的迫切需要,是电子商务业务开展的基础条件。旅游电子商务网站的建立与运作必须与企业基础管理信息化和经营现代化建设协调进行,网站的规划必须与企业管理信息化的规划有机结合,以网站的规划促进企业现代化的步伐。

20世纪70年代中期,美国建筑师沃尔曼(Richard Saul Wurman)提出了网站信息构建(Website IA)理论,其含义是"组织信息和设计信息环境、信息空间或信息体系结构,以满足需求者的信息需求的一门艺术和科学"。20世纪90年代中后期,美国学者Lou Rosenfeld和Peter Morville率先将其引入网站的设计开发中,并取得了较好的效果,从而引起了广泛的关注。网站信息构建是指借助图形设计、可用性工程、用户经验、人机交互、图书馆学和信息科学等学科的理论与方法,在用户需求分析的基础上,对网站内容进行组织规划与设计的理论方法。与传统的文献信息组成及传播相比,网站信息由主页、导航栏、链接、内容页、网站地图、网站索引和检索框等一系列要素组成。

旅游电子商务网站的设计与管理的基本流程主要包括：网站的规划与分析、网站的内容设计与开发、网站管理系统的设计、网站的评估与测试四个环节。

### （一）旅游网站的规划与分析

任何类型的电子商务网站的设计与管理都直接关系并影响着电子商务的交易过程以及交易效果，因此不进行网站的规划与分析，盲目地将一个网站进行网上运行，不但会造成大量的人力、财力的浪费，更会给顾客留下不好的印象从而影响到顾客对产品或服务的选择。因此，务必要重视网站规划和分析这一环节。其主要内容有：网站构建的作用与目标分析、用户类型与信息需求分析、竞争性市场定位及可行性分析、技术及工具的选择、域名注册与ISP的选择等有关信息空间的构建与总体构建方案的设计。

### （二）旅游网站的设计与开发

网站的设计与开发是旅游电子商务网站建立的主体内容，关系到网站的使用效率和效果，是网站规划的执行层。因此网站信息构建在这个基本环节中具有重要的作用。首先根据网站信息构建体系结构思想，以用户为中心设计网站信息内容组织与开发的流程；其次采用自顶向下或自下向上方法进行信息结构设计；最后，在规划与设计的基础上，具体完成网站的主页设计、网站的可视化设计和网页的创建等。此外，与旅游电子商务网站运行有关的支付与物流方面的问题，也是进行设计与开发时需要考虑的。

### （三）旅游网站管理系统的设计

由于庞大而复杂的商务数据在处理时间与传递安全、速度等方面对网站动态管理与维护提出了更高的要求，而旅游电子商务的经营形态与经营环境在不断变化，就使得旅游网站也要及时地调整其发展方向与设置内容，因而，及时收集外部的信息和接受客户的反馈，全面分析旅游网站管理及维护的内容与功能，有针对性地开发旅游电子商务管理系统是保障旅游网站有效运行不可缺少的环节。这一环节包括的内容有：网站管理的总体结构分析、文件管理、内容管理、安全管理、综合管理、国内外电子商务站点管理软件介绍、文件管理系统的建立、客户管理系统的建立以及在线管理系统的建立等。

### （四）旅游网站的评估与测试

建立的旅游网站是否达到了网站信息构建设计的规划要求、是否满足了业务流程和用户的要求、浏览与检索界面是否友好、操作是否简单、输入与输出的数据信息是否准确、网站是否便于管理与维护以及网站中的交易流程是否符合网站安全的要求等问题，都必须经过专业的评估与测试来确定。当旅游网站设计开发结束后，必须经过网站的评估与测试才能进行正式的网上运行，并且在网站的设计开发中进行的网站调试不能完全替代总体的评估与测试。旅游网站的评估与测试的主要内容有：速度、兼容性、交互性、链接正确性、程序健壮性、超流量评估与测试等。

# 第二节　旅游电子商务网站规划

## 一、旅游电子商务网站需求分析

在旅游电子商务网站设计的各个阶段里，需求分析是网站生存周期中重要的一步，也是最关键、最费时的一步。一个旅游电子商务网站的成功与否与建站之前的需求分析有着密切的关系。只有通过网站的需求分析，才能把网站的功能和性能的总体概念描述为具体的需求规格说明，进而成为网站建立开发的基础。

### （一）旅游电子商务网站构建的目标以及网上可开展的主要业务分析

为什么要建立旅游电子商务网站？能够在网上开展哪些与旅游有关的业务？应该创建什么商业模式来获得旅游电子商务的优势？如何构建能够满足更多的旅游网站使用者？哪些是我们突出的特色，以支撑我们旅游网站长期发展？这些问题都是必须在需求分析阶段解决的，其中建立旅游网站的目的是首要问题。开展旅游电子商务和构建电子商务网站，一般有以下几种目的。

1. 宣传与推广

宣传与推广是建立旅游电子商务网站的第一个主要目的，也是企业建立网站的基本目标。通过 Internet 可以达到宣传企业形象、提高知名度、展示企业服务、挖掘更多商业机会、发布企业最新动态和经营状况、扩大销售渠道的广告宣传目的。

2. 交流与沟通

交流与沟通是建立旅游电子商务网站的第二个主要目的，网络可以帮助企业加强与客户的沟通，并与客户建立密切的实时互动的关系，网络使得旅游服务更方便、更快捷。

3. 提供在线信息咨询

利用旅游电子商务网站提供在线信息咨询可以实时互动、将信息迅速反馈给客户，使得企业在线为客户提供服务，不仅提高了服务效率，更降低了服务成本。

4. 实现网络的服务交易

旅游电子商务网站的出现，使得我们不仅可以在网络上进行实物的商务交易，更重要的是进行服务的商务交易。我们可以在旅游电子商务网站上进行旅游线路的预订、门票的预订以及酒店的预订。

### （二）旅游电子商务网站能够开展的业务分析

在进行旅游电子商务网站的业务需求分析时，必须选择可具体操作的业务，进行网上实施。那么有哪些与旅游相关的业务可以在网上实现呢?

(1)通过对自身商务需求和服务客户需求的研究分析可以上网开展的业务。

从企业出发,分析企业现有的业务流程和模式,仔细研究企业自身的商业需求和客户的需求,并将这两个需求相结合,从而确定可在网上实现的业务。

(2)根据企业服务特色、行业特点选择可以在网上开展的业务。

### (三)旅游电子商务网站的具体使用者的分析

网站的需求分析内容包括明确网站的使用者、用户群之间的关系等。旅游电子商务网站的使用者主要包括个人旅游者、旅行社、酒店、企业等。各种使用者对网站建设都有着不同的期望,它们希望浏览什么样的网站,希望网站提供哪些信息,以及各使用者之间的业务关系与流程是什么,都是在这个阶段必须要明确的。除了对使用者进行需求分析之外,我们还需要了解其他旅游电子商务网站即竞争对手的网站建设情况,总结它的优点,避免其缺点,从而思考出自己的突出特色。

### (四)旅游企业目前的自身条件分析

旅游企业自身条件的分析内容主要包括自身概况、市场优势,可以利用旅游电子商务网站提升哪些竞争优势等。

## 二、旅游电子商务网站的定位及可行性分析

### (一)网站定位

企业网站能否达到预期的效果,主要取决于网站定位是否明确。换句话说,网站定位是否清晰、准确决定着企业网站的命运。网站定位就像航行途中的灯塔,只有定位准确,才能让企业网站这艘巨轮顺利地达到预期的目的地。因此,企业网站在建设之前,必须把网站定位作为首要思考的问题。那么什么是网站定位,定位的依据又是什么?

网站定位主要是明确网站的建站目的和目标访问群体,应该清楚主要希望谁来浏览网站,具体提供怎样的服务,达到什么效果,网站是面向客户、供应商、消费者还是全部,是为了介绍景点还是宣传某种服务。如果目的不是唯一的,还应该清楚地列出不同目的的主次关系。建站包括网站类型的选择、内容功能的筹备、界面设计等各个方面,它们都受到网站定位的直接影响,因此网站定位是企业建立其营销网站的基础。

影响网站定位的因素主要有以下几个方面:企业的自身资产及技术,企业服务的对象,企业的竞争对象等。

### (二)可行性分析

旅游电子商务网站的可行性分析包括技术可行性分析、经济可行性分析和管

理性可行性分析。

1. 技术可行性分析

旅游电子商务网站技术可行性分析是指对旅游电子商务网站的建设与运行阶段所涉及的硬件、软件与相关技术等方面进行分析。随着网络技术的发展,支撑电子商务应用的技术日益增多,以下技术适合于电子商务的应用。

（1）EDI 技术是以报文交换为基础的数据交换技术,它推动了世界贸易的电子化。在电子商务的应用过程中,EDI 可用于单证和商务文件的传递与交换以及客户管理等。

（2）电子邮件技术广泛应用于电子商务活动中,它为客户与合作伙伴提供实时的商务信息交流、信息查询、信息反馈的平台,也为企业与员工之间架设了沟通的桥梁。

（3）Web 技术在商务活动中的应用极大地扩大了商务活动的范围。基于因特网与内联网的电子商务,可以完成信息发布、信息浏览、信息查询、信息处理和信息检索等任务。

（4）数据仓库与数据挖掘技术在电子商务活动中主要用于各种大量的繁杂数据的存储与分析,并提高数据处理的效率。

2. 经济可行性分析

旅游电子商务网站经济可行性分析是指对旅游电子商务网站建设与运行阶段的投入与产出进行评估。人员、技术、设备和材料等投入构成了电子商务网站的建设成本,其中在规划、分析、设计与构建过程中的投入是投资的主要部分。一般情况下,将网站建设的成本分为构建开发成本与运行管理成本两部分。

电子商务网站构建开发的费用主要包括域名使用的费用、硬件的费用、主机托管的费用、系统软件费用、开发工具费用及开发费用等。网站的开发费用是较难准确计算的。一般来说,开发费用的成本是按照员工工资、各项费用和利润来计算的,即总价＝工资＋费用＋利润。

3. 管理可行性分析

管理可行性分析主要是为保证网站建设中所需要的人力资源。旅游电子商务网站的创建、维护和管理,网站信息的更新都需要大量的人力资源。如果说网站的创建、维护和管理可以交由专业公司的人员,那么网站内容的更新则必须要企业提供信息部门的人员来处理。网站的使用者主要是企业员工,如果员工的素质不能从事日常工作的话,那么再好的电子商务网站也只是一个装饰品,根本起不到应有的作用。因此,在网站规划时要对企业的人力资源进行调查,更改企业管理模式,使之与网络管理相适应,这样才能最大限度地发挥网站的真正作用。

## 三、域名及 ISP 选择

### （一）域名的含义

为了在网络环境下实现计算机之间的通信，因特网上的任何一台计算机都有唯一的 IP 地址，通过 IP 地址可以对计算机进行定位。当我们需要访问这台计算机时，就必须知道这台计算机的 IP 地址。但是 IP 地址是一个数字地址，记忆上非常不方便，另外 IP 地址有时经常变化，如果不知道就很难再次找到。基于以上原因，就在因特网中设定了一个有意义而且容易记忆的名字来代替不易记忆的 IP 地址，把 IP 地址进行符号化，这个名字就是域名。

一个域名由两个或两个以上部分组成，各个部分之间用英文的句号"."来分隔，例如域名:yahoo.cn。因特网采用域名系统（DNS，Domain Name System）将域名解析成 IP 地址。域名服务器中保存有该网络中的所有主机的域名和对应的 IP 地址，其中域名必须对应唯一一个 IP 地址，而一个 IP 地址不一定只有一个域名。域名作为因特网数据交换时的唯一标志，也随着因特网在商务贸易中的应用，发展成为电子商务和交易的识别标志，越来越成为网络营销中重要的策略性资源。域名由互联网管理委员会（INTERNIC）或中国互联网络信息中心（CNNIC）统一分配和管理，资源十分有限，且不受传统的商标法保护，谁先注册，谁就有权使用。因此认识并重视域名的营销功能和商业价值，在企业的网络营销活动中有着深远的意义。

给企业选择域名时需要注意以下几点。

（1）企业域名应尽可能和公司的名字完全一致。

（2）域名应该让人朗朗上口且过目不忘，如果能让人看到域名就联想到公司是再好不过的了。

（3）域名不要太长，避免让人容易写错或者记错。

（4）域名中不要出现怪字符，这些字符不利于记忆和使用。

### （二）域名的注册步骤

注册域名，是在网上建立站点必要要做的第一步。域名注册的步骤如下。

**1. 域名的命名**

对域名的命名有比较多的限制，主要包括以下六点：

（1）不得使用"CHINA"、"CHINESE"、"CN"、"NATIONAL"等作为域名的一部分；

（2）不得使用公共知晓的其他国家或者地区名称、外国地名、国际组织名称；

（3）未经各级地方政府批准，不得使用县级以上（含县级）行政区划名称的全称或者缩写；

（4）不得使用行业名称或者商品通用名称；

(5) 不得使用他人已在中国注册过的企业名称或者商标名称；

(6) 不得使用对国家、社会或者公共利益有损害的名称。

#### 2. 提交书面材料

这些材料主要包括：域名注册申请表原件；本单位介绍信原件；承办人身份证复印件；注册单位本身注册文件的复印件；若是代理注册，则另外需要代理委托书原件。

#### 3. 注册过程

最快的方式是申请人先通过 CNNIC 的 WWW 页面提交域名注册申请表，CNNIC 也接受电子邮件注册，传真的方式仅适用于代理商。CNNIC 初审通过后，域名就处于 30 天保留期，注册人应尽快将所需的全部书面材料由代理商交给 CNNIC。在 30 天保留期内的域名 CNNIC 并不提供域名解析服务，在这段时间内域名是访问不到的。用户可以通过 CNNIC 的域名处理情况查询页面了解域名的注册情况。具体的注册流程详见 http://www.cnnic.net.cn。

### （三）ISP 的选择

域名注册成功之后，要想让网站与 Internet 链接，就必须与一个 Internet 服务商（ISP）建立联系。那么，什么是 ISP 呢？ISP（Internet Service Provider），是一个将用户计算机与 Internet 相连接的中间人。这些服务商首先自己建立与 Internet 的直接连接，然后再设置让用户入网的线路，通过一系列的软件和硬件协议，用户计算机通过电话呼叫就转移到了 Internet 中，便可以访问 Internet 中任何一台计算机了。

目前，国内有多家 ISP 提供互联网接入服务，但各个 ISP 的规模和实力，以及提供的服务都有所区别。选择 ISP 时主要考虑以下三方面因素。

#### 1. ISP 所在的位置

在选择 ISP 时，首先应考虑本地的 ISP，这样就可以减少通信线路的费用，得到更可靠的通信线路。比如通过电话线路（如首都在线）接入 Internet，如果选择的是本地的 ISP，费用按本地话费计算，否则按长途话费计算。

#### 2. ISP 的性能

(1) 可靠性：包括能否保证用户顺利地与之连接，在连接建立后能否保证连接不中断，能否提供可靠的电子邮件与域名服务器等服务。

(2) 传输速率：看看是否与国家或国际 Internet 主干连接，通常要选择一家规模比较大的 ISP，因为它可以支持比较高的传输速率。

(3) 出口带宽：ISP 的所有用户共同分享 ISP 的 Internet 连接通道，如果 ISP 的出口带宽比较窄，它便可能成为用户访问 Internet 的瓶颈。

#### 3. ISP 的服务质量

对 ISP 服务质量的衡量是多方面的，如所能提供的增值服务、技术支撑、服务经验和收费标准等。增值服务是指为用户所提供的上网以外的一些服务,如根据用户需求定制安全策略、提供域名注册服务等。技术支撑除了一天 24 小时的连续运行外,还涉及能否为客户提供咨询或软件升级等服务。ISP 的服务经验与其经营理念、服务的历史长短及客户的情况等都有关。目前 ISP 常见的收费标准包括按传输的信息量收费,按与 ISP 建立连接的时间来收费或以包月、包年的形式收费等。

## 第三节　旅游电子商务网站设计

### 一、网站整体设计

#### （一）网站设计原则

在进行旅游电子商务网站开发之前,网站的整体设计是非常重要的。网站的整体设计为网站开发的后续阶段提供整体的设计思路,明确网站设计的目标和客户的要求。在网站的整体设计中需主要重视以下设计理念。

1. 网站内容动静结合原则

旅游景点信息的详尽程度直接影响着游客对景点的选择以及对景点的满意程度,因此建设详尽的景点信息数据库是旅游网站义不容辞的责任。数据库的数据应涵盖旅游业六大要素,所有数据应尽量详细地进行分类设计,方便游客从不同角度进行搜索。并且可以针对旅游地一年四季景观的变化以及淡旺季的交替,对网站发布的旅游信息进行调整。

2. 旅游服务信息的综合化

在旅游网站上,既要有旅游景点信息、交通信息、食宿信息、娱乐信息,还应当包括旅游的常识信息提示、旅游保健信息以及其他一些与旅游相关的天气信息、车船机票信息、公路信息、民风民俗等信息的服务,以满足旅游者的需求。同时,旅游网站还应当有与其他相关或者相似旅游地、旅游区、社会组织网站的链接,这种链接要从旅游者的角度考虑,以服务浏览者为目标,设置链接的形式和布局,而不应像商业网站那样做一些霸王广告,让浏览者产生厌恶感。

3. 互动性设计原则

只有让用户成为网站的主角,才能真正体现网络信息为旅游者服务的特点,旅游者可以将自己对某一景区的感觉、印象真实地反映到网络上。当旅游者遇到问题时,一方面可以通过站内搜索,看是否有答案,另一方面也可以在网上发问,由其他网站浏览者或者管理员进行在线回答。通过这种途径可以加强网站同旅游者之间的互动。

## （二）网站体系结构设计

旅游电子商务网站体系结构设计一般采用浏览器/服务器（Browser/Server，B/S）三层结构。在 B/S 三层体系结构系统中，用户使用浏览器通过网络向分布在网络上的许多服务器发送请求，服务器对浏览器的请求进行处理，将用户所需信息以 HTML 形式返回到浏览器。所谓三层体系结构，是在客户端与数据库之间加入一个"中间层"（即 Web 服务器），也叫组件层，所有的应用系统、应用逻辑和控制都在这一层，对数据库的访问和应用程序的执行都在这里完成。B/S 三层体系结构简化了客户机的工作，客户机上只需配置少量的客户端软件。这意味着如果需要修改应用程序代码，只需要对中间层应用服务器进行修改，而不用修改成千上万的客户端应用程序，从而使开发人员可以专注于应用系统核心业务逻辑的分析、设计和开发，简化了应用系统的开发、更新和升级工作。

## 二、网站功能与结构设计

设计旅游电子商务网站的系统，首先需要确定一个旅游电子商务网站系统的基本功能结构，并考虑数据库系统设计方案。一般来说，旅游电子商务网站是由前台系统和后台系统两部分构成的。前台系统是供客户浏览的，用于展示商品或服务的浏览界面，在这里可以注册会员、浏览商品、选择旅游线路、留言等；后台系统主要是进行商品服务的管理、发布和修改，同时要进行会员管理、账务管理、报表统计、系统运转以及安全有效的账号系统管理。

### （一）旅游电子商务网站的前台系统功能与结构设计

目前大多数旅游电子商务网站的前台服务界面提供的旅游服务主要有以下几方面内容：

（1）旅游信息的汇集、传播、检索和导航。这些信息内容一般都包括景点、饭店、交通旅游线路等方面的介绍，旅游常识，旅游注意事项，旅游新闻，货币兑换，旅游目的地天气，环境，人文等信息以及旅游观感等。

（2）在线预订服务。主要提供酒店客房、民航班机机票、旅行社旅游线路等方面的实时、动态的在线预订业务。

（3）客户服务。提供可实施 Internet 在线旅游产品预订的客户端应用程序，利用这种预订，客户可以与代理人进行实时的网上业务洽谈，管理自己的预订记录。

（4）代理人服务。提供给酒店、民航、旅行社等多种旅游产品代理端应用程序，代理人可以与客户进行实时的网上业务洽谈、管理其旅游产品的预订记录、查阅其账目。

（5）个性化定制服务。在开展旅游电子商务时，企业可以通过与游客进行一对一交流，了解他们的旅游消费动向和需求，回答他们提出的问题，并且在游客充分获取旅游信息的基础上,结合游客的个性化要求设计和定制相应的旅游产品服务组合。

通常,在旅游电子商务网站上,游客可以浏览并查询旅游产品信息,了解旅游产品的详细情况,如旅游线路、景点、餐饮、住宿、价格等。如果满意的话,注册后凭用户名、密码登录,填写订单并支付,即可完成该旅游产品的订购。基于以上购物流程的考虑,一个典型的 B2C 架构的旅游电子商务网站,可划分为四个基本的功能模块,即用户管理、旅游产品管理、购物管理和订单管理等。各个模块相互独立,可以独立完成自己的功能;各模块间又紧密联系,需要相互协同完成订单,如订单管理需要记录产品信息和用户信息,因而离不开用户管理、产品管理这些模块。

1. *用户管理模块*

用户管理模块主要包括用户注册、登录、信息修改三个方面的功能。用户注册是站点获取用户信息的一个基本渠道,既方便于对用户的管理,又可以根据这些信息为用户提供更好的服务。因此需要有一个关键信息如用户名来明确区分不同的用户,用户注册提交后就需要先检查网站数据库中是否已经存在这个用户,如果存在则返回让用户重新输入用户名,用户名经系统验证无误后,便连接到数据库,利用 SQL 语句中的 Insert 语句添加信息到数据库中。数据是以表单的形式提交,采用 POST 方法传递数据。当表单提交按钮触发后,会对表单里的对象逐个验证是否合乎规范,如果不合逻辑将会返回重新输入,验证代码可以定义为一个过程。用户登录只需要通过数据库验证用户是否为已经注册过的用户,即输入的用户名和密码是否已经存在于数据库中并核对是否正确。对于会员个人信息的修改一般都要在用户成功登录以后才能进行,首先通过查询数据库,以表单的形式将该用户的信息显示出来,然后允许用户进行修改,修改的数据提交后,连接数据库,利用 update 语句对数据库中的数据进行更新。

2. *旅游产品管理模块*

旅游产品管理模块主要是通过建立良好的旅游产品分类和搜索方式,向游客展示各种旅游产品信息,让游客能方便地以各种方式快速地浏览产品,进行选购,减少客户不必要的时间浪费。

可以从价格分类显示、热点产品显示、推荐精品显示、新产品显示和查询显示等方面向游客展示关于旅游线路、酒店、航班等信息。从数据库技术的角度来说,几乎所有形式的产品显示都是按一定的条件对数据库进行查询,并将查询的结果显示出来。其中查询显示是较为复杂的产品显示方式,允许输入多个条件进行查询,然后把符合条件的旅游产品显示出来。

3. *购物管理模块*

购物管理模块实际上是旅游产品显示到订单生成购物流程的设计。购物流程可以包括很多步骤,这些步骤不是必需的,它们的存在只有一个目的,就是确保正确地生成一个完整无缺的订单。在旅游客户预订旅游产品,尤其是在结算之前,需要进行登录,登录是为了获取和记录游客的相关信息。游客在预订旅游产品时,系统将自动调用订单生成模块以产生实际的订单,订单的信息将添加到数据库中订单信息表里,所产生的订单应包括这样一些信息:订单编号、会员编号、付款方式、付款状态、订单处理状态、下单日期、旅游产品编号、数量、单价、联系电话等。因此,实现该模块时,订单信息的获取是非常重要的,关于用户的内容可以从会员登录时保存到 session 对象中的数据得到会员编号,关于旅游产品的内容可以在游客选择产品点击"预订"时获取产品编号,关于付款的内容需要用户临时输入,设计一个表单即可获取数据。获取了必要的数据后,系统就可以根据这些数据产生订单并将该订单数据保存到订单数据表中了。

**4. 订单管理模块**

订单管理模块是旅游产品订单生成之后到交易完成之间的购物流程的设计。游客可以订购多个旅游产品,生成多个订单,并对自己的订单进行管理,游客可以查询所有订单,随时了解所选购的产品名称、价格,以及订单是否已付款,订单是否已被处理等相关信息。游客也可以删除部分订单,如对于未付款、未处理的订单游客可以取消,但对于已付款的订单游客无法直接从网上删除,必须和工作人员联系。一个订单的生成到一次交易的结束期间,订单至少要经历三个状态:未处理,正在处理,处理完成。这些状态的变化都应反映在订单之中。因此在设计订单表时,除了具备购买者、所购产品、订单号等基本字段外,还需要添加一个订单状态字段,用来保存当前订单的状态。

**(二)旅游电子商务网站的后台系统功能与结构设计**

旅游电子商务网站的后台系统主要完成对前台系统的信息管理。基于旅游电子商务网站的业务范围和前台系统的内容,后台系统将提供以下四个基本的功能模块,即产品管理、会员管理、订单管理和财务管理。下面介绍各个模块的功能。

**1. 产品管理模块**

该模块主要用来实现系统管理员对旅游产品或服务的管理。例如查看旅游类别或线路目录、增加旅游类别或线路、清除旅游类别或线路和修改原旅游类别或线路信息等。

**2. 会员管理模块**

该模块主要具体实现对注册过该网站的网站会员账户的管理,包括新增会员和权限分配,查看会员资料、更新会员资料和删除不合法会员等。

**3. 订单管理模块**

该模块主要是为控制订单的执行和跟踪而设置的用户接口,提供及时有效的订单查询检索。具体实现以下几方面功能：处理订单、进入下一个环节、更改订单处理情况、订单转储和查看所有订单。

#### 4. 财务管理模块

该模块有完整的会计科目体系和灵活的会计科目自定义功能，严谨的会计审核处理系统，严格按国家财会制度进行财务核算、制单和输出报表，完成各类商业统计工作。

#### 5. 旅游电子商务网站的数据库设计

在对旅游电子商务网站进行设计的同时，还要设计与网站相适应的数据库。数据库是长期储存在计算机内，有组织的、共享的数据集合。旅游电子商务网站往往需要处理大量的信息数据，如客户资料、旅游产品资料、订单资料等。随着网站的运营，销售记录等数据与日俱增，这些数据都需要在数据库中保存，因此数据库对旅游电子商务网站是至关重要的。

下面列举旅游电子商务网站中的部分数据库设计：

旅游电子商务系统中所涉及的几个基础实体包括客户、旅游产品、订单。同类实体构成的实体集设计为相应的表。因此，数据库中至少需建立以下三种类型表：

会员信息表：主要用于存放会员的个人信息，如会员编号、姓名、出生年月、联系电话、E-mail、级别等。

旅游产品信息表：主要存放旅游线路、酒店和航班的具体信息，可以将这三类信息分别存放在三个表中，即旅游线路表、酒店信息表和航班信息表。旅游线路表：主要包括线路编号、线路名称、出发地、目的地、游览天数、价格、组团人数、行程安排、供给标准、开班日期、旅游线路产品介绍等。酒店信息表：主要包括酒店的编号、名称、所在城市、地址、星级、房型、早餐情况、床型情况、宽带情况、价格、酒店简介等。航班信息表：主要包括航班编号、航班号、出发城市、到达城市、所属航空公司、机型、开班日期、起飞时间、到达时间、起飞机场、降落机场、票价、座位数、飞行时间等。

订单信息表：主要用于存放客户的订单信息，包括订单编号、会员编号、付款方式、付款状态、订单处理状态、下单时间、旅游产品编号、数量、单价等字段。通过会员编号可以与会员信息表联系起来，通过旅游产品编号可以与旅游产品信息表联系起来。

### 三、网站艺术性设计

网页设计是设计者按照设计目的和要求对网页的构成元素进行艺术规划的创造性思维活动。它既是一种技能，更是艺术与技术的高度统一。

## （一）网页艺术性设计的原则

### 1. 主题突出

视觉设计表达的是一定的意图和需要，有明确的主题，并按照视觉心理规律和形式将主题主动地传达给观赏者。诉求的目的，是使主题在适当的环境里被人们实时地理解和接受，以满足人们的实用等需求，这就需要视觉设计不但要单纯、简练、清楚和精确，而且在强调艺术性的同时，更注重通过独特的风格和强烈的视觉冲击力，来鲜明地突出设计主题。

优秀的网页设计必然服务于网站的主题，就是说，不同类型的网站，应该有不同类型的设计。例如商业站点和个人站点性质不同，目的也不同，所以评论的标准也不同。网页艺术设计和网站主题的关系应该是这样的：首先，设计是为主题服务的；其次，设计是艺术和技术结合的产物，就是说，既要"美"，又要实现"功能"；最后，"美"和"功能"都是为了更好地表达主题。

### 2. 强调整体性

网页表达的是一定的内容、主题和意念，它以满足人们的需求为目标。网页设计时强调其整体性，可以使浏览者更快捷、更准确、更全面地认识它，并给人一种内部有机联系、外部和谐完整的美感。网页的结构形式是由各种视听要素组成的，在设计网页时，强调页面各组成部分的共性因素或者使各部分共同含有某种形式特征。除此之外，整个网页内部的页面，都应统一规划设计，让浏览者体会到设计者完整的设计思想。

### 3. 内容与形式相统一

任何设计都有一定的内容和形式。内容是构成设计的一切内在要素的总和，是设计存在的基础；形式是构成内容诸要素的内部结构或内容的外部表现方式。一个优秀的设计必定是形式对内容的完美表现。一方面，网页设计所追求的形式美，必须适合主题的需要，这是网页设计的前提；另一方面，要确保网页上的每一个元素都有存在的必要性，不要为了炫耀而使用冗余的技术。网页设计艺术涉及的具体内容很多，主要概括为视听元素和版式设计两个方面。

（1）视听元素让浏览者可以享受到完美的视听效果。这里所说的视听元素包括文本、背景、按钮、图标、图像、表格、颜色、导航工具、背景音乐、动态影像等。这些元素大多数浏览器本身都能够显示或收听，无须任何外部程序或模块支持。比如大部分浏览器都能够显示 GIF、JPEG 图像和 GIF89a 动画。也有些多媒体文档需要先下载到本地硬盘上，然后启动相应的外部程序来播放。

（2）版式设计是形式和内容的高度统一。网页的版式设计，是在有限的屏幕空间上将视听多媒体元素进行有机的排列组合，将理性思维个性化地表现出来，是一种具备个人风格和艺术特色的视听传达方式。网页的版式设计在网页的艺术设计中占据着重要的地位，一个网站设计中最重要的是主页设计。一个有特色的版面必须包含四个要素，即文字、图片、排列方式和主色调，这四者相辅相成，缺一不可。图片要素中，图片要求与页面的内容有关。旅游电子商务网站大都使用一些精美的图片来吸引访客，如景区介绍图片、风景名胜图片等。图片是一个极为重要的要素，这就需要具备一定的图形处理技术、美术基础、审美观念和创意技巧等。色彩要素中色彩在网页中所占比重很大，有了合理清新的色调，会弥补主页上的其他不足。页面的色彩搭配是与网站的主题分不开的，一个网站必须有一种或两种主色调，一般来说，页面的主体文字应尽量使用黑色等较深的颜色，按钮、边框等使用彩色。

（二）网页艺术设计的特点

1. 交互性与持续性

网页不同于传统媒体之处，就在于信息的动态更新和即时交互性。即时交互性是 Web 成为热点的主要原因，也是网页设计时必须考虑的问题。传统媒体都以线性方式提供信息，即按照信息提供者的感觉、体验和事先确定的格式来传播。在 Web 环境下，人们不再是一个传统媒体方式的被动接受者，而是以一个主动参与者的身份加入信息的加工处理和发布之中。这种持续的交互，使网页艺术设计不像印刷品设计那样，出版之后就意味着设计的结束。网页设计人员必须根据网站各个阶段的经营目标，配合网站不同时期的经营策略，以及用户的反馈信息，经常对网页进行调整和修改。例如，为了保持浏览者对网站的新鲜感，很多大型网站总是定期或不定期地进行改版，这就需要设计者在保持网站视觉形象一贯性的基础上，不断创作出新的网页设计作品。

2. 多维性

多维性源于超链接，主要体现在网页设计中对导航的设计上。由于超链接的出现，网页的组织结构更加丰富，浏览者可以在各种主题之间自由跳转，从而打破了以前人们接收信息的线性方式。例如，可将页面的组织结构分为序列结构、层次结构、网状结构、复合结构等。但页面之间的关系过于复杂，不仅给浏览者检索和查找信息增加了难度，也给设计者带来了更大的困难。为了让浏览者在网页上迅速找到所需的信息，设计者必须考虑快捷而完善的导航设计。

在替浏览者考虑得很周到的网页中，导航提供了足够的、不同角度的链接，帮助读者在网页的各个部分之间跳转，并告知浏览者现在所在的位置、当前页面和其他页面之间的关系等。而且，每页都有一个返回主页的按钮或链接，如果页面是按层次结构组织的，通常还有一个返回上级页面的链接。

**思考与练习**

1. 旅游电子商务网站的类型有哪些？
2. 旅游电子商务网站规划包含哪些内容？
3. 旅游电子商务网站开发的流程包括哪些？
4. 独立设计一个旅游电子商务网站的登录模块。

## 第三章　旅游电子商务交易、支付与安全

### 引　言

目前，Web 技术因具有通信和交换信息的功能而被广泛应用。近年来，Web 技术被运用在一种新的商业交易模式中，即在互联网上进行商业交易，实现电子交易处理，自此，商业交易进入了电子商务（E-business）时代。在电子商务活动中，作为重要环节的电子支付方式越发显示出重要性。虽然电子商务亦可通过传统的支付方式进行，但是在线支付、电子现金、信用卡等电子支付方式显然有着更大的优越性。因为它们比传统的支付方式更加快捷、方便，在一定程度上满足了电子商务用户对支付的需求。但安全问题是阻碍电子商务广泛应用的首要问题。从整体上看，电子商务安全包括计算机网络安全和商务交易安全两大部分。计算机网络安全是指利用网络管理控制，保证在一个网络环境里，信息数据的机密性、完整性及可使用性受到保护。商务安全则紧紧围绕传统商务在 Internet 上应用时产生的各种安全问题，在计算机网络安全的基础上，保障电子商务过程的顺利进行。即实现电子商务的保密性、完整性、可鉴别性、不可伪造性和不可依靠性。对网络安全技术的研究，始于 20 世纪 70 年代中后期。由于出现了较严重的计算机犯罪和其他网络安全问题，因此电子商务安全技术的保障显得尤为重要。

## 第一节　旅游电子商务交易

### 导入案例

目前，电子商务的应用已遍布各行各业，消费者可以通过电子商务平台购买各

类产品,而在旅游出行、订购机票、预订酒店等旅游电子商务领域更是呈现出一派欣欣向荣的景象。王小帅是一个旅游爱好者,全家打算"十一"到海南旅游。由于平时工作繁忙,因此他想通过网络订购机票和酒店。他选择了几个网上订票网站,查找到了合适的班次和舒适的酒店,但如何进行网上交易,在线支付呢?于是,王小帅通过学习网上银行、电子支付、交易安全等相关知识,申请了网上银行,开通了第三方支付,并使用第三方支付平台成功订购了机票和酒店,快捷而方便地实现了旅游电子商务的交易。

### 一、一般旅游产品网络交易过程

电子商务整个的交易过程可以分为三个阶段:

第一阶段是信息交流阶段:对于商家来说,此阶段为发布信息阶段。主要是选择自己的优秀商品,精心组织自己的商品信息,建立自己的网页,然后加入名气较大、影响力较强、点击率较高的著名网站中,让尽可能多的人了解你、认识你。对于买方来说,此阶段是去网上寻找商品以及商品信息的阶段。主要是根据自己的需要,上网查找自己所需的信息和商品,并选择信誉好、服务好、价格低廉的商家。

第二阶段是签订商品合同阶段:在 B2B 的电子商务模式中,商品的订购通常要签订合同。合同可以采取在线签订的方式,也可以采取预约的方式,在特定的地点签订。对于 B2C 模式的电子商务,订购则通常采取在线选购的方式。对 B2B(商家对商家)来说,这一阶段是签订合同、完成必需的商贸票据交换的过程。对 B2C(商家对个人客户)来说,这一阶段是完成购物的订单签订过程。

第三阶段是按照合同进行商品交接、资金结算阶段:这一阶段是整个商品交易的关键阶段,不仅要涉及资金在网上的正确性、安全性,同时也要涉及商品配送的准确性、及时性。在这个阶段有银行业、配送系统的介入,在技术、法律、行业标准等方面有着更高的要求。网上交易的成功与否的关键就在这个阶段。

图 3-1 是驴妈妈旅游网的订购流程图。

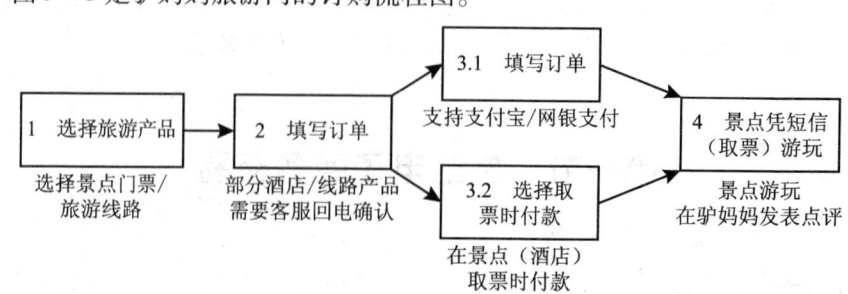

图 3-1 驴妈妈旅游网的订购流程图

## 二、旅游企业间的网上交易 B2B

企业间网上交易是 B2B 电子商务的一种基本形式。交易从寻找和发现客户出发,企业利用自己的网站或网络服务商的信息发布平台发布买卖、合作、招投标等商业信息。借助因特网超越时空的特性,企业可以方便地了解到世界各地其他企业的购买信息,同时也有随时被其他企业发现的可能。通过商业信用调查平台,买卖双方可以进入信用调查机构申请对方的信用调查;通过产品质量认证平台,可以对卖方的产品质量进行认证。然后在信息交流平台上签订合同,进而实现电子支付和物流配送。最后是销售信息的反馈,完成整个 B2B 的电子商务交易流程。图 3-2 反映了这种交易形式的流程。

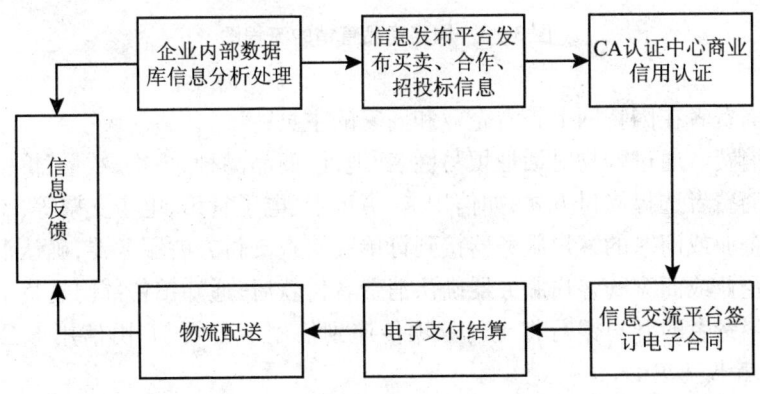

图 3-2 企业间的网上交易流程图

## 三、旅游产品网上零售 B2C

### (一) 网上零售(B2C)流程

因特网上的零售,大致可以归纳为网络商品直销和网络商品中介交易两种基本的流程。

**1. 网络商品直销的流程**

网络商品直销是指消费者和生产者,或者是需求方和供应方直接利用网络形式所开展的买卖活动。这种在网上的买卖交易最大的特点是供需直接见面,环节少、速度快、费用低。网络商品直销的流程如图 3-3 所示。

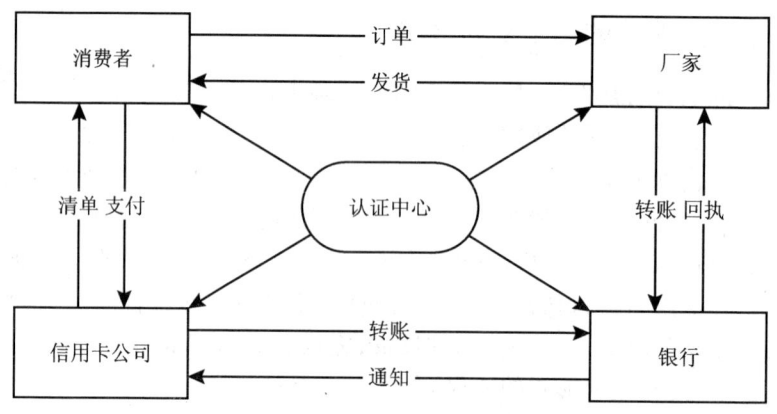

图 3-3 网络商品直销的流程图

(1)消费者在因特网上查看企业和商家的主页;
(2)消费者通过购物对话框填写姓名、地址、商品品种、规格、数量、价格;
(3)消费者选择支付方式,如信用卡、借记卡、电子货币、电子支票等;
(4)企业或商家的客户服务器接到订单后检查支付方的服务器,确认汇款额;
(5)企业或商家的客户服务器确认消费者付款后,通知销售部门送货上门;
(6)消费者的开户银行将支付款项传递到信用卡公司,并由信用卡公司负责发给消费者收费单。

上述过程中认证中心(CA)作为第三方,确认在网上经商者的真实身份,保证了交易的正常进行。

网络商品直销的诱人之处在于,它能够有效地减少交易环节,大幅度地降低交易成本,从而降低消费者所得到的商品的最终价格。消费者只需输入厂家的域名,访问厂家的主页,即可清楚地了解所需商品的品种、规格、价格等情况。

网络商品直销的不足之处主要表现在两个方面。第一,购买者只能从网络广告上判断商品的型号、性能、样式和质量,对实物没有直接的感知,在很多情况下可能产生错误的判断。而某些厂商也可能利用网络广告对自己的产品进行不实的宣传,甚至可能打出虚假广告欺骗顾客。第二,购买者利用信用卡进行网络交易,不可避免地要将自己的密码输入计算机,由于新技术的不断涌现,犯罪分子可能利用各种高新科技的作案手段窃取密码,进而盗窃用户的钱款。这种情况不论是在国外还是在国内,均有发生。

**2. 基于网络商品中介的交易流程**

基于网络商品中介的交易是指通过网络商品交易中心,即虚拟网络市场进行的商品交易。在这种交易过程中,网络商品交易中心以 Internet 为基础,利用先进的通信技术和计算机软件技术,将商品供应商、采购商和银行紧密地联系起来,为客户提供市场信息、商品交易、仓储配送、货款结算等全方位的服务。

图3-4是网络商品中介交易的流程图。

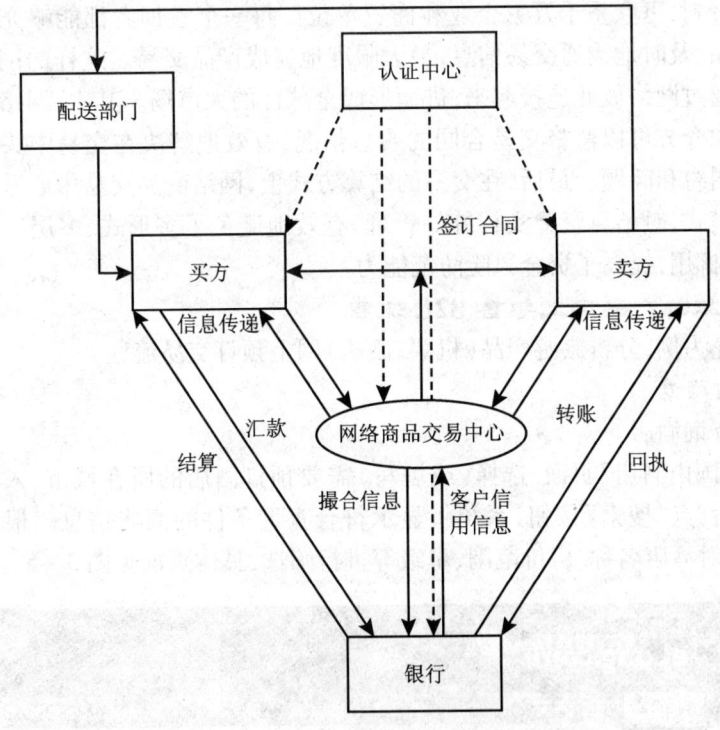

图3-4 基于网络商品中介的交易流程图

(1)买卖双方将各自的供应和需求信息通过网络告知网络商品交易中心,网络商品交易中心通过信息发布,向参与者提供大量的、详细的、准确的交易数据和市场信息。

(2)买卖双方根据网络商品交易中心提供的信息,选择自己的贸易伙伴。

(3)网络商品交易中心从中撮合,促使买卖双方成交并签订合同。

(4)买方在网络商品交易中心指定的银行办理转账付款手续。

(5)指定银行通知网络交易中心买方货款到账。

(6)网络商品交易中心通知卖方将货物发送到离买方最近的交易中心配送部门。

(7)网络商品交易中心在各地的配送部门将卖方货物送交买方。

(8)买方验证货物后通知网络商品交易中心货物收到。

(9)网络商品交易中心通知银行买方收到货物。

(10)银行将买方货款转交卖方,卖方将回执送交银行。

通过网络商品中介进行交易具有许多突出的优点:首先,网络商品中介为买卖双方展现了一个巨大的世界市场,这个市场网络储存了全世界的几千万个品种的商品信息资料,可联系千万家企业和商贸单位。每一个参加者都能够充分地宣传自己的产品,及时地沟通交易信息,最大限度地完成产品交易。这样的网络商品中介机构还通过网络彼此连接起来,进而形成全球性的大市场。其次,网络商品交易中心作为中介方可以监督交易合同的履行情况,有效地解决在交易中买卖双方产生的各种纠纷和问题。最后,在交易的结算方式上,网络商品交易中心采用统一集中的结算模式,对结算资金实行统一管理,有效地避免了多形式、多层次的资金截留、占用和挪用,提高了资金风险防范能力。

(二)旅游产品网上零售B2C流程

以艺龙为例,分析旅游产品(机票、酒店)网上预订交易流程。

1. 预订酒店

(1)查询酒店。

进入"国内酒店"页面,选择(或填写)需要预订酒店的所在城市、入住日期及退房日期后,点"搜索"按钮,系统将显示符合查询条件的酒店信息。根据您的需要,也可以对酒店名称、房价范围、星级等进行筛选,具体页面见图3-5。

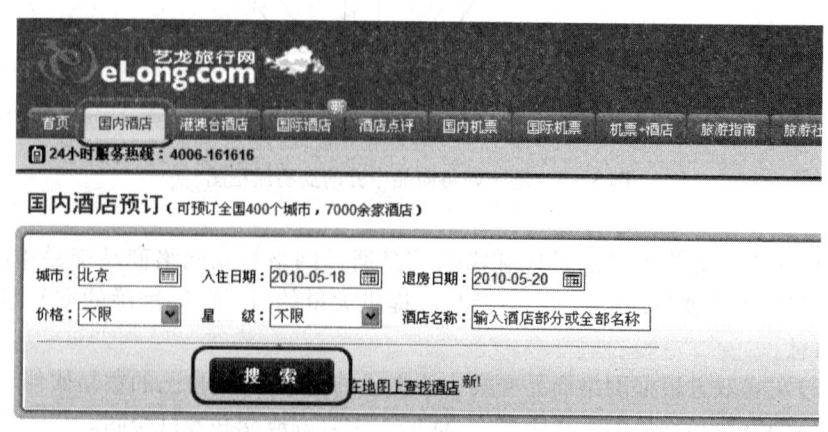

图3-5 国内酒店搜索

(2)选择酒店。

点击"酒店名称"进入酒店的详细介绍及可订房型页面,见图3-6。

第三章 | 旅游电子商务交易、支付与安全

图 3-6　酒店的详细介绍及可订房型页面

选定房型后,点击右侧的"预订"按钮(按钮呈蓝色表示房间可预订;呈灰色表示暂时不可预订),见图3-7,然后填写酒店预订单。

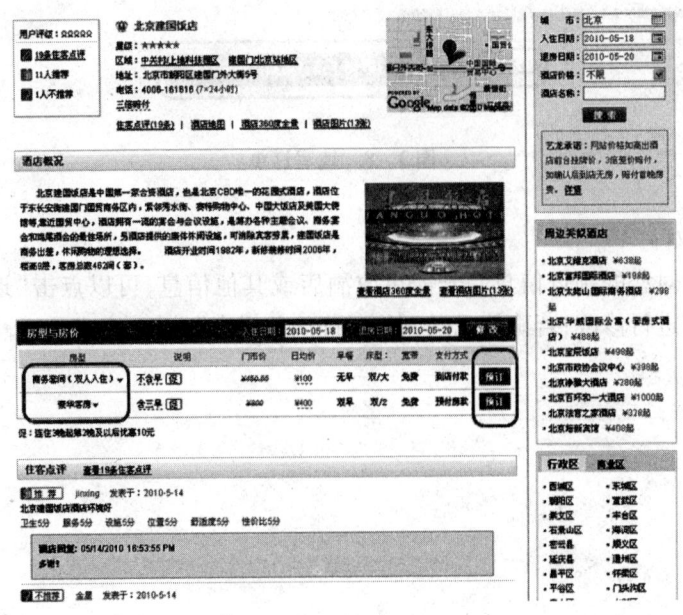

图 3-7　选择房型并进行预订

· 63 ·

(3)填写订单。

填写预订单时,请完整填写入住信息及联络信息(有红色*的为必填项),在您阅读"网上预订须知及条款"后,点击"接受网站预订须知,提交订单"按钮进入订单核实页面。订单页面见图3-8。

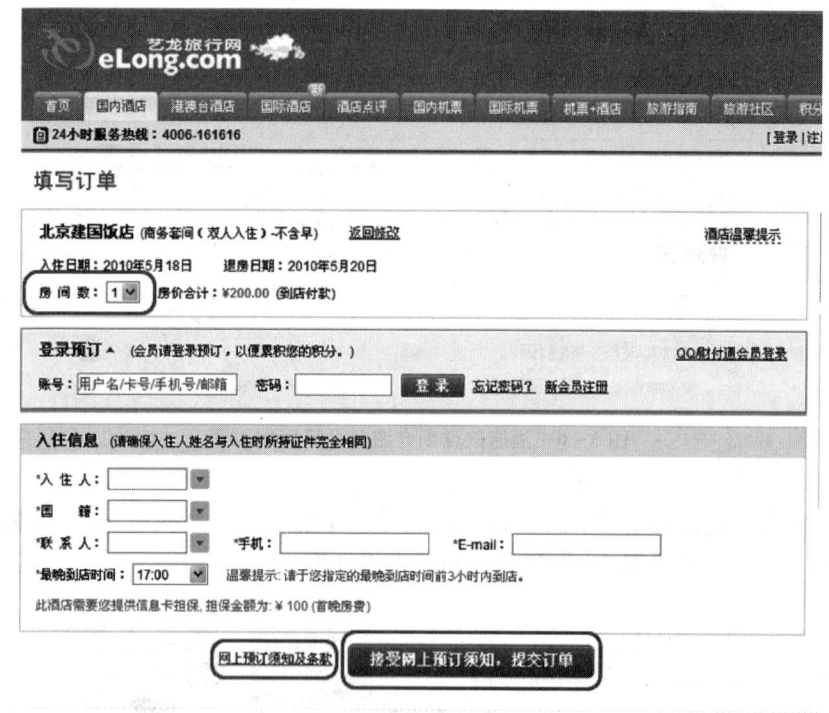

图3-8 填写订单

(4)核对订单。

再次核对您的预订信息。若需更改酒店或其他信息,可以点击"返回",返回之前的页面进行修改;若确认无误,点击"确认并提交"按钮,完成预订,见图3-9。

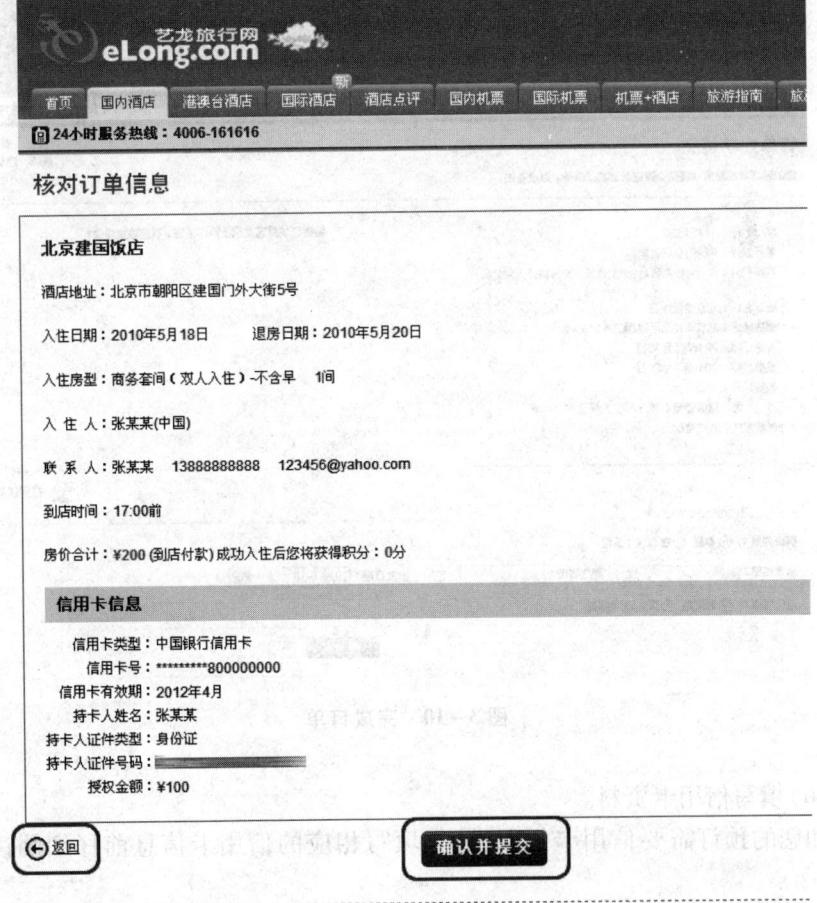

图3-9 核对订单

(5) 完成订单。

完成订单页面见图3-10。

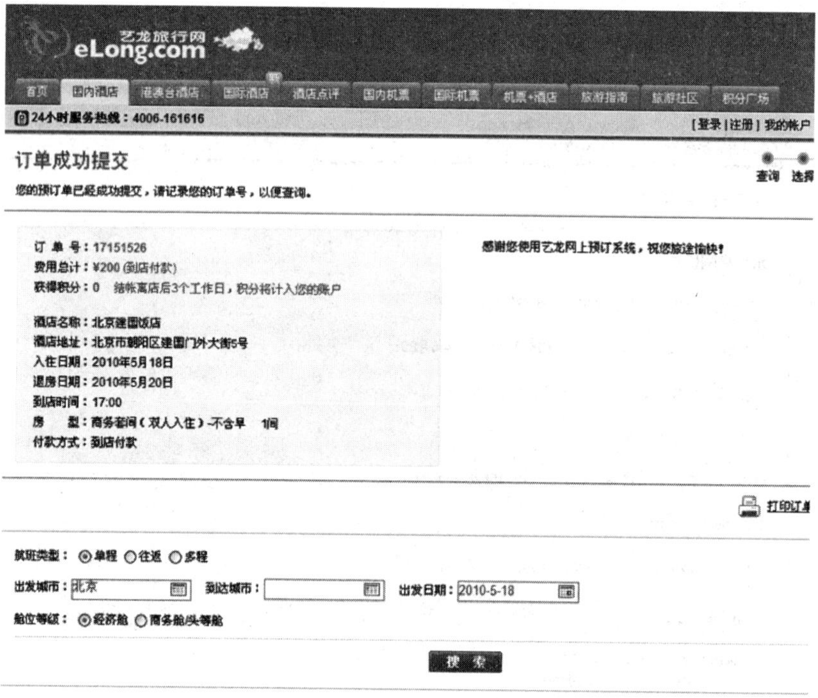

图 3-10 完成订单

（6）填写信用卡资料。

如您的预订需要信用卡担保，请在填写相应的信用卡信息前仔细阅读担保条款；

当您同意担保条款后，请继续填写相应的信用卡信息（包括：信用卡卡种、卡号、有效期、持卡人姓名、持卡人有效证件类型及号码、验证码等），并依据您的个人意愿选择是否保留信用卡客史记录，填写完整后点击"接受信用卡担保条款并继续"进入下一步，见图 3-11。

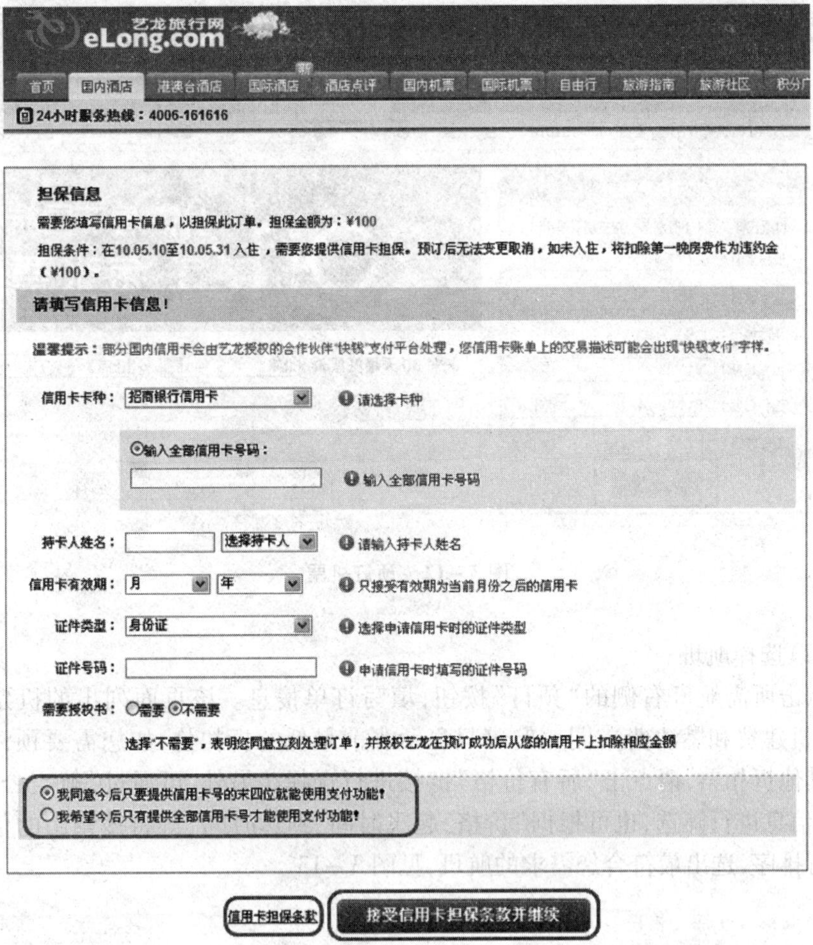

图 3-11 填写信用卡资料

**2. 预订机票**

(1) 查询航班。

进入"国内机票"预订页面,选择航程类型,填写出发城市、到达城市、出发日期等信息,点击"搜索"按钮,系统将显示符合搜索条件的航班信息。根据您的需要,也可以对航班的舱位等级进行筛选,见图 3-12。

图 3-12 预订机票

（2）选择航班。

点击所需航班右侧的"预订"按钮，填写订单信息。该页面列出的机票价格（不含机建费和燃油费），同一航班只显示当前最低的折扣价，如您需要预订同航班的其他折扣票，请点击"所有价格"链接进行选择。另外，可通过"航空公司、机型"等信息进行筛选，也可根据"价格、起飞时间、到达时间"等将搜索出的信息结果进行排序，选出最符合您需求的航班，见图3-13。

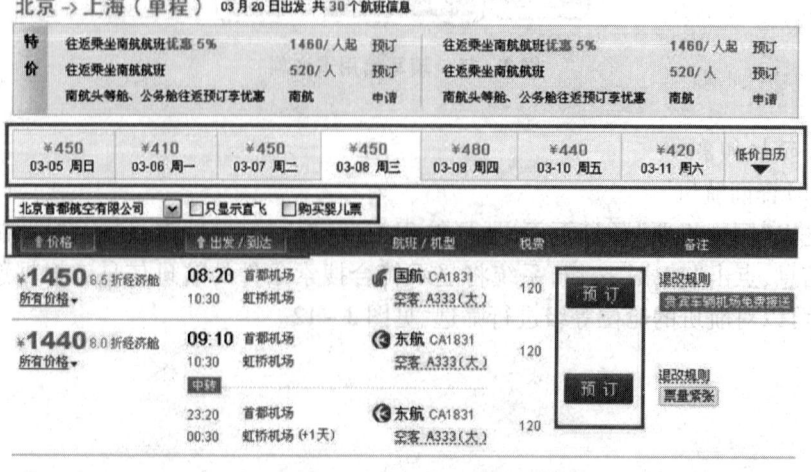

图 3-13 选择航班

(3)填写订单。

确认所预订的航班信息、价格及退改签政策,确认无误后填写乘客信息、联系方式、支付方式及报销凭证等信息,最后点击"确认并继续"按钮进入下一步。如需改订其他航班或舱位,可以点击左下角的"返回",重新选择,见图3-14。

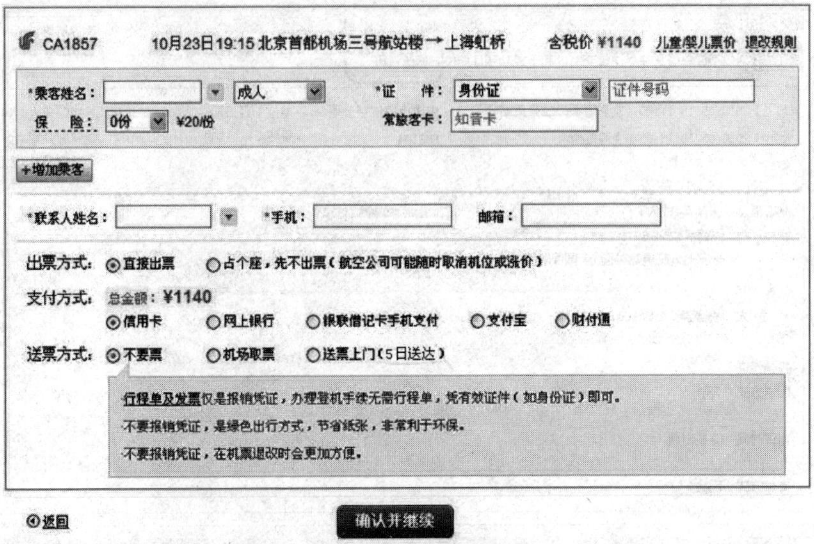

图 3-14 填写订单

(4)核对订单。

如核实订单时发现还要对乘客信息、联系方式、支付方式、报销凭证索取等信息进行修改,点击"修改航班"。信息核对无误后,点击"核对无误,提交订单"按钮,完成预订,见图3-15。

图 3-15 核对订单

(5)预订成功。

预订成功页面见图 3-16。

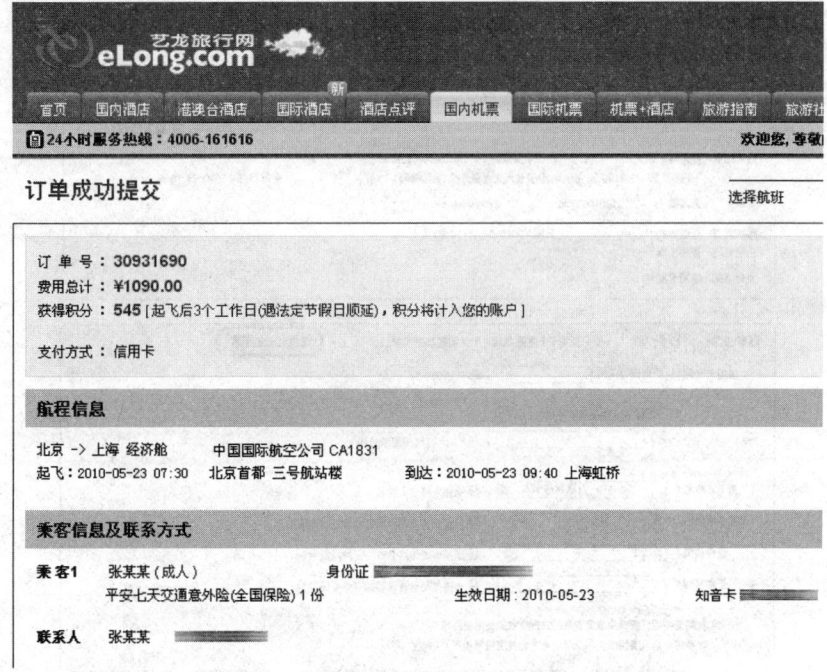

图 3-16　预订成功

(6) 填写信用卡资料。

如您的订单使用信用卡支付，需要填写相应信用卡信息，包括：信用卡卡种、卡号、信用卡有效期、持卡人姓名、持卡人有效证件类型、持卡人有效证件号码、验证码等。填写完整后点击"核对无误，提交订单"。若需更改航班或其他信息，可以点击"修改航班"，返回之前的页面进行修改，见图 3-17。

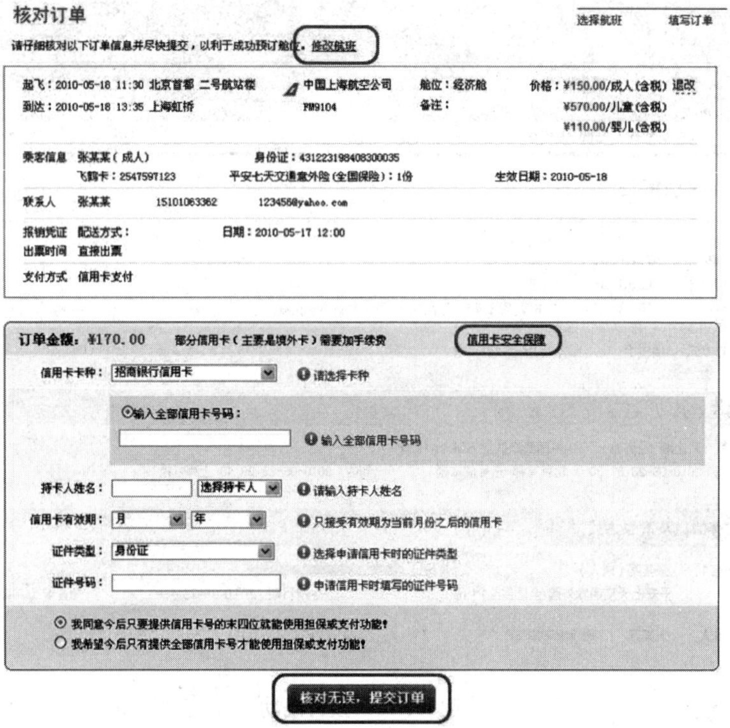

图 3-17 填写信用卡资料

首次使用信用卡支付可以选择"我同意今后只要提供信用卡号的末四位就能使用担保或支付功能!",则您下次支付只需要填写信用卡的最后四位即可成功预订,如您想取消此功能,再次预订时请选择"我希望今后只有提供全部信用卡号才能使用担保或支付功能!"即可。验证码如图 3-18 所示。

信用卡验证码是印在信用卡背面签名条处的后三位数字,该三位数字可以确保在进行交易时是一张有效真实的信用卡在使用。您在线预订时如果需要进行信用卡支付或信用卡担保,会提示需要输入验证码,以确保信用卡的安全使用。
如系统提示您"请输入验证码",烦请您输入对应的验证码,如没有验证码,请输入000,不便之处,敬请见谅。

【关闭窗口】

图 3-18 验证码信息

# 第三章 | 旅游电子商务交易、支付与安全

备注：目前可用于支付机票订单费用的信用卡卡种见图3-19。

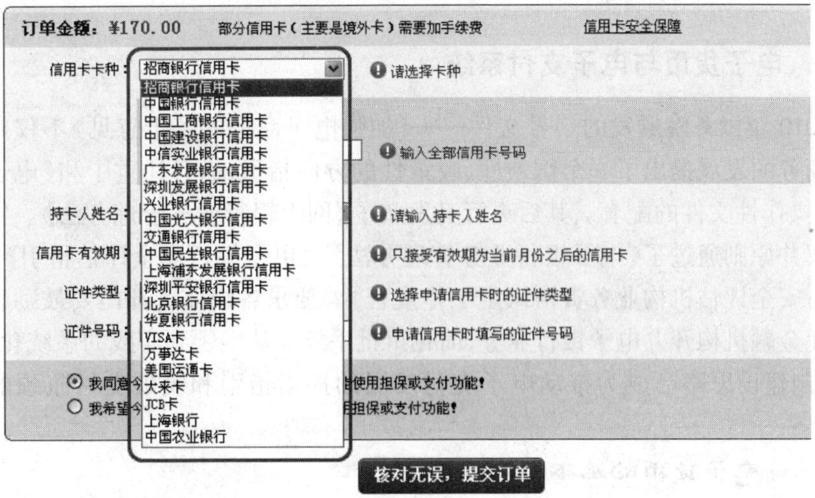

图 3-19　信用卡卡种

## 第二节　旅游电子商务支付

**导入案例**

据悉，香港有关部门迄今已发现5个伪造银行支付网站，其中2个网站涉及香港银行。根据香港特区金管局发出的通告，已经曝光的包括两个网站，其中一个网址是"www.hkhsbc.com"，这与香港汇丰银行网站的网址"www.hkbc.com.hk"非常相似。假网站上有一个用户登入的按钮，与香港汇丰银行的用户登入按钮一模一样，假如用户不慎在假网站输入用户名称及密码，款项便会被不法之徒攫取。所以，用户要特别防范。

此事已引起国内各大银行高度重视。工行四川省分行有关人士提醒客户，进入网络前要看清网址。该人士称，国内所有银行的网址都经过了互联网网管中心的登记，伪造不易。招行成都分行人士告知，该行网上银行的开办方式以及客户流程与境外银行大有区别，所有客户必须到银行柜台申请，并下载"证书"，客户的身份证号码、姓名以及登录密码等数据都存放在银行的主机上，而不是在服务器上面。即使有伪造的银行网站，想划转客户的资金也不容易。

业内人士提醒，用户应加强对网上诈骗的防范。一是要记住自己开户银行网址，登录正确网址，每次登录尽量选择直接输入网址登录，避免采用搜索引擎的链接进入相关银行网站。二是对于网上各种中奖信息，要求提供注册卡号、网上银行

· 73 ·

密码的各种信息,不可轻信,必要时可以拨打银行服务电话进行核实。

# 一、电子货币与电子支付系统

2010年国务院颁发的二号文件——《加强电子商务的若干意见》不仅对当前电子商务的发展提出了一个纲领性、政策性的方向指引,而且注重了和《电子签名法》等操作性文件的配套。其后央行又发布了《网上银行业务管理办法》。银监会又审议并原则通过了《电子银行业务管理办法》、《电子银行安全评估指引》及《电子银行安全评估机构业务资格认定工作规程》。要求各级监管部门要鼓励和支持银行业金融机构开办电子银行业务,简化审批手续。从纲领到实践的系统化、体系化,法制建设思路已成为推动电子支付发展的探索指引和突破支付瓶颈的理论武器。

## (一)电子货币的基本概念及形式

### 1.电子货币的概念

电子货币是以金融电子化网络为基础,以电子计算机技术和通信技术为手段,以电子数据(二进制数据)形式存储在银行的计算机系统中,并通过计算机网络系统以电子信息传递形式实现流通和支付功能的货币。

### 2.电子货币的表现形式

电子货币的表现形式可以分为三大类。电子货币类,如电子现金、电子钱包等;电子信用卡类,如智能卡、借记卡、电话卡等;电子支票类:电子支票、电子汇款、电子划款等。

## (二)电子支付的概念与特点

在电子商务中,支付过程是整个商贸活动中非常重要的一个环节,同时也是电子商务中准确性、安全性要求最高的业务过程。2010年是中国的"网上支付年"。自年初以来,中国网上支付在国际资本市场前所未有的聚焦和关注中显现了飞速迅猛的发展势头。机票预订、景点旅馆预订、景区门票购买、旅游交费等相关的业务支付已经可以通过网络完成。电子支付的快速发展,已经成为彻底引爆中国电子商务全面复苏的关键转折。

### 1.电子支付的概念

电子支付(Electronic Payment)指的是消费者、商家和金融机构之间使用安全电子手段把支付信息通过信息网络安全地传送到银行或相应的处理机构,以实现货币支付或资金流转的支付系统,即把新型支付手段[包括电子现金(E-cash)、信用卡(Credit Card)、借记卡(Debit Card)、智能卡等]的支付信息通过网络安全传送到银行或相应的处理机构,实现电子货币支付与资金流通。

## 2. 电子支付的特点

与传统的支付方式相比,电子支付具有以下特点:

(1)采用数字化的方式进行款项支付。电子支付是采用先进的技术通过数字流转来完成信息传输的,其各种支付方式都是通过数字化的方式进行款项支付的。

(2)基于开放的系统平台。电子支付的工作环境基于一个开放的系统平台(即互联网)。

(3)使用最先进的通信手段。电子支付使用的是最先进的通信手段,如因特网、外联网。

(4)对软、硬件设施的要求很高。电子支付对软、硬件设施的要求很高,一般要求有联网的微机、相关的软件及其他一些配套设施。

(5)方便、快捷、高效、经济。电子支付具有方便、快捷、高效、经济的优势。用户只要拥有一台上网的 PC 机,便可足不出户,在很短的时间内完成整个支付过程。支付费用仅相当于传统支付的几十分之一,甚至几百分之一。电子支付与传统支付方式的比较见表 3-1。

表 3-1 电子支付与传统支付方式的比较

| 电子支付 | 传统支付 |
| --- | --- |
| 采用数字化的方式进行款项支付 | 通过物理实体的流转来完成款项支付 |
| 工作环境基于开放的系统平台 | 在较为封闭的系统中运作 |
| 使用最先进的通信手段 | 使用传统通信媒介 |
| 对软、硬件设施的要求很高 | 没有很高的要求 |
| 方便、快捷、高效、经济 | 耗时、费用高 |

### (三)电子支付系统的分类

目前的电子支付系统可以分为四类:大额支付系统、联机小额支付系统、脱机小额支付系统和电子货币。

## 1. 大额支付系统

大额支付系统是一个国家支付体系的核心应用系统,它通常由中央银行运行,采用 RTGS 模式。该系统主要处理银行间大额资金转账,通常支付的发起方和接收方都是商业银行或在中央银行开设账户的金融机构。也有由私营部门运行的大额支付系统,这类系统对支付交易可做实时处理,但要在日终进行净额资金清算。大额系统处理的支付业务量很少,但资金额却很大。

### 2. 联机小额支付系统

联机小额支付系统指 POS 机系统和 ATM 系统，其支付工具为银行卡（信用卡、借记卡或 ATM 卡等）。它的主要特点是金额小、业务量大，交易资金采用净额结算。

### 3. 脱机小额支付系统

脱机小额支付系统也被称为批量电子支付系统，它主要指自动清算中心（ACH），主要处理预先授权的定期借记（如公共设施缴费）或定期贷记（如发放工资）。支付数据以磁介质或数据通信方式提交清算中心。

### 4. 电子货币

伴随着银行应用计算机网络技术的不断深入，银行已经能够利用计算机网络将"现金流动"、"票据流动"进一步转变成计算机中的"数据流动"。资金在银行计算机网络系统中以人类肉眼看不见的方式进行转账和划拨，是银行业推出的一种现代化支付方式。这种以电子数据形式存储在计算机中（或各种卡中）并能通过计算机网络而使用的资金被人们越来越广泛地应用于电子交易中，这就是电子货币。

目前，常用的电子货币有以下几种：①储值和信用卡型，如储蓄卡（Deposit Card）和信用卡（Credit Card）；②智能卡型，如 IC 卡（IC Card）；③电子支票型，电子支票（Electronic Check）指启动支付过程后，计算机屏幕上出现的支票图像，出票人用电子方式做成支票并进行电子签名而出票；④数字现金型，指依靠因特网支持在网络上发行、购买、支付的数字现金（Digital Cash）。

## 二、网络银行

无论是传统的交易，还是新兴的电子商务，资金的支付都是完成交易的重要环节，所不同的是，电子商务强调支付过程和支付手段的电子化。能否有效地实现支付手段的电子化和网络化是电子商务交易成败的关键，这直接关系到电子商务的发展前景。网上银行创造的电子货币以及独具优势的网上支付功能，为电子商务中电子支付的实现提供了强有力的支持。作为电子支付和结算的最终执行者，网络银行起着联结买卖双方的纽带作用。电子商务给网络银行带来了巨大的业务发展空间，随着电子商务的发展，网络银行的发展亦是必然趋势。

### （一）网络银行的概念

网络银行又称网上银行、在线银行，是指银行利用网络技术，通过网络向客户提供开户、销户、查询、对账、行内转账、跨行转账、信贷、网上证券、投资理财等传统服务项目，使客户可以足不出户就能够安全便捷地管理活期和定期存款、支票、信用卡及个人投资等。

### (二)网络银行的模式

网络银行目前有两种不同层次的模式:传统银行业务的网络化和全新的全部网络化的银行。

**1. 传统银行业务的网络化**

现在除了已经网络化的存款、汇款、付款等业务外,外币买卖、信用卡业务、企业融资、房屋汽车贷款、购买保险和理财咨询服务也都逐步地进入网络银行的服务范围。世界上许多著名的商业银行如花旗银行、大通曼哈顿银行、汇丰银行、美洲银行以及我国的各大银行如工商银行、中国银行、招商银行、建设银行等,都已经进行了银行业务的网络化改造工作。而几乎所有规模较大的商业银行都在国际互联网上建立了自己的站点。

**2. 全新的全部网络化的银行(虚拟的网络银行)**

此类银行没有银行大厅和营业网点。美国安全第一网络银行(First Union National Bank)是全球第一家完全通过国际互联网经营的独立银行。安全第一网络银行为客户提供多种银行服务,例如开户、存款、支付账单及各项转账服务,还有外币买卖、长期存款和信用卡服务,客户还可以在网络上申请房屋汽车贷款、购买保险、通过经纪人员买卖各项金融产品。银行每天会产生一次交易汇总表供客户查询及核对。如需提取现金,只要到附近的提款机利用金融卡操作即可。安全第一网络银行自开始营运以来,发展迅速,每月客户以 650 人的速度快速增长,然而该行的银行业务人员仅有 15 人。安全第一网络银行的股票上市当天便翻了一番,由每股 20 美元飙升到 41 美元。

### (三)网络银行的特点

(1)没有分支机构。网上银行依托无边无界的因特网,不用设任何分支机构其触角就可以伸向世界的每一个角落。

(2)低廉的成本、优越和高额的回报。尽管网上银行也不得不支付相当的费用在因特网上作广告,但网上银行在费用方面还是拥有优势。

(3)"3A"服务。网络银行的功能和优势远远超出传统银行业务,无须固定的营业场所,它是一种能在任何时间(Anytime)、任何地方(Anywhere)、以任何方式(Anyhow)提供服务的银行,因此可以称之为"3A 银行"。

(4)方便快捷。7×24 小时的网上服务,超越时空限制,轻松省时。操作人性化,只要轻点鼠标,账户情况一目了然。同城异地汇款,覆盖全国,资金到位极为迅速。

(5)优质服务。详细的操作说明,全天候电话服务支持,让客户在操作网上银行业务时毫无后顾之忧。

### 三、第三方支付

从1998年招商银行率先推出网上银行业务之后,人们便开始接触到网上缴费、网上交易和移动银行业务。这个阶段,银行的电子支付系统无疑是主导力量,但银行自身没有足够的动力也没有足够的精力去扩展不同行业的中小型商家参与电子支付的平台。于是非银行类的企业开始进入支付领域,它们通常被称为第三方电子支付公司。艾瑞咨询最新数据显示,2011年第一季度,中国第三方网上支付的交易规模达到3650亿元。第三方支付市场依然保持较高的市场集中率,仅财付通、支付宝两家企业就占据了市场的70%。

2010年6月,央行正式对外公布《非金融机构支付服务管理办法》(下称《办法》),对国内第三方支付行业实施正式的监管。根据相关规定,非金融机构提供支付服务需要按规定取得《支付业务许可证》。2011年9月1日是第三方支付机构获得许可证的最后期限,逾期未获得许可证的企业将不得继续从事支付业务。中国人民银行于2011年5月26日对外公布了首批27家获得"支付业务许可证"的企业名单,它们可以从事互联网支付、移动电话支付、银行卡收单、预付卡发行与受理、货币汇兑等诸多支付业务。其中,既有支付宝、财付通、快钱、汇付天下等民营第三方支付企业,也有银联商务有限公司、广州银联网络支付有限公司、北京银联商务有限公司等国字头企业。现在我国的第三方支付平台产业发展迅速、多强争霸,不同公司研发的各自平台也各有侧重,互有利弊。可见,以后随着网络金融、电子商务在国内的快速发展,第三方支付行业也会发展得越来越快,产业兼并、重组也会愈演愈烈。

#### (一)第三方支付模式

目前,我国第三方电子支付主要存在四种模式:支付网关型模式、自建支付平台模式、第三方垫付模式、多种支付手段结合模式。

**1. 支付网关型模式**

支付网关型模式是指一些具有较强银行接口技术的第三方支付公司以中介的形式分别连接商家和银行,从而完成商家的电子支付的模式。这样的第三方支付公司包括网银在线、上海环讯、北京首信等,它们只是商家到银行的通道而不是真正的支付平台,它们的收入主要是与银行的二次结算获得的分成,一旦商家和银行直接相连,这种模式就会因为附加值低而最容易被抛弃。

**2. 自建支付平台模式**

自建支付平台模式是指由拥有庞大用户群体的大型电子商务公司为主创建或它们自己创建支付平台的模式,这种模式的实质便是以所创建的支付平台作为信用中介,在买家确认收到商品前,代替买卖双方暂时保管货款。这种担保使得买卖双方的交易风险得到控制,主要解决了交易中的安全问题,容易保证消费者的忠诚度。采用自建支付平台模式的企业有淘宝网、eBay 易趣、慧聪网、贝宝等。这种支付平台主要服务于母公司的主营业务,其发展也取决于母公司平台的大小。

3. 第三方垫付模式

第三方垫付模式是指由第三方支付公司为买家垫付资金或设立虚拟账户的模式。它通过买卖双方在交易平台内部开立的账号,以虚拟资金为介质完成网上交易款项支付,这样的公司有 99bill、Yeepay 等。

4. 多种支付手段结合模式

多种支付手段结合模式是指第三方电子支付公司利用电话支付、移动支付和网上支付等多种方式提供支付平台的模式。在这种模式中,客户可以通过拨打电话、手机短信或者银行卡等形式进行电子支付。

(二)第三方支付规模

根据易观智库 EnfoDesk《2011 年第 1 季度中国第三方支付市场季度监测》数据报告显示,2011 年第 1 季度中国第三方互联网在线支付市场交易规模达到 3973 亿元,环比增长 10%,同比增长 98.7%。

研究发现,2011 年第 1 季度中国第三方互联网在线支付市场增长速度保持稳定,由于受到季节和春节长假的影响,互联网在线支付市场交易规模增长速度较 2010 年第 4 季度有所下降,但在第三方支付业务许可证发放的正向刺激作用下,整个第三方互联网在线支付市场的交易额增长速度仍达到 10%。

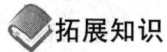
拓展知识

## 国内主要网络第三方支付平台简介

1. 支付宝

支付宝是由全球领先的 B2B 网站阿里巴巴公司创办,于 2003 年 10 月在淘宝网推出。支付宝致力于为中国电子商务提供各种安全、方便、个性化的在线支付解决方案。目前除淘宝和阿里巴巴外,支持使用支付宝的商家已经超过 20 万家。支付宝以其在电子支付领域先进的技术、风险管理与控制等能力赢得银行等合作伙伴的认同。目前已和国内各大商业银行以及中国邮政、VISA 国际组织等机构建立了战略合作,成为金融机构在网上支付领域极为信任的合作伙伴。支付宝是互联网发展过程中的一个创举,也是电子商务发展的一个里程碑。

支付宝提出的建立信任、化繁为简、以技术的创新带动信用体系完善的理念,深得人心。截至 2010 年 9 月底,支付宝注册用户突破 5 亿,日交易额超过 20 亿人民币,日交易笔数达到 700 万笔。

2. 首信易

首信易支付是首都电子商城的网上支付平台,创建于1999年3月。它是国内首家"中立第三方网上支付平台",开创了"跨银行、跨地域、多种银行卡、实时"交易模式、"二次结算"模式以及"信任机制"。首信易支付在公共支付、教育支付、会议支付等服务领域发展尤为突出,并且在银行合作和银行卡交易数量等方面,均大举超越竞争对手,已成为支付产业的"资深支付专家"。向教育、科研、政府部门提供支付服务使其回归到"首都电子商务工程"的初衷上来。

首信易支付作为具有国家资质认证、政府投资背景的中立第三方网上支付平台拥有雄厚的实力和卓越的信誉。同时,它也是国内唯一通过ISO 9001:2000质量管理体系认证的支付平台。规范的流程及优异的服务品质为首信易支付赢得2005年、2006年和2007年连续三年的"电子支付用户最佳信任奖";2006年度"B2B支付创新奖";2007年度"挪威船级社(DNV)的ISO/IEC 27001:2005(信息安全管理体系ISMS)国际认证"和2007年度"高新技术企业认定证书"一系列殊荣奠定了坚实的基础。

3. 云网

北京云网公司成立于1999年12月,是国内首家实现在线实时交易的电子商务公司。公司从成立之初就把充分利用电子商务的优势切实方便普通人的生活作为自己的使命。作为国内B2C电子商务网站中最早、最专业、最具规模的公司之一,云网目前拥有国内极其完善的银行卡在线实时支付平台和多年的数字商品电子商务运营经验。占有国内网上数字卡交易市场份额的80%以上,日成功交易过4万笔,年营业额逾2亿元人民币。目前云网是在支持银行卡卡种、覆盖范围和实时交易速度等方面都居国内领先位置的支付平台。云网是中国建设银行第一家正式授权开通的网上银行B2C商户,中国工商银行电子银行部最早实现接入且业绩最好的电子商务合作伙伴,还是招商银行、农业银行、民生银行等国内知名银行网上支付交易量最大的合作商户。云网在线支付平台与全国多家主流银行及通信集团独立直接连接,在网上支付领域积累了丰富的经验并保持领先优势。

4. 易宝

YeePay易宝(北京通融通信息技术有限公司)是专业从事多元化电子支付一站式服务的领跑者。YeePay易宝致力于成为世界一流的电子支付应用和服务提供商,专注于金融增值服务领域,创新并推广多元化、低成本、安全有效的支付服务。在立足于网上支付的同时,YeePay易宝不断创新,将互联网、手机、固定电话整合在一个平台上,继短信支付、手机充值之后,首家推出YeePay易宝电话支付业务,真正实现离线支付,为更多传统行业搭建了电子支付的高速公路。

YeePay易宝具有三大特点:易扩展、易保障、易接入。由于用户的重要数据只存储在用户开户银行的后台系统中,任何第三方无法窃取,因此为用户提供了充分保障。从接入YeePay易宝到使用商家管理系统,无须商家任何开发,零门槛自助式接入,流程简单易学、即接即用。凡是成为YeePay易宝的客户,都可以自动成为YeePay财富俱乐部的会员,享受YeePay易宝提供的各种增值服务、互动营销推广以及各种丰富多彩的线下活动,拓展商务合作关系,发展商业合作伙伴,达到多赢的目的。

除了上述四个应用范围较广的支付平台外,我国第三方支付产业还有很多平台,如安付通、财付通、快钱、环迅、ChinaPay、贝宝、网银、百付宝等。

## 四、中国旅游电子商务主要网上支付模式

### (一)网上支付模式的分类

根据在线传输数据的种类,粗略可分为三类。

**1. 使用"信任的第三方"(Trusted Third Party)**

客户和商家的信息比如银行账号、信用卡号都被信任的第三方托管和维护。当要实施一个交易的时候,网络上只传送订单信息和支付确认,而没有任何敏感信息。实际上这样的支付系统没有任何实际的金融交易是在线实施的。在这种系统中,网络上的传送信息甚至可以不加密,因为真正金融交易是离线实施的。但是不加密信息,同样可以看成一个系统的缺陷,而且客户和商家必须到第三方注册才可以交易。

**2. 传统银行转账结算的扩充**

在利用信用卡和支票交易中,敏感信息被交换。例如,从商家购买产品时,客户可以通过电话告知信用卡号以及接收确认信息,银行同时也接收同样的信息,并且相应地校对用户和商家的账号。如果这样的信息在线传送,必须经过加密处理。著名的CyberCash和VISA/Mastercard的SET就是基于数字信用卡(Digital Credit Cards)的典型支付系统。B2C在线交易中这种支付系统是主流,因为现在大部分人更习惯于传统的交易方式。通过合适的加密和认证处理,这种交易形式应该比传统的电话交易更安全可靠,因为电话交易缺少必要的认证和信息加密处理。

**3. 各种数字现金和电子货币**

这种支付形式传送的是真正的"价值"和"金钱"本身。前面两种交易中,信息的丢失往往是信用卡号码的丢失,而这种交易中信息被窃,不仅仅是信息丢失,往往也是财产的真正丢失。

电子商务网上支付模式中,使用"信任的第三方"比较常见和普及,因为第三方支付平台是在商家与消费者之间建立了一个公共可信任的中介。它满足了电子

商务中商家和消费者对信誉和安全的要求,它的出现和发展说明该方式满足市场发展的必然需求。

**(二)旅游网主要网上支付方式实例**

**1. 艺龙网网上支付方式**

目前艺龙可以提供建设银行、工商银行、农业银行、交通银行的网上银行支付以及支付宝和财付通支付。支付宝和财付通同样支持国内主流银行的网上支付。

**2. 携程旅行网网上支付方式**

目前开通了建行网银、农行网银、工行网银、浦发网银、中行网银和招行网银以及支付宝和财付通。

**3. 途牛旅游网网上支付方式**

目前可以选择门市付款、网上付款、对公转账、信用卡付款等。门市付款可以付现金、刷卡以及转账支票。网上支付方式支持支付宝、财付通支付和部分银行卡直接网上支付。目前支持直接网上支付的银行有:招商银行、建设银行、工商银行、农业银行、广发银行(原广东发展银行)、兴业银行、民生银行、交通银行、深圳发展银行、光大银行、华夏银行。其他银行暂不支持。

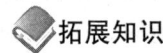 拓展知识

# 第三方支付平台——支付宝基本框架与功能

一. 基本情况与功能

(一)基本情况

支付宝是提供网上支付服务的第三方支付平台,于 2003 年 10 月在淘宝网推出,由阿里巴巴公司创办。支付宝一经推出,短时间内迅速成为使用极其广泛的网上安全支付工具,深受用户喜爱,引起业界高度关注,用户覆盖了整个 C2C、B2C 以及 B2B 领域。截至 2006 年 12 月,使用支付宝的用户已经超过 3300 万,支付宝日交易总额超过 1 亿元人民币,日交易笔数超过 46 万笔。

支付宝庞大的用户群也吸引了越来越多的互联网商家主动选择集成支付宝产品和服务。目前除淘宝和阿里巴巴外,支持使用支付宝交易服务的商家已经超过 30 万家,涵盖了虚拟游戏、数码通信、商业服务、机票等行业。这些商家在享受支付宝服务的同时,更是拥有了一个极具潜力的消费市场。

支付宝以其在电子商务支付领域先进的技术、风险管理与控制等能力赢得银行等合作伙伴的认同。目前已和国内工商银行、农业银行、建设银行、招商银行、上海浦发银行等各大商业银行以及中国邮政、VISA 国际组织等各大机构建立了战略合作,成为金融机构在网上支付领域极为信任的合作伙伴。

支付宝品牌以安全、诚信赢得了用户和业界的一致好评。支付宝被评为2005年网上支付最佳人气奖、2005年中国最具创造力产品、2006年用户安全使用奖；同时支付宝也在2005年中国互联网产业调查中获得"电子支付"第一名，位列中国互联网产业品牌50强，荣膺2005年中国最具创造力企业称号。2006年9月，在中国质量协会用户委员会及计世资讯主办的"2006年中国IT用户满意度调查"中，支付宝被评为"用户最信赖互联网支付平台"。

（二）功能

支付宝在网上交易中充当的是第三方支付平台的作用，为电子商务提供安全、简单、便捷的在线支付解决方案。支付宝作为国内最大的独立第三方支付平台，为广大网民提供的不仅仅是担保交易服务。随着电子商务化进程的加快，支付宝将电子商务越来越多地融入到百姓生活中，海外购、公共事业缴费、考试缴费、机票车票在线购买等一系列服务都为百姓生活提供了便利。

二、商业模式

（一）目标客户群

支付宝刚创立时的目标客户是淘宝网用户，致力于为他们提供一种安全、便捷的支付方式。随着支付宝的影响力不断扩大，支付宝开始为阿里巴巴中国网站用户以及其他非阿里巴巴旗下网站提供支付平台。截至2006年年底，支付宝已有3300万用户，是我国最大的第三方网上支付平台。

（二）赢利模式

截止到2006年年底，支付宝对所有用户均是免费使用，没有赢利模式。但自2007年2月，支付宝开始向非淘宝网用户收取一定比例的技术服务费用，收费标准约为交易总额的1.5%。淘宝网用户可以继续免费使用支付宝。

（三）核心能力

与国内其他第三方支付平台相比，支付宝的核心能力主要体现为两点：一是强大的后盾为其提供的庞大客户群，淘宝网、阿里巴巴中国站都支持支付宝，这为支付宝赢得了任何其他第三方支付平台无法比拟的客户数量。二是安全保障，支付宝对外推出"全额赔付"的承诺，使用户有了安全保障。

三、经营模式

支付宝前期为淘宝网定制，后扩展到阿里巴巴中国站和非阿里巴巴旗下网站。2003年10月阿里巴巴公司推出支付宝的目的就是解决旗下C2C网站——淘宝网支付困难的问题，从而推动淘宝网的发展。后来随着产品的成熟，开始在阿里巴巴中国站和非阿里巴巴旗下网站推广，且不收取任何费用。

与各大银行、金融机构合作，圈地电子支付市场。支付宝目前已和国内工商银行、农业银行、建设银行、招商银行、上海浦发银行等各大商业银行以及中国邮政、

VISA 国际组织等各大机构建立了战略合作，成为金融机构在网上支付领域极为信任的合作伙伴。另外，支付宝还与中国建设银行合作，发布了国内首张真正专注于电子商务的联名借记卡——支付宝龙卡及电子支付新产品——支付宝卡通业务。该卡除了具有建行龙卡借记卡的所有功能外，还能使持卡人享受到电子支付创新产品支付宝卡通的服务。持卡人将支付宝账户与支付宝龙卡通过建行柜台签约绑定后，可登录支付宝账户，直接通过支付宝龙卡账户，完成持卡人在支付宝平台的在线支付业务。同时，持卡人还能通过支付宝卡通完成支付宝龙卡账户余额和支付限额的查询服务。

推出"全额赔付"等措施，打造安全信用体系。目前，网上支付最大的障碍就是支付问题。支付宝对此认识很深，于 2005 年 2 月率先推出"全额赔付"制度。在使用支付宝支付的网站，如果在达成成交协议后，卖家没有向买家寄送货品或者买家收到的物品与描述不符，淘宝作为第三方监管将为买家提供与货品价值等额的"全额赔付"。2006 年 6 月，支付宝又推出国内支付领域首张数字证书，并向所有经过认证的网民免费发放，使网上购物者有了身份确认和全额赔付的双重保障。2006 年 10 月，支付宝再推出"电子机票"全额赔付制度，凡是支付宝的用户，只要用其支付宝账户登录游易网进行机票订购，都可享受全额赔付待遇。另外，为了消除用户担心支付宝挪用"沉淀资金"的疑虑，支付宝于 2006 年 5 月与中国工商银行签订托管协议，支付宝所有的客户交易保证金都将统一存放在工行备案允许的资金托管账户，由工行总行对支付宝公司交易资金情况进行综合审计，每月提交资金托管报告披露客户保证金存管情况，并出具支付宝客户交易保证金专用存款账户的资金存管情况，在支付宝客户交易保证金出现重大异常情况时，向相关部门报告并可以根据相关规定拒绝支付宝不符合规定的业务请求。

## 第三节　旅游电子商务安全概述

### 导入案例

2000 年 11 月 20 日，美国联邦调查局(FBI)的情报人员迈克尔·舒勒和他的搭档们成功密谋逮捕了俄罗斯电脑犯罪的"头脑人物"——25 岁的瓦西里·戈尔什科夫和 20 岁的阿列克谢·伊万诺夫。

事情的经过是这样的。居住在俄罗斯车里雅宾斯克的瓦西里·戈尔什科夫和阿列克谢·伊万诺夫在上网时，找到了美国公司有漏洞的业务系统，于是，他们入侵了公司的计算机系统，掌握了一些公司的资金情况，并向这些公司发送了电子邮件，以散布或破坏包括财务记录在内的公司机密资料作为要挟进行敲诈。同时，他们还入侵了美国两家知名银行计算机系统,盗走上千个客户的信息。贪婪的欲望驱使着他们盗取了在线购物公司数据库中 30 余万张信用卡资料,尽情挥霍,并且打电话给这些公司,声称要删除其数据来进行勒索,勒索金额高达 1000 万美元。

两个黑客为美国的经济安全敲响了警钟。为了让黑客现出原形,联邦调查局的特工迈克尔想出了一招。迈克尔伪装成一家美国网络安全公司的官员,通过互联网向伊万诺夫发出邀请,称公司需要他这样的人才。伊万诺夫和戈尔什科夫不知是计,欣喜万分地来到西雅图。伪装成公司人员的美国特工迈克尔让两个俄罗斯小伙显示一下自己的能力,要求他们在电脑上演示技术,并提供给他们做过手脚的电脑,使得他们的每一次键盘敲击都被记录了下来,从中获取了他们在俄罗斯电脑上的密码和账户。迈克尔利用这两人个的密码到俄罗斯的网站服务器上下载了大量的文件资料,并以这些作为证据对这两个人提起了诉讼。指控这两个人曾经入侵至少 40 家美国公司的内部网络,并试图勒索钱财。

## 一、电子商务安全发展历史与趋势

### (一)电子商务安全发展历史

电子商务安全的发展建立在信息安全发展的基础上,从某种意义上说,自人类开始信息交流,就涉及信息的安全问题。随着信息安全的发展,电子商务安全的发展也经历了从无到有、从弱到强的过程。

**1. 通信保密阶段(20 世纪 40 年代至 70 年代)**

通信保密阶段主要以密码学研究为主,重在数据安全层面。这一阶段的主要安全威胁是搭线窃听、密码学分析,主要保护手段是通过加密解决通信保密问题,保证数据的机密性与完整性。

**2. 计算机系统安全阶段(20 世纪 70 年代至 80 年代)**

在计算机系统安全阶段开始针对信息系统的安全进行研究。这一阶段的主要安全威胁扩展到非法访问、恶意代码、脆弱口令等,主要保护手段是安全操作系统设计技术,确保计算机系统中硬件、软件及正在处理、存储、传输信息的机密性、完整性和可控性。

**3. 网络信息系统安全阶段(20 世纪 90 年代以后)**

在网络信息系统安全阶段开始针对信息安全体系进行研究。这一阶段的主要安全威胁发展到网络入侵、病毒破坏、信息对抗的攻击等,主要保护手段包括防火墙、防病毒软件、漏洞扫描、入侵检测、PKI 和 VPN 等。通过这些手段重点保护需要保护的信息,确保信息在存储、处理、传输过程中及信息系统不被破坏,确保合法用户享受服务和限制非授权用户享受服务,展开必要的防御攻击的措施,强调信息的机密性、完整性、可控性、可用性。

### (二) 电子商务安全的发展趋势

电子商务的发展趋势必将是移动电子商务。目前,我国的手机用户已经超过7亿,属全球之最,而全国的网民数量也已突破4亿。在金融危机的冲击下,电子商务没有消沉,而是迎来了更大的发展。随着3G的不断发展,移动电子商务将成为继传统互联网的电子商务后又一令人关注的领域,发展潜力无限。而移动电子商务也必然成为3G时代的重要商务应用。由于蓝牙技术、无线Modem、无线网卡等的出现,笔记本电脑可以随时随地无线上网的优势带动了移动电子商务的发展,这也给电子商务安全提出了新的挑战,而进行用户身份鉴别将成为组成无线电子商务安全基础设施的一个关键部分。

 特别提示

目前移动电子商务中还应解决好认证、鉴权、电子支付系统、商品配送系统等安全问题。在吸收传统电子商务的安全防范措施的基础上,可以根据移动电子商务的特点,开发轻便高效的安全协议,如面向应用层的加密(电子签名)和简化的ISEC协议等。

## 二、电子商务安全威胁

电子商务是当今"网络经济"时代最显著的特征之一,它是在Internet开放的网络环境下,基于浏览器/服务器方式,实现消费者网上交易和在线电子支付的一种新型商业运营模式。电子商务活动主要是在开放的网络环境下传输信息,所以,在网络交易过程中就会存在一些安全隐患和威胁,而其中一些信息一旦被盗用、篡改,将会给个人、企业以及国家带来不可估量的损失。

### (一) 计算机网络安全问题十分严峻

据统计,目前我国95%的与因特网相连的网络管理中心都遭到过黑客的攻击或侵入,受侵害的涉及面越来越大、程度越来越深。国际互联网保安公司Symantec(赛门铁克)在报告中指出,中国已经成为全球黑客的第三大来源地,竟然有6.9%的攻击国际互联网活动是由中国发出的。

绝大多数网络攻击都是以牟利为目的,主要通过制作、传播网络病毒,盗窃网络银行账号和游戏装备等方式来获取不法利益。据统计,2009年全国超过70%的计算机信息系统遭到了黑客攻击,被植入了木马。

2010年1月至4月,公安部网络安全保卫局组织侦办的案件中,被入侵并控制的重要信息系统就涉及金融、教育、卫生、环保等多个领域。

低犯罪成本、高隐蔽性、高渗透性决定了网络诈骗比传统诈骗更能吸引不法分子,于是众多的不法分子涌向了网络。在搜索引擎Google上搜索关键字"网络诈骗""网络骗子""网上诈骗""网上骗子"得到了超过1000万条搜索结果,令人触目惊心。目前国内几乎所有的网络交易论坛、二手交易信息平台上都充斥着诈骗信息,各大知名网站也不例外,网络诈骗事件不胜枚举。

芬兰赫尔辛基理工大学教授汉努·卡里认为,如果病毒和垃圾邮件迅猛增加等不利情况得不到有效遏制,那么不能排除因特网因不堪重负而最短在两年内崩溃的可能性。

美国总统奥巴马援引的数据称,2009年因网络犯罪造成的损失接近1万亿美元,尽管这一数字存在争议,但这确实是一个比毒品交易的金额还要庞大的秘密世界。银行和其他公司不喜欢承认丢失了多少数据。2008年,在为客户进行的调查中,区区一家电信公司Verizon就报告丢失2.85亿条个人信息记录,包括信用卡和银行账号等细节。

虽然我国在世界上较早从法律上规定"黑客有罪",但是我国的反黑客法律缺乏完整性、严密性和足够的震慑力,如相关法律条款界定含糊、保护对象划分不科学,特别是法律内容修订滞后,难以跟上数字时代的快速"升级"。

安全是网络的生存之本。没有安全保障的信息资产,就无法实现自身应有的价值。作为信息的载体,网络亦然。网络安全问题的危害性显而易见,而造成网络安全问题的原因各不相同。

(二)案例列举

下面我们通过几个案例进一步认识电子商务安全问题的重要性。

1. 国外案例

1996年8月17日,美国司法部的网络服务器遭到黑客入侵,并将"美国司法部"的主页改为"美国不公正部",将司法部部长的照片换成了阿道夫·希特勒,将司法部徽章换成了纳粹党徽,并加上一幅色情女郎的图片作为所谓司法部部长的助手。此外还留下了很多攻击美国司法政策的文字。

1996年9月18日,黑客又光顾美国中央情报局的网络服务器,将其主页由"中央情报局"改为"中央愚蠢局"。

1996年12月29日,黑客侵入美国空军的全球网网址并将其主页肆意改动,其中有关空军介绍、新闻发布等内容被替换成一段简短的黄色录像,且声称美国政府所说的一切都是谎言,迫使美国国防部一度关闭了其他80多个军方网页。

2000年2月7日至9日,Yahoo、ebay、Amazon等著名网站被黑客攻击,直接和间接损失10亿美元。

2004年10月19日,一个电脑黑客非法侵入了位于美国旧金山的伯克利加州大学的计算机系统,访问了约140万人的个人资料和社会保障号码。

2. 国内案例

2004年10月17日18时,著名杀毒软件厂商江民公司的网站(http://www.jiangmin.com)主页被黑,见图3-20。首页留下了署名为河马史诗的一句话。

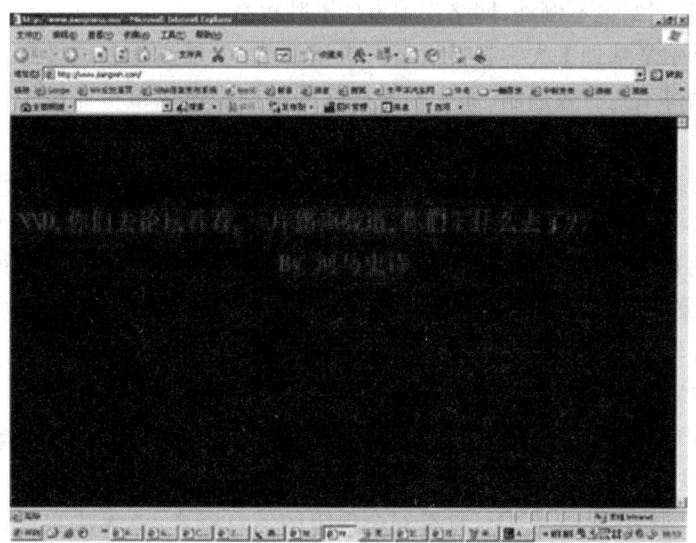

图3-20　江民网站被黑截图

2004年2月2日16时,金山《剑侠情缘网络版》官方网站被黑客修改,黑客在页面上自述攻击目的是希望得到游戏中的虚拟货币5000万。

中央电视台2007年4月5日报道:2007年3月10日,上海市民蔡先生向上海市公安局卢湾分局报案,称其在建设银行开户的两张信用卡内的16.6万多元人民币被盗。遭盗前,蔡先生曾多次上网进行电子网络购物。经过上海警方缜密侦查,发现黑客利用淘宝网购物发送照片之际,侵入蔡先生的电脑,并安装木马程序,将他的银行账号、密码和认证证书等信息盗取后,通过网上银行盗走银行卡内的巨款。目前此类网络"钓鱼"案件在全球范围都呈上升趋势。

在我国,还有很多病毒竟然以商业软件的形式存在卖钱,比如灰鸽子病毒竟然以商业软件的形式卖了5年之久,年收入过亿,直到2007年年初才被查封。那些数量庞大的病毒对我国的计算机网络、电子商务安全有着不可估量的危害。

 **特别提示**

电子商务的安全性的基础主要是计算机网络的安全性。由于电子商务是利用计算机网络的信息交换来实现电子交易,因此凡是涉及计算机网络的安全问题无疑对电子商务都有重要影响。

电子商务安全可划分为电子商务系统的硬件安全、软件安全、运行安全和电子商务安全立法等。

### 三、电子商务安全要求

电子商务是以网络作为交易途径来进行的商务活动。电子商务可以在企业与客户之间进行,也可以在企业与企业之间进行,涉及方方面面。与现实商务不同,参与电子商务的各方不需要面对面地进行商业活动,一切商品和资金信息都通过计算机网络进行传递。正是由于电子商务的这些特点,使电子商务在交易过程中需要一定的安全保障。这些安全保障主要包括5个方面的内容:鉴别性、可靠性、保密性、完整性和不可抵赖性。

(一)鉴别性

对人或实体的身份进行鉴别,为身份的真实性提供保证,使交易双方能够在相互不见面的情况下确认对方的身份。网上交易的双方相隔可能很远,互不了解,要使交易成功,必须互相信任,确认对方是真实的。对商家来说要确认客户不是骗子,对客户来说要确认商店的信誉,不是黑店。

(二)可靠性

对网络故障、操作错误、应用程序错误、硬件故障、系统软件错误、计算机病毒,以及攻击者对交易信息的修改所产生的潜在威胁加以控制和预防,以保证贸易数据在确定的时刻、确定的地点是可靠的。

(三)保密性

保密性主要是指保证一些敏感的商业信息和个人隐私不被泄露。预防非法的信息存取和信息在传输过程中被非法窃取。保密性一般通过使用密码技术对传输的信息进行加密处理来实现。但现有的加密技术在理论上都是可以被破译的,只是时间长短问题。侵犯隐私的问题不能解决,参与电子商务对个人用户而言就是一件很危险的事。除了技术上采用加密、防火墙等加以解决,道德和法律的约束也是必不可少的。

(四)完整性

完整性指防止数据传送过程中信息的丢失和重复并保证信息传送次序的统

一。在存储时,要防止非法篡改和破坏网站上的信息。在传输过程中,接收端接收到的信息与发送的信息应完全一样,说明在传输中没有被破坏。完整性一般可通过提取信息消息摘要的方式来获得。

### (五) 不可抵赖性

交易是建立在双方信任的基础上进行的,信用问题在电子商务中至关重要。交易前,要确定要进行交易的贸易方正是所期望进行交易的贸易方。在交易信息的传输过程中为参与交易的个人、企业或国家提供可靠的标识。不可抵赖性可通过对发送的消息进行数字签名来获得。

## 第四节 旅游电子商务安全技术

### ☞ 导入案例

不久前,互联网上的许多用户的电脑遭遇了木马病毒,起因是一则关于"联想集团和腾讯公司联合赠送Q币"的虚假消息,把人们引向一个恶意网站。离谱的是含有木马病毒主页的网址是http://www.1enovo.com,而联想网站的地址是http://www.lenovo.com,两者的区别仅仅只有一个字符:阿拉伯数字"1"和英文字母"l"。这两个字符在电脑屏幕上很难分辨,人们误认为这是联想公司的主页,便毫不犹豫地按下了鼠标左键……在恶意网站被打开时,2秒钟便完成木马病毒种植,然后自动重新链接到真正的联想主页,简直是天衣无缝,用户毫无察觉。

同样,最近很多网友在打开qq后会出现这么一条消息"登录qq.la\*\*.cn,免费获赠Q币",登录该网站,发现该网站从网页布局到域名,都仿冒腾讯公司的网站设立,让用户以为是腾讯官方进行的市场促销活动。当用户按照该网站的提示填入自己的QQ号码后,该网站甚至会弹出一个假冒的QQ软件系统信息窗口,让用户误以为自己真获得了腾讯公司赠送的Q币。同时,该网站还提示说:"恭喜您!您成功获得5个Q币,但是还没有被激活。马上把下面这个地址发给您QQ上的五位朋友点击来激活吧,http://www.qq.la\*\*.cn\*\*\*"。诱骗用户把这个虚假信息传递给自己的QQ好友。

据了解,网站上并没有携带病毒,发送消息的也是受骗的QQ用户,这可能是该网站为了提高自己的网络全球排名、获取商业利益的伎俩。

根据权威评测机构alexa提供的资料,在短短的一个星期里,该骗子网站的全球排名从80000多位上升到了2000多位。根据业内权威人士分析,每天受骗登录该网站的人数可达数十万。类似的网络诈骗行为在欧美国家已经成为威胁用户安全的一种主要诈骗手段,单单信用卡用户每年遭受的损失就有数十亿美元,因此用户一定不能掉以轻心。

电子商务使得企业内部网和因特网链接,小到本企业、本部门的商业机密、商务活动的正常运转,大到国家经济、金融机密都将面临电子商务安全问题(包括网络黑客和计算机病毒)的严峻考验。欺骗、窃听和非法入侵严重威胁着电子商务的发展与运作,电子商务安全问题异常突出,解决安全问题成为我国电子商务正常发展的当务之急。这就要求电子商务能提供一些端到端的安全技术,如防火墙技术、加密技术、数字签名技术、CA认证技术、反病毒技术、入侵检测系统、虚拟专用网(VPIV)技术等。

## 一、防火墙技术

防火墙是一类防范措施的总称。所谓"防火墙"是指一种将内联网和公众访问网(互联网 Internet)分开的方法,它是不同网络与网络安全域之间信息的唯一出入口,使得内联网与外联网互相隔离,限制网络互相访问来保护内部网络,而且其本身具备很强的抗攻击能力,是提供信息安全服务和实现网络及信息安全的基础设施。防火墙是一个或一组由软件和硬件构成的系统,在两个网络通信时执行的一种访问控制尺度,它能允许你"同意"的人和数据进入你的网络,同时将您"不同意"的人和数据拒之门外,最大限度地阻止网络中的黑客访问,防止重要信息被更改、拷贝、毁坏。设置防火墙的目的都是为内部网与外部网之间设立唯一的通道,简化网络的安全管理,如图3-21所示。

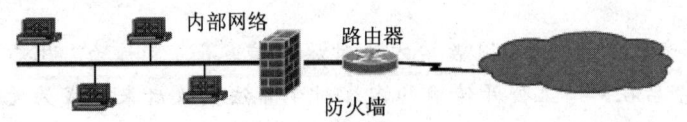

图3-21 防火墙

从逻辑上,防火墙是一个过滤器、分离器、限制器,而且也是一个智能分析器,其有效地监控了内部网与外部网之间的任何活动。在安全策略的指导和保证网络畅通的前提下,从逻辑上有效地隔离内部网络和外部网之间的活动,尽可能保证内部网络的安全。

防火墙并不是真正的墙,它是一种有效的网络安全模型,是机构总体安全策略的一部分。防火墙根据企业的安全策略控制出入网络的信息流,提供信息安全服务,实现网络和信息的安全。

**特别提示**

无论防火墙是多么的安全,用户只能在防火墙后面清除病毒。

## 二、加密技术

因特网为全球范围的电子商务提供了方便、廉价的途径,并改变了商务运作方式:电子数据交换取代了传统的面对面的谈判和交易方式,大量的文件也被电子文件所取代。各公司和企业纷纷入网,它们只是看到因特网可以用作廉价的通信桥梁,能够实现广域和远程链接。事实上,要想在因特网上展开业务,保证数据和交易的安全,防止欺骗,交易方就要使用端到端的鉴别,确认交易方的真实身份,确保数据安全。

电子商务中的身份鉴别和交易认证需要采用很多安全技术。其中,加密技术是其他各种安全技术的基础。利用加密技术,可以将某些重要信息和数据从一个可以理解的明文形式变换成一种复杂错乱的、不可理解的密文形式(即加密),在线路上传送或在数据库中存储,其他用户再将密文还原成为明文(即解密)。

加密技术是实现电子商务安全的一种重要的手段,目的是防止合法接收者之外的人获取信息系统中的机密信息。

 **特别提示**

所谓加密技术,就是采用数学方法对原始信息(通常称为"明文")进行再组织,使得加密后在网络上公开传输的内容对于非法接收者来说成为无意义的文字(加密后的信息通常称为"密文")。而对于合法的接收者,因为其掌握正确的密钥,可以通过解密过程得到原始数据(即"明文")。由此可见,在加密和解密过程中,都要涉及信息(明文/密文)、密钥(加密密钥/解密密钥)和算法(加密算法/解密算法)三项内容。一条信息的加密传递的过程即数据加密模型如图3-22($E$为加密算法,$K_e$为加密密钥,$D$为解密算法,$K_d$为解密密钥。如果按照收发双方密钥是否相同来分类,可以将加密技术分为对称密钥加密技术和非对称密钥加密技术,两种技术最有名的代表分别为DES和RSA)所示。

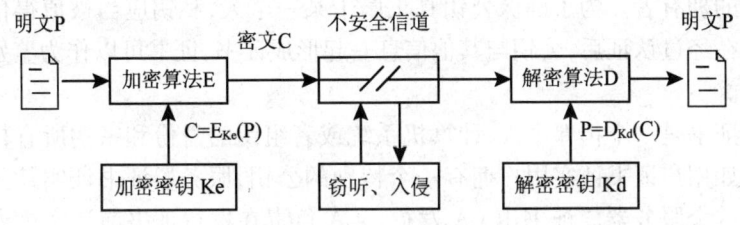

图 3-22 数据加密的一般模型

由此可见,尽管在网上传递的信息有可能被非法接收者捕获,但仍是比较安全的。因为想在没有密钥和解密算法的前提下,恢复明文,或者读懂密文,是非常困难的。具体有多困难,就要看加密算法的复杂程度以及密钥的长度了。

## 三、数字签名技术

对信息进行加密只解决了电子商务安全的第一个问题,而要防止他人破坏传输的数据,确定发送信息人的身份,还就需要采取另外一种手段,也就是数字签名。数字签名在电子商务中起着至关重要的作用,它具备他人不能伪造、签字方不能抵赖、在公证人面前能验证真伪等特点。

数字签名(Digital Signature)是一种类似于写在纸上的普通的物理签名,是使用了公钥加密领域的先进技术,用于鉴别数字信息的方法。一套数字签名通常需要两种互补的运算,一种用于签名,另一种用于验证。它的主要过程是报文的发送方从报文文本中生成一个摘要,并用私钥加密后,与原文一起传送给接收者,接收者只有用发送方的公钥才能解密被加密的摘要。通过数字签名能够实现对原始报文的鉴别和不可抵赖性。在电子商务安全保密系统中,数字签名技术有着特别重要的地位。

## 四、CA 认证技术

电子商务认证授权机构也称为电子商务认证中心(CA,Certificate Authority)。由于电子商务是在网络中完成,互相之间不见面,为了保证交易的每个人及机构(如银行、商家)都能是唯一而且被无误地识别,就需要进行身份认证。

对于非对称加密,有一公钥/密钥对,公钥可以向网络公开,私钥由用户自己保存。公钥加密过的数据只有其本人的密钥才能解开,这样就保证了数据的安全性。经私钥加密过的数据可被所有持有对应公钥的人解开。由于私钥只有用户一人保存,这样就证明该信息发自密钥持有者。这种特性可用作签名,具有不可替代性及不可后悔性。

虽然公钥/私钥提供了一种认证用户的方法,但它们并不能保证公钥实际上属于所声称的拥有者。为了确保公钥真正属于某一个人,私钥应当被值得信赖的机构认证。在经过认证后,公钥与其他信息一起形成证书,证书可以作为鉴别个人身份的证明。

数字证书是一个担保个人、计算机系统或者组织的身份和密钥所有权的电子文档。例如用户证书证实用户拥有一个特别的公钥,服务器证书证实某一特定的公钥属于这个服务器。证书由 CA 发行。CA 负责在发行证书前证实个人身份和密钥所有权,证书需要由社会上公认的可靠 CA 发行,如果它签发的证书造成不恰当的信任关系,该机构需要负责任。

📖 **拓展知识**

目前世界上较早的数字凭证认证中心是美国 WeriSign 公司,该公司成立于 1995 年 4 月,位于美国的加利福尼亚州。它为全世界 50 个国家提供数字凭证服务,有超过数百万个 Internet 的服务器接受该公司的服务器数字凭证。

## 五、反病毒技术

计算机病毒对人们的危害越来越大,这就使人们对计算机防毒概念已经有了更新的认识。特别是对企业管理人员来说,为了保护企业的重要资源与数据,了解反毒技术的发展,了解当前最常用的防毒技术的特点及其适用场合,有助于企业制定一套适合自己的防毒措施。

反病毒软件如果设置合理,可以减少系统遭受恶意攻击的机会。不过,反病毒软件只能保护系统免受恶意程序攻击,却不能避免使用合法程序访问系统的攻击者的攻击。同时也不能防止一些用户对不应该访问的文件进行访问的越权攻击。

## 六、入侵检测系统

入侵检测是对防火墙的一个合理补充,帮助系统对付网络攻击,扩展管理员的安全管理能力和范围,提高信息安全基础结构的完整性。但是没有哪种入侵检测系统是百分百安全的。毕竟它们不能取代优秀的安全程序和操作,也不能检测出合法用户对信息的非正常访问。

📖 **拓展知识**

入侵检测研究起源于 20 世纪 70 年代末,詹姆斯·安德森(James P. Anderson)首先提出了这个概念。1980 年,他的一篇题为《Computer Security Threat Monitoring and Surveillance》的论文首次详细阐述了入侵及入侵检测的概念,提出了利用审计跟踪数据监视入侵活动的思想,该论文被认为是该领域最早的出版物。1984年到1986年,乔治敦大学的桃乐茜·顿宁(Dorothy Denning)和彼得·诺埃曼(Peter Neumann)合作研究并开发出一个实时入侵检测系统模型,称作入侵检测专家系统(IDES),并且桃乐茜·顿宁于1987年出版了论文《An Intrusion Detection Model》,该文为其他研究者提供了通用的方法框架,从而导致众多的研究者参与到该领域中来。1990年,加州大学戴维斯分校L.T. Heberlein等人提出并开发了基于网络的入侵检测系统——网络系统监控器NSM(Network Security Monitor)。该系统第一次直接监控以太网段上的网络数据流,并把它作为分析审计的主要数据源。自此,入侵检测系统发展史翻开了新的一页。

### 七、虚拟专用网(VPN)技术

现在,越来越多的公司走向国际化,一个公司可能在多个国家都有办事机构,每一个机构都有自己的局域网,但在当今的网络社会,人们的要求不止于此,用户希望将这些LAN联结在一起组成一个广域网。现在具有加密/解密功能的路由器使人们通过互联网连接这些局域网成为可能,这就是我们通常所说的虚拟专用网(VPN)。当数据离开发送者所在的局域网时,该数据首先被用户端链接到互联网上的路由器进行硬件加密,数据在互联网上是以加密的形式传送的,当达到目的LAN的路由器时,该路由器就会对数据进行解密,这样目的LAN中的用户就可以看到真正的信息了。

在当今这个互联网迅速发展的时代,投资小、安全性高的VPN技术得到了广泛的应用。企业与其下属的各个管理部门和分支机构间的信息传输量越来越大,对信息的保密的要求也越来越高,这就使得企业需要建立一个安全的互联网络。但独立的线路投资很大,对于中小企业来说很难承受,这就使得基于互联网技术且投资小、安全系数高的VPN技术得到了广泛的应用。

## 第五节 旅游电子商务涉及的法律问题

☞ 导入案例

2006年12月初,我国互联网上大规模爆发"熊猫烧香"病毒及其变种。一只憨态可掬、领首敬香的"熊猫"在互联网上疯狂"作案"。病毒在卡通化的外表下,隐藏着巨大的传染潜力,短短三四个月,"烧香"潮波及上千万个人用户、网吧及企业局域网用户,造成直接和间接损失超过1亿元。

2007年2月3日,"熊猫烧香"病毒的制造者李俊落网。李俊向警方交代,他曾将"熊猫烧香"病毒出售给120余人,而被抓获的主要嫌疑人仅有6人,所以会不断有"熊猫烧香"病毒的新变种出现。

随着中国首例利用网络病毒盗号牟利的"熊猫烧香"案情被揭露,一个制"毒"、卖"毒"、传"毒"、盗账号、倒装备、换钱币的全新地下产业链浮出了水面。中了"熊猫烧香"病毒的电脑内部会生成带有熊猫图案的文件,盗号者追寻这些图案,利用木马等盗号软件,盗取电脑里的游戏账号密码,取得虚拟货币进行买卖。

李俊处于链条的上端,其在被抓捕前,不到一个月的时间至少获利15万元。而在链条下端的涉案人员张顺目前已获利数十万。一名涉案人员说,该产业的利润率高于目前国内的房地产业。

有了大量盗窃来的游戏装备、账号,并不能马上兑换成人民币。只有通过网上交易,这些虚拟货币才能得以兑现。盗来的游戏装备、账号、QQ账号甚至银行卡号资料被中间批发商全部放在网上游戏交易平台公开叫卖。一番讨价还价后,网友们通过网上银行将现金转账,就能获得那些盗来的网络货币。

李俊以自己出售和由他人代卖的方式,每次要价500元至1000元不等,将该病毒销售给120余人,非法获利10万余元。经病毒购买者进一步传播,该病毒的各种变种在网上大面积传播。据估算,被"熊猫烧香"病毒控制的电脑数以百万计,它们访问按流量付费的网站,一年下来可累计获利上千万元。

有关法律专家称,"熊猫烧香"病毒制造者的做法是典型的故意制作、传播计算机病毒等破坏性程序,影响计算机系统正常运行的行为。根据刑法规定,犯此罪后果严重的,处5年以下有期徒刑或者拘役;后果特别严重的,处5年以上有期徒刑。

通过上述案例可以看出,随着互联网和电子商务的快速发展,利用网络犯罪的行为会大量出现,为了保证电子商务的顺利发展,法律保障是必不可少的。目前对我国的网络立法明显滞后,如何保障网络虚拟财物还是个空白。除了下载补丁、升级杀毒软件外,目前还没有一部完善的法律来约束病毒制造和传播,更无法来保护网络虚拟钱币的安全。

根据法律,制造传播病毒者,要以后果严重程度来量刑,但很难衡量"熊猫烧香"病毒所导致的后果。而病毒所盗取的是"虚拟财物",就不构成"盗窃罪",这可能导致李俊之外的很多嫌疑人量刑很轻或定罪困难。

## 一、电子合同

在电子商务活动中,电子合同的有效性、电子签章和数字签名的有效性是各国共同关注的法律问题,需要制定有关法律对电子合同的法律效力,数字签名、电子商务凭证的合法性予以确认,同时也需要对电子商务凭证、电子支付数据的伪造、变更、涂销作出相应的法律规定。

电子合同是指通过电子计算机网络系统设立的平等民事主体之间的权利义务关系,并以电子邮件和电子数据交换等形式签订的协议。在传统合同的订立过程中,当事人一般通过面对面的谈判或通过信件、电报、电话、电传和传真等方式提出要约和接受要约,并最终缔结合同。电子合同的当事人均是通过电子数据的传递来完成的。一方电子数据的发出(输入)即可视为要约,另一方电子数据的回送(回执)即为承诺。由于电子数据交换通过网络自动实现,因此,电子合同的签订过程是通过互联网在计算机的操作下完成的。这是电子合同区别于传统合同的关键特征。

电子合同是全球化时代的产物,其法律效力的有效性必须得到与之相适应的认可。联合国国际贸易法委员会先后通过了《电子商务示范法》、《电子签名示范法》和《国际合同使用电子通信公约》,以消除国际合同中使用电子通信的法律效力不确定性所产生的问题,避免其对国际贸易的阻碍,从而促进贸易的繁荣。我国《合同法》和《电子签名法》也从功能角度出发,规定了电子合同的法律效力。

电子合同虽然具有方便、快捷、成本低等一系列优点,但是也存在着一定的风险。由于网络安全只是一个相对的概念,无论多么安全的加密或者其他网络安全防范技术,理论上都有被攻破的可能。而且,网络病毒或者其他人为因素,都有可能导致电子合同的丢失。所以,为了增强安全性,如果条件允许的话,可以考虑凡是能签订确认书的,就签订确认书。因为我国的新《合同法》第三十三条规定:"当事人采用信件、数据电文等形式订立合同的,可以在合同成立之前要求签订确认书,签订确认书时合同成立。"这一规定对防范电子商务风险起到了相当大的作用。这样商家就可以先通过网络与对方进行了解、沟通、谈判,进而签订网络合同,然后再进行确认,签订确认书。这样就可以大幅度降低谈判成本。

## 二、电子签名

电子签名是保障电子商务安全的重要手段。我国《电子签名法》第2条做出了明确的规定:"本法所称电子签名,是指数据电文中以电子形式所含、所附用于识别签名人身份并表明签名人认可其中内容的数据。"这一定义与联合国《贸易法委员会电子签名示范法》中的定义基本相同,我们可以看出,电子签名作为一种新型的核证方法与传统签名相比较,具有诸多不同:其一,载体形式有很大变化。传统签名是借助纸张和手写来完成的,而电子签名是靠电子技术来完成的。其二,存在时空的差距。传统签名一般是当事人亲临现场,而电子签名一般是在网络上完成的,通过网络使交易跨越时空。其三,参与的主体不同。传统签名只需手写即可完成。而电子签名则需要第三方的认证。其四,验证方法不同。传统签名一般靠视觉可以分辨,而电子签名必须通过计算机系统运用专门技术才能得以验证。

在电子商务交易活动中,电子签名的制作数据存在着许多不确定的风险因素,如黑客的攻击,篡改数据,系统错误导致信息丢失等都可能影响到电子签名的制作数据的真实性和完整性,因而,《电子签名法》对相关问题作了明确的规定。

### (一) 电子签名的法律要求

可靠性是对电子签名的基本要求。《电子签名法》第13条明确规定了可靠电子签名的条件:(1)电子签名制作数据用于电子签名时,属于电子签名人专有;(2)签署时电子签名制作数据仅由电子签名人控制;(3)签署后对电子签名的任何改动能够被发现;(4)签署后对数据电文内容和形式的任何改动能够被发现。以上四个条件需要同时满足。前两个条件解决了签名是由谁作出的问题,而后两个条件则解决了电子签名的数据电文可能被非法修改的问题。

### (二) 电子签名方的主要义务

电子签名方主要有两方面的义务:其一,妥善保管和及时告知的义务。《电子签名法》第15条规定:"电子签名人应当妥善保管电子签名制作数据。电子签名人知悉电子签名制作数据已经失密或者可能已经失密时,应当及时告知有关各方,并终止使用该电子签名制作数据"。其二,提供真实信息的义务。《电子签名法》第20条规定:"电子签名人向电子认证服务提供者申请电子签名认证证书,应当提供真实、完整和准确的信息。"

### (三) 电子认证的法律关系

《电子签名法》第16条对电子认证服务提供者提供认证服务作出了规定。电子认证服务提供者是指为电子交易当事人提供认证服务的法人或自然人。电子认证服务提供者以其信誉为电子交易各方提供信用,在电子商务交易中处于一个非常重要的、独立的第三方主体的地位,其在交易活动中的权利义务对各信赖主体的判断、选择和交易具有关键性的影响,因此提供电子认证服务必须具备法律规定的条件。认证服务主要形成两种法律关系:其一,电子认证服务提供者与电子签名人之间的关系。电子商务认证提供的是一种以合同为基础而产生的信用服务关系。其二,电子认证服务提供者与电子签名依赖人之间的关系。电子签名信赖人是指相信认证证书进而相信电子签名人的真实身份信息,并与之进行交易的相对人。

在计算机网络技术日新月异的时代,电子商务飞速发展。作为电子商务中的核心制度,《电子签名法》的颁布与实施大大推动了我国电子商务的发展,为之提供了有利的法律环境。对于这一新生事物来说,其在发展的过程中难免遇到新问题,需要法律工作者、电子商务的管理者与参与者共同努力,探索新的办法,我国电子商务的法律建设仍然任重道远。

## 三、电子认证

电子认证,是指为电子签名相关各方提供真实性、可靠性验证的公众服务活动。电子认证机构是为电子签名人和电子签名依赖方提供电子认证服务的第三方机构。2005年4月1日《中华人民共和国电子签名法》及其配套规章《电子认证服务管理办法》的实施,明确了数据电文的法律效力,为电子签名在电子商务中的使用与推广提供了法律依据,使电子签名的应用走上健康发展的轨道。

电子签名的有效运用牵涉到三个方面,即当事双方和电子认证服务提供者。独立的电子认证服务机构是《电子签名法》的明确要求。目前国际上对电子认证服务机构的管理主要有三种模式,即登记许可模式、完全市场化运作模式和行业自律模式,我国采取了通过登记许可政府集中管理的模式。

从实际使用来看,我国的电子认证服务存在以下问题。一是互通问题。多家认证机构的并存在方便提供服务的同时,也面临着技术标准不一致的问题。来自一个认证机构的数字证书只限于某一特定领域的应用,各电子认证服务机构电子签名不能互通,只有在很少的情况下,来自同一认证机构的证书能适用于不同的应用领域。二是成本问题。电子认证服务机构为了管理电子证书的发放、使用等,需要投入的资金数量较大,势必有成本回收的问题。《电子认证服务管理办法》虽然指出可以向使用服务者收费,但并不明确,必须依市场的反应而定。而从市场的情况来看,使用者并无意交费,导致电子认证服务机构的经营和管理面临不小的经济负担,也影响它们开拓市场的积极性。三是监管问题。传统印章的管理者是公安部门,而电子签名作为一种新形式的印章,其管理和公安部门没有关系,主要由电子认证服务机构负责。缺乏强有力的监管机构,在我国目前的市场条件下,容易产生伪造证书的问题。

由于电子认证服务有效地克服了使用电子签名可能产生的不确定性,市场对电子认证服务的需求迅速增大,对电子认证需构建专门的法律框架加以规制。电子认证机构是电子签名认证的核心,各国电子签名认证立法的重点都围绕着其法律属性展开。电子认证机构承担的法律责任分为民事责任、行政责任和刑事责任。

## 四、电子支付

电子支付是指通过电子方式进行货币支付与资金转移的行为。电子支付低成本、高效率、便捷性、国际性等优势在给电子商务的交易方带来便利的同时,也存在以下风险:

## （一）电子支付的风险表现及其原因分析

### 1. 电子支付不能及时、准确地完成

在电子商务的交易方已经完成电子支付的操作后，由于事故或故障等原因使得电子支付无法及时、准确地完成，这将极大地影响电子支付的高效性优势的发挥，进而刺激交易方转而求助于传统的支付方式。

### 2. 电子支付的安全性出现问题

通过电子支付方式进行货币转移，可能因为交易当事人自己的原因或者外界不可抗力、意外事件等因素导致货币转移无法实现交易目的，前者如客户误操作导致转账错误，后两者如黑客攻击或计算机病毒感染导致账户资金被非法转移等问题，这些都是电子支付安全性的风险。

### 3. 电子支付的法律责任不明确

对于发生了电子支付的延迟、错误等问题，电子商务的交易双方和银行、认证机构等第三方之间关于法律责任的承担，可能出现不明确的情形。对于法律没有明确规定，非出于交易当事人过错的电子支付不能进行，银行等第三方机构往往通过单方声明方式主张免责，电子商务的交易方对此持不同意见，形成纠纷。

## （二）电子支付风险监管及其制度完善

电子支付的风险是伴随电子商务发展不可避免的产物，为了有效地解决因电子支付风险给电子商务发展带来的"瓶颈"制约，有必要加强对电子支付风险的监管，尤其是完善有关制度。

### 1. 电子支付风险监管的法律支持

在实际电子支付操作中，电子支付业务除了依据《电子签名法》和《合同法》之外，很多还是依据内部规定、格式合同等进行。滞后的法律制约了电子支付的发展，应制定新的法律以填补空白点，修改与之冲突的旧法律条文以适应新情况。

### 2. 电子支付风险监管的电子认证制度支持

电子认证主要是对电子签名及其签署者的真实性进行验证，保证交易人的真实和可靠。建立完善的电子认证机构是电子认证制度的关键。电子认证机构应由政府作为倡导方从政策和法律的角度统一规划，采用市场运营方式。建立电子认证机构，应审慎考虑到我国的基本国情、认证机构的发展现状和法律法规的发展。利用计算机通信网络技术的发展，在中国金融认证中心基础上，完善全国统一的电子支付认证中心，为电子支付的发展提供全方位的认证服务。同时，应加快有关电子认证的立法，加强电子签名技术及制度的安全监管，明确电子认证机构与电子支付各方当事人的法律责任，确保网上交易的安全。

### 3. 电子支付内部管理制度支持

电子支付系统应建立一系列安全管理制度，用于规范操作人员的行为和电子

支付系统的正常运行管理。应规范电子支付系统的日常操作维护,不断加强电子支付系统人员的安全防范意识,培养既懂金融业务又会计算机网络技术的电子支付监管高层次人才。电子支付的技术风险是由于计算机技术和因特网的开放性和自由性而产生的,建立有关的风险预警机制,负责监控电子支付业的运行,对黑客入侵、病毒侵犯等情况进行及时预警,通知电子支付当事人加强安全防范。同时,督促电子支付机构根据计算机网络发展变化的新情况,及时对网络安全系统进行升级,以确保特定数据及各项支付信息的安全,从而保证电子支付的安全。

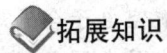 拓展知识

## 我国对航空电子客票的法律性质的规定

一、《中华人民共和国民用航空法》对航空电子客票的法律性质的规定

我国 A1995 年《民用航空法》第一百零九条规定"承运人运送旅客,应当出具客票。旅客乘坐民用航空器,应当交验有效客票。"根据本条可以看出立法者意图:承运人必须向旅客提供纸质的运输凭证;旅客接受服务前也必须交验符合该法规定的纸质客票。换言之,出具纸质客票之外的运输凭证是有悖该法规定的不适法行为。

另外,根据《民用航空法》第一百一十条规定,客票还必须具备法定的内容:"客票应当包括的内容由国务院民用航空主管部门规定,至少应当包括以下内容:(一)出发地点和目的地点;(二)出发地点和目的地点均在中华人民共和国境内,而在境外有一个或者数个约定的经停地点的,至少注明一个经停地点;(三)旅客航程的最终目的地点、出发地点或者约定的经停地点之一不在中华人民共和国境内,依照所适用的国际航空运输公约的规定,应当在客票上声明此项运输适用该公约的,客票上应当载有该项声明。"

此外,一旦承运人违反纸质运输凭证义务,将不能受训承运人责任限额的保护。《民用航空法》第一百一十二条规定:"在国内航空运输中,承运人载运托运行李而不出具行李票的,承运人无权援用本法第一百二十八条有关赔偿责任限制的规定。在国际航空运输中,承运人载运托运行李而不出具行李票的,或者行李票上未依照本法第一百一十条第(三)项的规定声明的,承运人无权援用本法第一百二十九条有关赔偿责任限制的规定。"

综上所述,可以看出,我国现行的《民用航空法》对航空运输过程中客票的强制要求是纸质客票;承运人一旦违反,可能遭受不能援引相关赔偿责任限额进行保护的尴尬境地。这样的强制规定,对国内各大航空公司使用航空电子客票造成了很大的阻力。

## 二、《中华人民共和国合同法》对航空电子客票的法律性质的规定

我国《合同法》第十一条规定了电子数据交换形式的电子合同是我国合同的有效形式。该条规定："书面形式是指合同书、信件和数据电文（包括电报、电传、传真、电子数据交换和电子邮件）等可以有形地表现所载内容的形式。"而航空电子客票作为电子合同的有效形式，自然在《合同法》的调整范围之内。另外，《合同法》第十六条也明确规定了合同的成立及生效程序："要约到达受要约人时生效。采用数据电文形式订立合同，收件人指定特定系统接收数据电文的，该数据电文到达该系统的时间，视为到达时间；未指定特定系统的，该数据电文进入收件人的任何系统的首次时间，视为到达时间。"作为电子合同有效凭证的航空电子合同的成立和生效可以援引该条的相关规定。由此可见，在我国现阶段，电子合同已经为法律所接受和认可，并在实践中节省了大量的运营成本。

《合同法》的这两条在当时来看相当有前瞻性的规定，搭建了我国电子合同制度的基本架构，也为我国电子商务制度的发展提供了法律支持。

### 思考与练习

1. 电子货币有哪些形式？
2. 简述电子支付的特点。
3. 网络银行的模式有哪几种？
4. 简述网络银行的特点。
5. 电子商务安全的需求是什么？这些需求通过什么技术实现？
6. 请列举出我国最流行的十种计算机病毒。
7. 请描述防火墙的实现技术及其优点。
8. 什么是CA和数字证书？它们的主要作用是什么？
9. 防火墙不能对付的安全威胁有哪些？
10. 电子货币的表现形式与主要特点是什么？
11. 什么叫数字签名，数字签名与手书签名有什么区别和联系。
12. 请描述电子支付的特点。
13. 为什么需要权威机构为公开密钥证书签名？
14. Web服务器端和客户端分别存在什么样的威胁？
15. 有哪些验证技术？请简单给予描述。

# 第四章 旅游电子商务网络营销

## 引 言

我国网络营销起步较晚,1996年部分企业才开始尝试。目前,网络营销处于应用和发展阶段,营销服务市场初步形成,企业网站建设发展迅速,网络广告不断创新,营销工具与手段不断涌现。网络调研、网络广告、网络分销、网络服务、网上销售等网络营销活动,正异常活跃地进入到企业的生产经营中。截至2011年6月底,我国网民总数达到4.85亿,位居全球第一,互联网普及率为36.2%。随着科技的发展、网民数量的激增,网络在人们的日常生活中扮演着越来越重要的角色;同时,网络营销推广也凭借其诸多优点正在逐渐成为最重要、最有效的营销推广方式。

## 导入案例

### Web2.0营销新时代——大众点评网

大众点评网是中国最大的本地搜索和城市消费门户网站,也是国内最典型的Web2.0网站之一,由国际顶尖风险基金美国红杉基金投资。网站覆盖上海、北京、广州等全国30多个主要城市,借鉴了亚马逊书评、美国查氏餐馆指南(Zagat.com)、法国的米其林餐厅指南的经验,首创并领导了消费者点评模式,以餐饮为切入点,全面覆盖购物、休闲娱乐、生活服务、活动优惠等城市消费领域。2006年被中国互联网协会评选为中国互联网Web2.0企业20强。

**定位**:大众点评网以用户点评作为餐饮信息的主要来源。大众参与的第三方餐饮信息分享平台,服务的价值诉求是在信息不对称环境下提供相对准确客观的餐饮信息。

**运营理念**:大众点评网一直致力于城市消费体验的沟通和聚合。在这里,几乎所有的信息都来源于大众,服务于大众;在这里,每个人都可以自由发表对商家的评论,好则誉之,差则贬之;在这里,每个人都可以向大家分享自己的消费心得,同时分享集体的智慧。

商业运作:

1. 培育核心用户:根据用户点评的数量(点评数和回应数)和质量(鲜花数)排列,推出各地食神榜,一批注册用户成为各地钻石级食神。随着大众点评网影响力加大,邀请一些"食神"前去免费品尝,成为越来越多新饭馆开业时的必走程序。

2. 全面社区化:一是以"部落"的形式将社区内的各个帖子按主题分类,用户可以根据兴趣爱好加入相应的部落,通过发帖和跟帖的方式交流沟通,为用户提供虚拟的社交平台;二是以"活动召集"方式,征集志同道合的网友,一起参与活动,通过线上线下互动的形式,为用户提供真实的社交平台。

3. 事件性营销。借助或策划某一个焦点事件,通过网友的互动、关注,并借助网络迅速传播出去,以引起更为广泛的关注,扩大影响力。

4. 佣金模式:大众点评网通过积分卡(会员卡)实现佣金的收取:第一步,签约餐馆,第二步,持卡消费。用户可注册免费申请积分卡,凭积分卡到签约餐馆用餐可享优惠并获积分,积分可折算现金、礼品或折扣。第三步,收取佣金。大众点评网按照持卡用户的实际消费额的一定比例,向餐馆收取佣金,以积分形式返还给会员一部分后,剩下部分就是网站收入。

5. 下游用户付费模式:大众点评网的无线增值业务有二:一是作为内容提供商,与中国移动、中国联通、中国电信、空中网、诺基亚、掌上通等渠道服务商合作,推出基于短信、WAP等无线技术平台的信息服务,为中国近5亿手机用户提供随时、随地、随身的餐馆等商户资讯;二是在GPS领域与新科电子展开合作,为汽车导航系统用户精确定位自己的美食目的地。大众点评网的下游用户付费模式尚处于起步阶段,对赢利贡献非常有限,随着服务规模的扩大,其对利润贡献的力度也可能随之上升。

# 第一节　网络营销概述

网络营销是旅游电子商务的基础和关键。如果没有以客户为导向的网上商品和服务的充分展示、推广,没有围绕商品和服务的买卖双方或多方的充分沟通,电子商务的交易、支付、配送等环节就无法实现。

## 一、网络营销的概念

网络营销是企业以现代营销理论为基础,利用互联网技术和功能,最大限度地满足客户需求,以达到开拓市场、增加赢利的经营过程。在此过程中,企业采取的手段包括利用网络技术进行市场调查、客户分析、产品开发定位、经营流程改进、销售策略制定、售后服务反馈、改进产品和服务等。笼统地说,网络营销就是以互联网为主要手段开展的营销活动。

网络营销产生于20世纪90年代,发展于20世纪末至今。网络营销产生和发展的背景主要有三个方面,即网络信息技术发展、消费者价值观改变、激烈的商业竞争。

## 二、网络营销的特点

网络营销的实质是着眼于信息流的、通过计算机网络传输信息的市场营销,这种全新的营销方式在经营环境、范围、手段、运作形式,以及供求双方的沟通等方面,有着其他营销方式所不可比拟的优势。

对于购买者来说,网络营销具有如下特点:

(1)方便快捷,易于访问。无论何时何地,只要打开计算机,连上互联网,便可到网上根据自己的喜好或需要去挑选相应的产品或服务。这种轻松自在的选择,不受时间、地点的限制,是商场或门市购物无法比拟的,特别适合没有时间或不喜欢逛商场、找商家的人士。

(2)产品信息的详细性。互联网可以提供当前产品或服务详尽的规格、标准或技术指标、服务承诺等,甚至对常见的问题提供在线解答。

(3)产品选择的无限性。网络营销不受时间空间的限制,用户有充足的时间进行比较、选择。

(4)个性化服务。网络营销可以跟踪每个客户的选购习惯和爱好,推荐相关产品,进行直销。

(5)多媒体效果。网络可以通过图像、动画、音视频等向客户展示拟选购的产品,图文并茂,声像俱全,不受时间、版面限制,客户只要需要就可随时浏览、下载。

对于商家来说,网络营销具有如下特点:

(1)跨时空。与传统的交易模式相比,在互联网上,可随时随地实现买方和卖方的互动。

(2)高效性。计算机可存储大量信息,供消费者查询;可传送信息,其数量与精度远超过其他媒体。

(3)及时性。能适应市场需求,及时更新产品或调整价格。

(4)经济性。减少印刷与邮递成本,且无店面租金,节省大量水电与人工成本。

(5)人性化。网上促销是一对一、消费者主导、非强迫、循序渐进的低成本与人性化促销,可避免推销员强制推销的干扰。

(6)交互性。供应商可以通过网站与顾客进行实时交流,向顾客提供具体必要的信息,也可以从顾客那里收集市场情报、了解顾客满意度等,借此可与消费者建立长期良好的关系。

### 三、网络营销功能

#### (一)信息发布

网络营销的基本思想是通过网络将企业和目的地的营销信息以高效的手段向目标用户、合作伙伴、公众等群体传递,因此,信息发布就成为网络营销的基本功能之一。互联网为信息发布提供了便利而优良的平台,不仅可以将信息发布在企业网站上,还可以通过各种工具和渠道向更大的范围传播。

#### (二)网站推广

获得必要的访问量是网络营销取得成效的基础。对中小企业来说,由于经营资源的限制,发布新闻、投放广告、开展大规模促销活动等宣传机会比较少,因此通过互联网手段进行网站推广尤为重要,这也是中小企业对于网络营销更为热衷的主要原因。对大型企业来说,网站访问量不高的现象普遍存在。因此,网站推广是网络营销最基本的职能之一。

#### (三)销售促进

各种网络营销方法大都直接或间接具有促进销售的作用,但是还有许多有针对性的网上促销手段,如网上折价促销、网上赠品促销、网上抽奖促销、积分促销等。这些方法并不限于对网上销售的支持,对于促进网下销售也同样很有价值。

#### (四)网上销售

网上销售是企业销售渠道在互联网上的延伸,一个具备网上交易功能的企业网站本身就是一个网上交易场所。网上销售渠道建设并不限于企业网站本身,还包括建立在专业电子商务平台上的网上商店,以及与其他电子商务网站不同形式的合作等。因此网上销售并不仅仅是大型企业才能开展,不同规模的企业都可以拥有适合自己需要的在线销售渠道。

#### (五)顾客服务

互联网提供了更加便捷的在线顾客服务手段,从形式最简单的常见问题解答(FAQ),到电子邮件、邮件列表以及在线论坛和各种即时信息服务等。在线顾客服务具有成本低、效率高的优点,通过网络营销的交互性和良好的顾客服务手段,可以建立良好的顾客关系、提高顾客满意度和忠诚度。通过网络社区、有奖竞赛等方式吸引顾客参与,不仅可以达到宣传产品的目的,同时还有助于增进顾客关系,提高顾客的忠诚度乃至直接增加销售量。

#### (六)网上调研

网上市场调研具有周期短、成本低的特点,网上调研不仅为制定网络营销策略提供支持,也是整个市场研究的手段之一,合理利用网上市场调研手段对于市场营销策略具有重要的价值。网上市场调研与网络营销的其他职能具有同等地位,既可以同时进行,也可以相对独立地开展。

## 第二节　网上消费者购买行为

### 一、网络消费的心理动机

网络消费者购买行为的心理动机主要体现在三个方面。

（1）理智动机。这是一种建立在人们对在线商场所推销商品的客观认识的基础上的购买动机。

（2）感情动机。这是一种由于人的情绪和感情所引起的购买动机。

理智动机和感情动机的比较见表4-1。

表4-1　理智动机与感情动机的比较

| 心理动机 | | 诱发动机 | 特点 | 表现 |
| --- | --- | --- | --- | --- |
| 理智动机 | | 反复比较各在线商场的商品 | 客观性、周密性、控制性 | 购买耐用消费品或价值较高的高档商品等 |
| 感情动机 | 低级形态 | 喜欢、满意、快乐、好奇 | 冲动性、不稳定性 | 购买刚刚推出的新产品等 |
| | 高级形态 | 道德感、美感、群体感 | 深刻性、稳定性 | 购买馈赠礼品等 |

（3）惠顾动机。这种心理动机是基于理智经验和感情之上,对特定的网站、图标广告、商品产生特殊的信任与偏好,而重复地、习惯性地前往访问并购买的一种动机,是诱发网络消费者产生购买行为的因素。

### 二、网络消费需求的特点

#### （一）网络消费具有层次性

网络消费本身是一种高级的消费形式,但就其消费内容来说,仍然可以分为由低级到高级的不同层次。需要注意的是,在网络消费中,人们的需求是由高层次向低层次扩展的。在网络消费的初期,消费者侧重于精神产品的消费,到了网络消费的成熟阶段,消费者在完全掌握了网络消费的规律和操作,并且对网上购物有了一定的信任感后,才会从侧重于精神消费品的购买转向日用消费品的购买。

#### （二）网络消费者的需求具有明显的差异性

不同的网络消费者因所处的时代、环境不同而产生不同的需求。从事网络营销的厂商如果要想取得成功,必须在整个生产过程中,从产品的构思、设计、制造、到产品的包装、运输、销售,认真思考这种差异性,并针对不同消费者的特点,采取针对性的方法和措施。

### (三)网络消费者的需求具有交叉性

在网络消费中,各个层次的消费不是相互排斥的,而是具有紧密的联系,需求之间广泛存在交叉的现象。在网络虚拟商店里几乎可以囊括所有的商品,使得消费者可以在短时间内查找各种不同的商品,形成交叉性消费。

### (四)网络消费需求的超前性和可诱导性

电子商务构造了一个世界性的虚拟大市场,在这个市场中,最先进的产品和最时髦的商品会以最快的速度与消费者见面。具有创新意识的网络消费者必然会很快接受这些新的商品,从而带动周围消费者形成新的消费热潮。

## 三、网络消费者购买过程

网络消费者的购买过程可以粗略地分为五个阶段:诱发需求、收集信息、比较选择、购买决策和购后评价。

诱发需求:在内外因素的刺激下,消费者产生购买需求。

收集信息:消费者在线收集目标商品的有关信息,为比较做准备。

比较选择:消费者对产品的功能、可靠性、性能、样式、价格和售后服务等进行综合比较和评价。

购买决策:网络消费者在购买动机的支配下,从两件或两件以上的商品中选择一件满意商品的过程。

购后评价:消费者对所购产品或服务做出口头或书面的评价。购后评价往往决定了消费者今后的购买动向,甚至还会影响其他消费者的购买行为。

# 第三节 网络营销的方法与途径

网络营销职能的实现需要通过一种或多种网络营销手段。常用的网络营销方法除了搜索引擎注册之外,还有关键词搜索、网络广告、TMTW 来电付费广告、交换链接、信息发布、整合营销、博客营销、邮件列表、许可 E-mail 营销、个性化营销、会员制营销、病毒性营销等。

## 一、搜索引擎营销

搜索引擎营销是一种新的网络营销形式。搜索引擎营销(Search Engine Marketing,SEM)所做的就是全面而有效地利用搜索引擎来进行网络营销和推广。

SEM 追求最高的性价比，以最小的投入，获得最大的访问量，并产生商业价值。

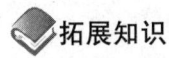拓展知识

### 东莞旅游网

东莞旅游网创始人段小姐是一个恬静而浪漫的人，最开始在一家东莞旅行社做前台，后来接触的散客多了，开始了艰苦的创业。段小姐想到了搜索引擎营销，搜索引擎营销因为其独特的精准对话特点，能让潜在客户找上门，不用那么辛苦去找客户。虽然段小姐对网络营销较有信心，但因为对网络营销概念一无所知，操作起来谈何容易。

通过调查分析段小姐确定了"东莞旅游"、"东莞旅游网"、"东莞旅行社"、"东莞旅游线路"、"东莞旅游酒店"等几个关键词作为主推方向，围绕这些关键词挖掘出一些相关词和长尾词。因为准备充分，各项计划都顺利推进。通过三个月的不懈努力，"东莞旅游线路"和"东莞旅游酒店"稳坐百度首页第一、第二位的交椅，"东莞旅游网"、"东莞旅行社"、"东莞旅游"都在百度前三页。

### 二、交换链接

交换链接即分别在各自的网站放上对方网站的 LOGO 或关键词并设置超链接，使得用户可以从对方合作的网站中看到自己的网站，达到互相推广的目的。交换链接具有一定的互补优势，是两个网站之间简单的合作方式。交换链接主要有以下几个作用：可以获得访问量、增加用户浏览时的印象、在搜索引擎排名中增加优势、通过合作网站的推荐增加访问者的可信度等。交换链接更重要的意义在于业内的认知和认可。

### 三、网络广告

几乎所有的网络营销活动都与品牌形象有关，在所有与品牌推广有关的网络营销手段中，网络广告的作用最为直接。标准标志广告（BANNER）曾经是网上广告的主流（虽然不是唯一形式）。进入 2001 年之后，网络广告领域发起了一场轰轰烈烈的创新运动，新的广告形式不断出现。新型广告由于克服了标准条幅广告承载信息量有限、交互性差等弱点，因此获得了相对较高的点击率。

### 四、信息发布

信息发布既是网络营销的基本职能，又是一种实用的操作手段。通过互联网，

不仅可以浏览到大量商业信息,同时还可以自己发布信息。最重要的是将有价值的信息及时发布在自己的网站上,以充分发挥网站的功能,比如新产品信息、优惠促销信息等。

### 五、博客营销

博客营销是通过博客网站或论坛接触博客作者和浏览者,利用博客作者个人的知识、兴趣和生活体验等传播商品信息的营销活动。博客营销不直接推销产品,而是通过影响消费者的思想来影响其购买行为。例如某相机厂商赞助某知名摄影博客,并向其灌输自己相关产品的内容,而后这些产品由该博客为源头传播开来,影响其他摄影爱好者和相机用户。专业博客的博主往往是该专业圈子中的意见领袖,他们的一举一动会被其他人模仿和追随。

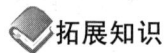拓展知识

## 艺龙的微博营销

2010年5月开始,艺龙官方微博"艺龙每日一景"上线,图片成为微博的主打,为读者提供三十秒"微旅游"。例如,一条旅行微博取名《小资最爱的十大旅行地》,微博内用连在一起的十张图片,讲述了一个山川、老牛、树林、白云、河流、湖泊、鲜花、夕阳、蓝天和村庄的故事。这条微博被转载超过2000条,下面有400多条读者评论,表示了向往之情。而在盈江、日本地震之后,艺龙微博发布里尔克《沉重的时刻》诗篇,转发超过千次。很多艺龙图片旅游微博的转发都超过500条,部分超过1000条。

### 六、个性化营销

个性化营销的主要内容包括用户定制自己感兴趣的信息内容、选择自己喜欢的网页设计形式、根据自己的需要设置信息的接收方式和接收时间等。个性化服务在改善顾客关系、培养顾客忠诚以及增加网上销售量等方面具有明显的效果。据研究,在个人信息可以得到保护的情况下,用户才愿意为了获得某些个性化服务提供有限的个人信息,这正是开展个性化营销的前提保证。

### 七、会员制营销

会员制营销已经被证实为电子商务网站的有效营销手段。国外许多网上零售型网站都实施了会员制计划,几乎已经覆盖了所有行业。国内的会员制营销还处

在发展初期,但电子商务企业对此已表现出浓厚的兴趣,会员制营销呈现出良好的发展势头。

## 八、网上商店

建立在第三方提供的电子商务平台上、由商家自行经营的网上商店,类似于在大型商场中租用场地开设商家的专卖店,是一种比较简单的电子商务形式。网上商店除了通过网络直接销售产品这一基本功能之外,还是一种有效的网络营销手段。从企业整体营销策略和顾客的角度考虑,网上商店的作用主要表现在两个方面:一方面,网上商店为企业扩展网上销售渠道提供了便利的条件;另一方面,建立在知名电子商务平台上的网上商店增加了顾客的信任度。从功能上来说,对不具备电子商务功能的企业网站,网上商店也是一种有效的补充,在提升企业形象、直接增加销售方面具有良好效果,尤其是将企业网站与网上商店相结合,效果更为明显。

## 九、病毒性营销

病毒性营销并非真的以传播病毒的方式开展营销,而是通过用户的口碑宣传网络,信息像病毒一样传播和扩散,利用快速复制的方式传向数以千计、数以百万计的受众。病毒性营销的经典范例是选秀节目《超级女生》。现在几乎所有的免费电子邮件提供商都采取类似的推广方法。

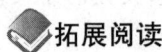

**拓展阅读**

### 病毒营销:去哪儿网招募万元月薪酒店试睡员

2009年年底电视剧《蜗居》引起了社会广泛讨论,人们开始抱怨都市生活的艰辛,去哪儿网利用这个契机创造出一份"中国最舒服工作"吸引广大人群对去哪儿网的关注,创意性地尝试利用草根效应与病毒营销相结合的突破性做法,创造了酒店试睡员这一新兴互联网职业。"酒店试睡员"透过视频、文字、图片以数位化的方式记录酒店入住的真实体验,透过微博随时随地分享的特性让信息传播更透明、可信。"上班不打卡,酒店轮着住,还能拿万元月薪",招募活动一经推出就吸引了广大用户的关注以及大众媒体的报道讨论。

这一活动提升和增强了去哪儿网酒店产品的品牌知名度与独特性,更创造了互联网时代富有价值的用户点评资源。

整个传播活动是一条主线贯穿始终,分为两个阶段操作:

第一阶段是让网友主动发现信息,主动传播,自发参与。选择了一类具有高可信度的信息源作为初始发起点,即与招募活动相关的招聘网站 Zhaopin. Com、ChinaHR. Com、51job. Com 等,同时引发了用户自发在 SNS 站、百度知道、微博等渠道传播该信息。当用户开始关注该活动时,才开始将活动页面上线,同时也发布酒店试睡员视频片段,引导用户参与活动,通过用户不断检索活动关键词而产生了一个新名词——"酒店试睡员"。

第二阶段是以广告宣传、事件营销为支撑,推动酒店试睡员活动向高潮发展。前期用户已经对该活动产生了极大热情,主办方在高流量、高可信度的网站适度投放了一轮网络广告,引导更多用户关注、参与活动,同时也通过酒店试睡员真人秀、Minisite、视频病毒传播等方式推动事件发展,并顺应用户需求举办第二期酒店试睡员活动。酒店试睡员在社会化媒体上也拥有了自己的粉丝,人际传播、口碑传播迅速扩散该活动信息,引爆了活动高潮。

去哪儿网两次视频在开心网产生用户自发浏览量 10 万余次、近万次转载,在优酷、土豆、激动等视频网站播放约 13 万次。酒店试睡员决赛采取选手真实入住酒店,实时用微博与网友进行互动的形式,使得微博营销成为酒店试睡员推广酒店点评的巨大平台。

从 2009 年 12 月策划运作到 2010 年 6 月活动结束,第三方的调研数据显示,去哪儿网酒店频道月独立用户上升约 150%,酒店试睡员活动日均搜索指数 220,最高日搜索指数超过 600,得到用户广泛关注。活动报名页面点击量达 20 万,收到报名简历 14 000 余份,活动报道媒体 800 余家,平面媒体报道 2 330 篇。截至 2010 年 6 月,去哪儿网拥有用户自发中文酒店点评 100 万条,成为全球最大的中文酒店点评系统之一。

(资料来源:http://www.vmarketing.cn/articlecontent_26480_10.html)

**十、网络视频营销**

通过数码技术将产品营销现场实时视频图像信号和企业形象视频信号传输至因特网(Internet)上。客户只需上网登录网站就能看到产品和企业形象展示的电视现场直播,从而提高产品和企业的可信性与可靠性。此前,所有的网站建设和网站推广方式所起的作用只是让网民从浩如烟海互联网世界找到相应的网站,而网络电视营销可以让找到的网民相信网站。

视频营销将"有趣、有用、有效"原则与"快者为王"结合在一起,被越来越多企业选择为自己的营销手段。它具有电视短片的种种特征,如感染力强、形式内容多样、肆意创意等,又具有互联网营销的优势,如互动性强、传播速度快、成本低廉等。可以说,网络视频营销是将电视广告与互联网营销两者的优势集于一身。

## 十一、论坛营销

论坛营销是企业利用论坛这种网络交流的平台,通过文字、图片、视频等方式发布企业的产品和服务的信息,从而让目标客户更加深刻地了解企业的产品和服务,最终实现企业宣传品牌、加深市场认知度的网络营销活动。人们早就开始利用论坛进行各种各样的营销活动了,如在论坛发布自己所使用的某企业产品信息,就是论坛营销的一种简单的方法。

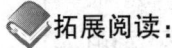拓展阅读:

### 九寨沟小萝莉,纯情秒杀网友

2010年金九银十之间,"九寨沟小萝莉"的小女孩图片被疯传转载于各大网络,网友集体"被秒杀","一见倾心,再见倾城"的"九寨沟小萝莉"各种可爱的pose照片,让人们惊叹"九寨沟小萝莉"实在太萌了。而"九寨沟小萝莉"事件实际上是旅游景区利用网络红人进行炒作宣传的经典,也是2010年旅游网络营销案例经典。

第一个发布"完整版的'九寨沟小萝莉'"帖子的人自称姓吕,就读于福州某大学。2009年10月,他和朋友一起去九寨沟玩的时候看到了小萝莉,给小萝莉拍了点照片并且发布到了网上。由网络推手进行一轮炒作推广,不明真相的网友们也不自觉地加入了这次旅游网络推广中来,开始了一场席卷整个互联网的推广。

从百度指数中,我们可以清楚地看出"九寨沟小萝莉"事件发生的全部过程,从11日,吕先生的帖子发布完毕后,网站推手和网友们进行了宣传推广接力,通过发帖转载等手段,在18日终于如愿取得网友对"九寨沟小萝莉"的关注,使"九寨沟小萝莉"变成网上人见人爱的网络红人。而此时,事件策划者也如愿获得了他们所要达到的效果。

图4-1是10月九寨沟的网络搜索曲线图,我们清楚地看到原本11日之后,九寨沟的搜索应该呈下降趋势,但在"九寨沟小萝莉"的网络红人效应带动下,九寨沟的网络搜索又成升势,并在10月18日左右促成搜索高峰,扭转颓势。

不仅如此,如果网友有心在百度搜索里搜索"九寨沟小萝莉"关键词时,会清楚地看见排在第一的是名为展示小萝莉资料的百度知道内容,里面全部是九寨沟的旅游景点介绍,至此九寨沟的网络红人策划事件达到了应有的效果,宣传了九寨沟的旅游,完成了整个网络策划的最终目的,而这一次旅游景区网络红人的策划也将列入2010年旅游网络营销经典案例库。

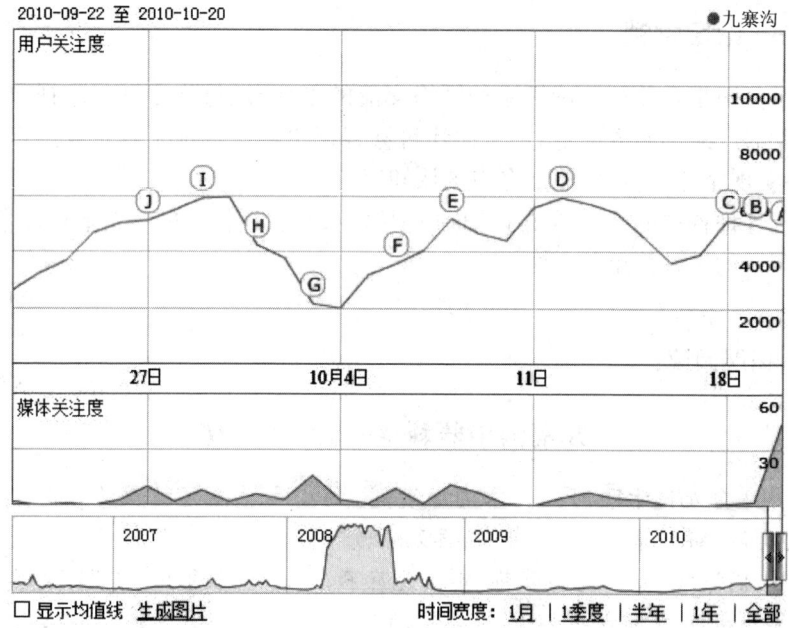

图4-1 "九寨沟小萝莉"网络搜索曲线图

自从"九寨沟小萝莉"在网络爆红之后,就使得九寨沟地区的旅游业继黄金周后再次进入旺季。这无疑是"九寨沟小萝莉"掀起了九寨沟旅游热潮。据全国知名旅游线路预订网站悠哉旅游网给出的统计数据显示,自从"九寨沟小萝莉"在九寨沟的照片被曝光后,该地区旅游线路订单量和电话量有了明显上升,幅度更是接近了15%,由此可见"九寨沟小萝莉"的非凡魅力,难怪能够一夜红遍网络。

(资料来源:http://www.eosem.com/List.asp? ID=491&Page=1)

## 十二、WIKI 营销

WIKI 营销是一种建立在 WIKI 这种多人写作工具上的新型营销手段。它以关键字为主,以关键字作为入口,建立产品或公司品牌的相关链接。由于 WIKI 营销是针对关键字来进行的,因此面向的人群更加精准。对于广告主来说,可以提供很好的广告环境。目前在国内 WIKI 做得比较成功的主要是"互动百科"和"百度百科",以及 WIKI 的始祖 WIKIPEDIA。

## 十三、网络营销联盟

网络营销联盟目前在我国尚处于萌芽阶段,但在国外已经很成熟,1996 年亚马逊通过这种新方式取得了成功。联盟包括三要素:广告主、网站主和广告联盟平台。广告主按照网络广告的实际效果(如销售额、引导数等)向网站主支付合理的广告费用,采用这一联盟可以节约营销开支,提升企业知名度,扩大企业产品的影响,提高网络营销质量。

## 十四、竞价推广

竞价推广是把企业的产品、服务等以关键词的形式在搜索引擎平台上作推广,它是一种按效果付费的新型而成熟的搜索引擎广告。用少量的投入就可以给企业带来大量潜在客户,有效提升企业销售额。竞价排名是一种按效果付费的网络推广方式,由百度在国内率先推出。企业在购买该项服务后,通过注册一定数量的关键词,其推广信息就会率先出现在网民相应的搜索结果中。

## 十五、电子书营销

从理论上讲,电子书(eBook)广告应用起来很简单:在制作电子书时,将广告信息合理地安排到电子书中,比如在书的首页、内容中的页眉或者页脚,或者在正文中的合适位置插入一定量的广告信息,让读者在阅读免费电子书的同时,接收到一定量的广告信息。一本好的电子书往往会得到读者的反复阅读,并可能在多人之间传播。电子书广告会比普通的在线广告有更多的浏览数,读者对广告的印象自然也会加深。

## 十六、事件营销

事件营销即策划具有新闻价值、社会影响以及名人效应的人物或事件,吸引媒体、社会团体和消费者的兴趣与关注。

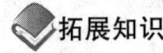拓展知识

### 天台山私奔营销

2010年5月16日,王功权带着心上人冒天下之大不韪勇敢地私奔了。就在大家还在惊诧王功权的私奔时,"@520私奔"就通过新浪微博发布了所有跟王功权私奔相关的消息,同时推出"私奔天台山宣言"征文活动。微博写道:私奔天台山宣言!王功权和王琴私奔了,奥特曼和PP猪私奔了,中国旅游日源自天台山,天台山5月19日到21日3天免费迎客,一起组团私奔到天台吧!佛国仙山,私奔好去处,转发本微博+私奔天台山宣言+发表私奔宣言,逢含516、519、520的楼层(如1516,1519等),即送PP猪漫画1套,just 奔 it!

"王功权和王琴私奔了,奥特曼和PP猪私奔了,中国旅游日源自天台山……"简短的几句话激起网友的兴趣,同时通过互动微博"一切皆可私奔""我爱你,爱着你,就像私私爱奔奔""私奔是大奔的兄弟""别和我谈恋爱,有本事和我私奔"等的话题激发,为互动用户提供互动思路,瞬间激发大家当年的才华横溢,满腹笔墨一吐为快。

最后活动截止,一共盖到5300楼,远远超出预先计划。从网友的热情中可以看出,网友积极参与私奔盖楼活动不仅仅是想获得PP猪漫画,而是私奔到天台山的全民参与的乐趣刺激了网友的参与热情。2天后新浪微博以"万水千山总是情,跟我私奔行不行?"为主题推出七字心声微博私奔活动,正是受到"私奔天台山宣言"的启发。

而天台山对外宣传部也以官方微博的形式积极参与互动,传播天台美景和中国旅游日,远播天台山的理念。这些微博甚至引发了中共浙江省委组织部部长蔡奇、浙江工商大学党委书记蒋承勇、中共天台县委书记李志坚、中共天台县长黄继满等人的转载和热烈互动。凭借着浙江天台强大的组织协调能力和有远见的营销意识,再加上天台山本身深厚的历史文化积淀、独具魅力的风景,中国旅游日期间天台山迎来了游客高峰。

(资料来源:http://www.fuyingxiao.com/thread-6175-1-1.html)

## 十七、品牌营销

企业的生存之道,是要紧紧围绕企业品牌推广营销。无论何种营销方式,都是对自己企业品牌的植入传播,网络时代为企业品牌的发展提供了更广阔的空间,同时也提供了全新的传播方式,尤其在Web2.0时代,网络已经成为品牌口碑传播的阵地。一个优秀品牌的建立不但要有较高的知名度,同时还要有较好的美誉度。信息化时代,搜索引擎的使用是四亿网民每天上网必经的过程,要让品牌被大家所熟知,必须让自己的产品和服务在搜索引擎上引人瞩目、出类拔萃。

## 十八、整合营销

随着中小企业效率的提高及人们对网络营销的认识和运用,单一营销模式能带来的效果将会越来越小,而网络整合营销策划对中小企业将会显得越来越重要。它是基于互联网平台,整合互联网资源,全方位展示企业信息,宣传产品,树立品牌。

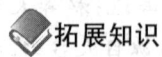
拓展知识

### 艺龙、索尼和凡客诚品的三重好礼活动

联合营销是碎片化时代品牌常用的策略模式。选定与自身品牌定位或目标人

群相近的品牌进行联合营销,既有效规避了风险,又几何级数放大了推广效果。

2008年9月艺龙旅行网选择索尼和凡客诚品(VANCL)为合作伙伴推出了三重好礼活动。

图4-2　艺龙、索尼和凡客诚品的三重好礼活动

**分析**:从艺龙角度来看,作为活动的主办方和主要发起者,无疑会是最大受益者。索尼耳机作为高品质旅行用品是适合这次活动的,凡客诚品VANCL作为新锐衬衫品牌以"全棉生活"为卖点,也很受商旅人士欢迎。由此可见,艺龙给其目标人群提供的是有价值的功能性产品,促销应该会比较成功。

从索尼角度来看,拿出旗下的耳机产品显然是精心之选。从产品消费拉动的角度来看,耳机反过来对索尼MP3、MP4的销售显然会有明显的促进。而索尼耳机的品质也是得到普遍认可的,艺龙用户绝对不会轻易放弃这个拥有的机会。

凡客诚品(VANCL)是以男士服饰为主打的品牌,在服装网购领域已成行业标杆。而便捷的购买方式和优质的穿着体验也为职场人士所普遍认可。穿VANCL,乃至差旅期间换衫换VANCL也大有公认的潮流之势。艺龙用户与VANCL人群的契合度还是相当高的。

这是个多赢的活动,对参与活动的三个品牌都有很大的助推作用。尤其是艺龙,选用两个细分行业的领导品牌合作,其高明之处不言而喻。这种立足于相同人群定位的商旅品牌进行联合营销,有望取得各自的预期活动效果。而细究深层次动因,共同匹配商旅人群,为同一人群提供高附加值的体验才是这个案例的成功关键所在。

(资料来源:http://bbs.tqedu.net/archiver/tid-59501.html)

### 十九、IM 工具营销

IM 工具营销一般是指通过 QQ、MSN、旺旺等即时通信软件来实现营销目的,常用方法一般为群发消息,利用弹出窗口弹出信息,或者采用工具皮肤内嵌广告。

## 第四节　网络营销策略

美国营销学家麦卡锡(E. McCarthy)总结的4P's营销理论成为指导企业开展网络营销的重要依据。4P's营销即企业通过对产品(Product)、定价(Price)、渠道(Place)和促销(Promotion)四个要素的调节来适应市场的需求及变化,其本质是基于企业的"卖方市场"营销。

### 一、网络营销产品策略

#### (一) 产品选择策略

网络营销与传统营销一样,在虚拟的网络市场上,营销者必须以各种产品,包括有形(Tangible)的和无形(Intangible)的产品,来实现企业的营销目标。

1. 产品选择范围

一般而言,企业在进行网络营销时,可首先选择下列产品,见图4-3:

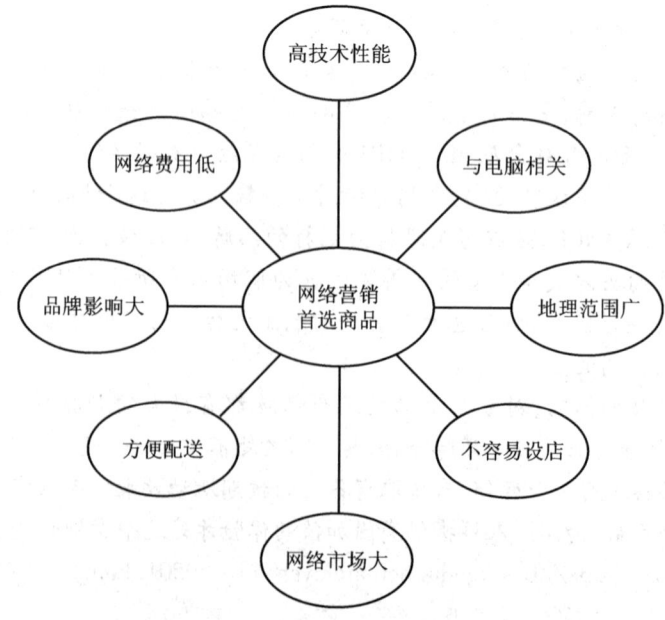

图4-3　网络营销产品选择范围

## 2. 选择产品时应注意的问题

要充分考虑自身产品的性能,实物产品的营销区域范围及物流配送体系,避免出现以下问题,见图4-4。

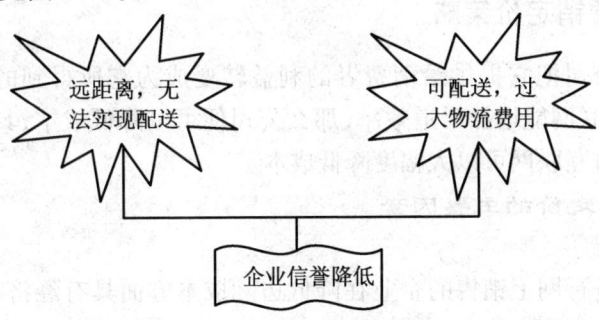

图4-4 网络营销区域范围及物流配送问题

### (二)销售服务策略

#### 1. 网络营销销售服务的类型

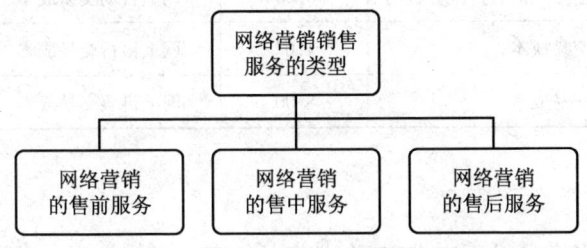

图4-5 网络营销销售服务的类型

#### 2. 网络营销服务策略

建立完善的数据库系统,提供网上的自动服务系统,建立网络消费者论坛。

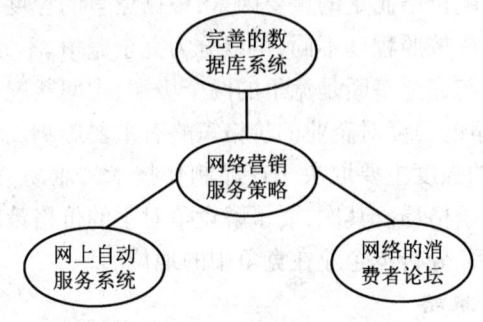

图4-6 网络营销服务策略

**3. 信息服务策略**

建立"虚拟展厅",设立"虚拟组装室",建立自动的信息传递系统。

## 二、网络营销定价策略

定价帮助公司把它提供给消费者的利益转变成为它所得到的利润。一般来说,如果使用互联网能增加渠道效率,那么公司便可以降低成本,具有很强互联网表现的公司通过互联网可以大幅度降低成本。

### (一)影响定价的主要因素

**1. 成本因素**

那些正在进行网上销售的企业在降低边际成本方面具有经济优势,这一优势使得企业得以吸引更多的客户。

表4-2 不同销售方式的成本比较

| 传统方式 | 平均数额 | 互联网方式 | 平均数额 |
| --- | --- | --- | --- |
| 电话交易成本再加上相关的客户服务费用 | 5.00 | 网上自动交易成本 | 0.01 |
| 银行交易成本 | 1.07 | 网上银行交易成本 | 0.01 |
| 机票交易成本 | 8.00 | 网上机票交易成本 | 1.00 |

**2. 供求关系**

一般而言,当商品供不应求时,企业产品的定价可能会高一些,反之,则可能低一些;在供求基本一致时,企业市场营销中商品的售价,多数都为买卖双方能够接受的"均衡价格"。

**3. 竞争因素**

市场竞争也是影响价格制定的重要因素,根据竞争的程度不同,企业定价策略会有所不同。市场竞争按照程度不同,可以分为完全竞争、不完全竞争与完全垄断三种情况。完全竞争与完全垄断是竞争的两个极端,中间状况是不完全竞争,在不完全竞争条件下,竞争的强度对企业的价格策略有重要影响。所以,企业首先要了解竞争的强度,竞争的强度主要取决于产品制作技术的难易,是否有专利保护,供求形势以及具体的竞争格局。其次,要了解竞争对手的价格策略,以及竞争对手的实力。最后,还要了解、分析本企业在竞争中的地位。

### (二)网络定价策略

**1. 个性化定价策略**

所谓的个性化定价策略就是指利用网络互动性的特征,根据消费者对产品外观、颜色等方面的具体需要,来确定商品价格的一种策略。

2. 声誉定价策略

对于形象、声誉较好的企业来说,在进行网络营销时,定价可相应高一些;反之,定价则应低一些。

3. 网络促销定价策略

免费策略:网景(www.netscape.com)将它的浏览器无偿地提供给用户,以此来建立客户对网景产品的忠诚度,目的是为了随后向大量的用户出售它的服务器软件。

折扣策略:美国亚马逊网上书店将网络信息传递所节省的费用,通过折扣的形式转移到顾客身上,使顾客充分领略到现代交易方法的优越性,也使自己的书店成为世界上图书销售量最大的无国界的书店。

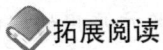 拓展阅读

### 倒定价:去哪儿网的"越狱"

2011年11月1日去哪儿网(Qunar.com)宣布,逆向定价模式酒店预订频道"越狱"正式上线。

图4-7 去哪儿网越狱频道

去哪儿网"越狱"频道以"酒店价格你来定"为口号,采取消费者出价,酒店方竞单的方式。简单来说,就是用户主导价格的C2B模式。去哪儿网提供拍卖平台,消费者选出心仪的酒店类型、给出愿意接受的价格,并进行在线支付。如果酒

店愿意接受客人给出的价格,去哪儿网会将对应的酒店名称、地址、联系方式等信息以短信或邮件的方式告知客人。

目前绝大多数在线旅游网站都采取的是实名实价的销售模式,即明示酒店名称和价格,客户可以通过搜索获得与酒店及房型一一对应的价格。消费者作为弱势群体只能被动接受商家制定的价格。据统计,国内三星级以上的中高端酒店的平均入住率仅为百分之五十左右。"越狱"不仅让消费者能够享受到意想不到的优惠价格,还激起了消费者的好奇心,给本来枯燥无味的酒店预订增添了乐趣,把购物的成就感推到极致。对于消费者"越狱"使他们"花最少的钱,享受最好的服务"的愿望有了实现的可能,这是去哪儿网"越狱"的精髓所在。

分析:去哪儿网"越狱"通过"犹抱琵琶半遮面"的方式打破了长达15年的酒店预订行业前台现付统一价惯例,体现了网络营销新势力打破固有预订模式和垄断订房公司定价体系禁锢枷锁的决心。随着电子商务在酒店业推广应用的不断加强,酒店收益管理理念进一步普及,今后会有更多的酒店享受到在线营销方式推陈出新带来的利好。这是电子商务时代的产物,是传统呼叫中心预订模式无法支撑的,受益者是新一代自主、聪明、计划性强的消费者。

在经济学中,一些商品的使用价值是具有时效性的——比如酒店的空房间、飞机上的空座位等。这类商品的固定成本分摊要远高于变动成本,且商品销售单元具有明确的有效期。简单来讲,对于酒店,只要在一天结束前有人愿意购买入住,就能为酒店创造价值。在它的价值降低到零以前,只要还有人愿意出价购买,那么酒店就能够多赚一笔。所以,与其白白浪费资源,不如让消费者和商家获得双赢。正是卖方的这种心理,使得去哪儿网"越狱"的倒定价模式有了实现的可能,也让国内三星级以上的中高端酒店的平均入住率的上升有了十足的动力。

然而,对于时效性商品来说,价格的动态确定是一个难题,而更换价格标签的成本,以及消费者因为不断变化的价格产生的持币待购心态,都是实施动态定价的障碍。电子商务领域研究者发现时效性商品采用"倒定价"的方式,可以获得比固定价格更多的期望利润。

(资料来源:http://hot.qunar.com/news_nr.php?id=1252)

## 三、网络营销渠道策略

在网络营销活动中,也有一个如何实现商品由推销方向购买方转移的问题,企业必须通过一定的分销策略来实现网络营销目标。

### (一)网络营销渠道结构

根据商品从生产商开始到最终消费者手中的中间流通过程有无中间商,传统营销渠道可以分为直接分销渠道和间接分销渠道。相对于传统的营销渠道,网络营销渠道也可分为直接分销渠道和间接分销渠道,但结构要简单得多。

**1. 直接渠道**

也称直销渠道,生产商直接和消费者进行交易,不存在任何中间环节。这里的消费者可以是指个人消费者,也可以是指进行生产性消费或者集团性消费的企业和商家。

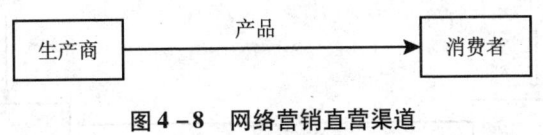

图4-8　网络营销直营渠道

**2. 有中介商介入的间接渠道**

这里的分销渠道中的两种中介商职能是不同的。第一种类型的中介商(商品服务中介商)与传统渠道中的中介商一样,起着将产品由生产领域向消费领域转移的作用;第二种类型的中介商(网络信息中介商)本身不经营任何商品和服务,仅仅凭借其掌握的大量相关信息沟通买方和卖方之间的交易。

(1)以商品或服务经销商为中介的网络营销间接渠道

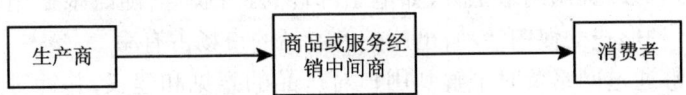

图4-9　以商品或服务经销商为中介的网络营销间接渠道

(2)以信息中介商为中介的网络营销间接渠道

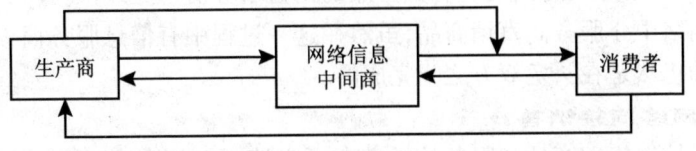

图4-10　以信息中介商为中介的网络营销间接渠道

**(二)网络直接销售**

网络直接销售简称网络直销,网络直销是指生产厂家通过网络直接分销渠道直接销售产品,中间没有任何形式的网络中介商介入其中。

1. 网络直接销售的流程

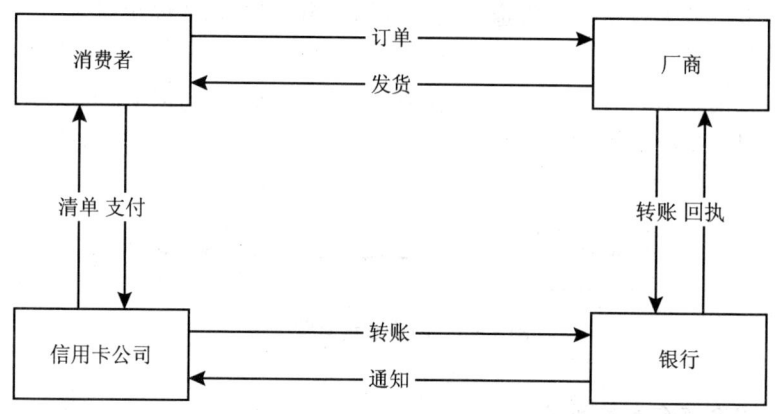

图4-11　网络直接销售的流程

2. 网络直销的特点

网络直销对买卖双方都有直接的经济利益。网络营销降低了企业的营销成本,使得网络营销的产品更具有竞争力。

营销人员可以利用网络工具,如电子邮件、公告牌等,随时根据用户的愿望和需要,开展各种形式的促销活动,迅速扩大产品的市场占有率。

企业能够通过网络及时了解到用户对产品的意见和建议,并针对这些意见和建议提供技术服务,解决疑难问题,提高产品质量,改善经营管理。

3. 网络直销的形式

自建网站:指企业在互联网上申请域名,建立自己独立的站点,制作主页和销售网页,由网络管理员专门处理有关产品的销售事务。

利用网络中介服务商直销商品,虽然在这一过程中有信息服务商参加,但主要的销售活动仍然是在买卖双方之间完成的。

(三)网络间接销售

网络间接销售即商品和服务的推销者不直接面对消费者,消费者也不直接面对推销者;商品和服务通过网络商品交易中介机构完成向消费者的转移。

1. 网络商品交易中介

图4-12和第三章中的图3-4形象地说明了利用网络商品交易中介的目的。

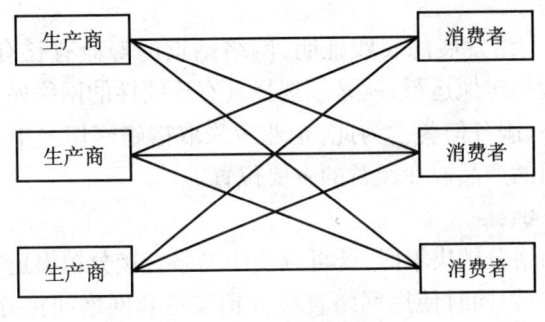

图 4-12　商品直销模式

2. 选择网络商品交易中介商的原则

在筛选网络中介服务商时,要考虑功能、成本、信用、覆盖、特色和连续性六大因素。

(1)功能。网络中介商所能够提供的功能服务,是选择网络中介商时所要考虑的最重要因素。网络中介商必须具备如下功能:一是信息收集功能,要有收集和传播网络营销环境中有关潜在与现行顾客、竞争对手和其他参与者的营销信息的能力;二是网络促销功能,要具有强有力的网络促销方式的开发能力,同时还具有迅速传播促销信息的能力;三是网络谈判功能,能够在网络上谈判撮合买卖双方的意愿,使买卖双方就价格、数量等条件达成协议并顺利实现商品劳务所有权的转移;四是网络订货功能,能够根据网络消费者的需求反向向商品和劳务的供应商管理者提出订货要求;五是网络融资功能,有能力融资,以负担从事网络分销工作所需费用;六是网络付款功能,能够完成在网络上向买方收款、向卖方付款,当然,在这中间离不开与银行或其他金融机构的联系。

(2)成本。这里的成本是指使用网络中介商时的支出。这种支出分为两类:一类是在中介商网络服务站建立主页时的费用;另一类是维持正常运行时的成本。在两类成本中,维持成本是主要的、经常的,成本的大小与所选择的网络中介商有关,因为选择不同的中介商成本的支出有较大的差别。

(3)信用。这里的信用是指网络中介商所具有的信用度的大小。目前我国还没有权威性的认证机构对网络中介商进行认证,因此在选择中介商时应注意他们的信用程度。

(4)覆盖。覆盖是指网络宣传所能够波及的地区和人数,即网络站点能够影响的市场区域。对于企业来讲,站点覆盖面并非越广越好,还要看市场覆盖面是否合理、有效,是否最终能够给企业带来经济效益。

(5)特色。每一个网络站点都受到中介商总体规模、财力、文化素质的影响,在设计、更新过程中表现出各自不同的特色,因而具有不同的访问群。企业应当研究这些访问群(顾客群)的特点、购买习惯和购买频率,进而选择不同的电子商务交易中介商。

(6) 连续性。网络发展的实践证明,网络站点的寿命有长有短。一个企业要想使网络营销持续稳定地运行,就必须选择具有连续性的网络站点,在用户或消费者中建立品牌信誉、服务信誉。为此,企业应采取措施密切与中介商的关系,防止中介商将别的公司的产品放在经营的主要位置。

### (四) 双道分销法

企业在进行网络分销决策时,既可以使用网络直接分销渠道,也可以使用网络间接分销渠道,还可以同时使用网络直接分销渠道和网络间接分销渠道。企业在建立网站推销商品和服务的同时,也可以积极利用网络间接渠道销售自己的产品和服务,通过网络中介商的信息服务、广告服务和撮合服务优势,扩大企业的影响,开拓企业产品的销售领域,降低销售成本。

## 四、网络营销促销策略

### (一) 网络促销的特点

网络促销是指利用现代化的网络技术向虚拟市场传递有关产品和服务的信息,以启发需求,引起消费者的购买欲望和购买行为的各种活动。它突出地表现为以下三个明显的特点:

第一,网络促销是通过网络技术传递产品和服务的存在、性能、功效及特征等信息的。它是建立在现代计算机与通信技术基础之上的,并且随着计算机和网络技术的不断改进而改进。

第二,网络促销是在虚拟市场上进行的。这个虚拟市场就是互联网。互联网是一个媒体,是一个连接世界各国的大网络,它在虚拟的网络社会中聚集了广泛的人口,融合了多种文化。

第三,互联网虚拟市场的出现,将所有的企业,不论是大企业还是中小企业,都推向了一个世界统一的市场,强调在全球市场上做生意的规则和技巧。

### (二) 网络促销的方式

网络促销方式可分为推战略和拉战略。网络广告促销主要实施"推战略",其主要功能是将企业的产品推向市场,获得广大消费者的认可(见图4-14);网络站点促销主要实施"拉战略",其主要功能是将顾客牢牢地吸引过来,保持稳定的市场份额(见图4-15)。

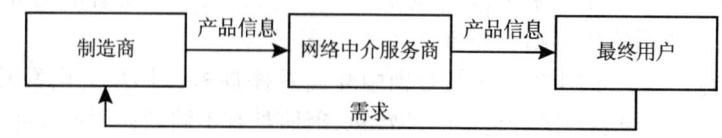

图4-14 推战略示意图

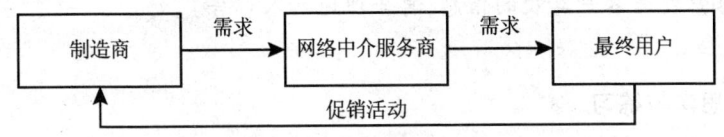

图4-15 拉战略示意图

### (三)旗帜广告促销

旗帜广告也称标志广告,通常是一些色彩艳丽的矩形图片,置于页面的顶部、底部或醒目处。这些广告设计和制作都很精致,含有经过浓缩的广告语和画面精美的图片,具有很强的视觉吸引力。标志广告一般都具有超文本链接功能,点击后会打开一个新的页面,与企业自身站点的有关信息链接,起到广告宣传的作用。

旗帜广告具有经济性、广泛性、交互性、易统计性、主动性和实时性的特点。与其他传统广告媒体比较,旗帜广告投入成本极为低廉,因此旗帜广告在价格上具有极强的竞争性。就传播范围而言,在因特网上发布旗帜广告,其所面向的客户对象是分布在186个国家的近一亿因特网用户,而且这个客户群正在以每月10%的速率增长。此外,旗帜广告信息内容丰富、传播范围广,无时间和地域的限制。

 特别提示

## 技巧一:增加你的潜在客户数据库

浏览网站的人多,直接购买的人少,绝大部分网站都是让这些人悄悄地来了,又悄悄地走了,浪费掉了非常多的潜在客户。所以可以使用一个技巧,让登录你网站的大部分用户都心甘情愿地先留下联系方式。这样只要你不断地开展让潜在客户乐意接受的数据库营销策略,他们都会逐步成为你的客户的。

技巧二:利用客户评价影响潜在客户的决策

绝大部分的人都有从众心理,所以购买一个产品的时候,其他购买过的人对产品的评论会对潜在客户的购买决策产生非常大的影响。因此每个产品信息下面都要合理地放上六七个以上的由客户做出的从各个角度对这个产品的好评价。

技巧三:提高客户重复购买的小技巧

(1)优惠券策略:一个客户订购成功之后,一定要赠送客户一张优惠券。然后在一定期限内,购买产品的时候,优惠券可以充当一定的金额,但是过期作废。这样客户就会想办法把这张优惠券花掉或者赠送给其有需要的朋友。

(2)数据库营销:定期向客户发送对客户有价值的信息,同时合理地附带产品促销广告。国内大部分电子商务网站只会生硬地向客户发送广告,这样效果很差。

一定要向客户发送客户喜欢的信息,再合理地融入广告。

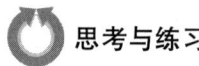 思考与练习

1. 网络直销给企业带来哪些好处?
2. 企业在进行网络营销时,可以采取哪些方面的服务策略?
3. 如何提高旗帜广告的效果?
4. 网络营销策略主要有哪几种?
5. 简述如何利用网络技术发布广告。
6. 如何通过地方论坛或社区营销本地旅游产品?
7. 点评类网站最大的风险是人气流失,同质化竞争是否分流大众点评网的人气?
8. 大众点评网的硬伤是显著的区域特征,在地理范围和业务边界快速扩展时,通过何种途径保持在不同区域的赢利?
9. 大众点评网商业化运作使其独立性受到威胁,如何解决商业化运作与独立性的矛盾?
10. 大众点评网作为评鉴机构能否效仿《米其林餐厅指南》,建立完整的评鉴标准并授予餐馆等级?

# 第五章　酒店电子商务

## 引　言

21世纪是信息化的时代。信息时代的到来、信息经济的出现，更进一步对全球各行各业产生了革命性的影响。而电子商务更是革命性地改变了人们的消费观念和消费方式。作为对信息资源有相当依赖性的酒店业来说，21世纪是一个特殊的世纪，尤其对我国酒店业来说，更是面临着种种的挑战和机遇。

作为旅游业支柱产业之一的酒店业逐步开拓电子商务平台领域。酒店电子商务，即通过特有的系统连接上国际互联网，通过网上的主页向全球多姿多彩、图文并茂地展示酒店本身；向全球亿万用户分销自己的客房，以及各种服务；并可依此组成酒店连锁业，组成战略联盟，以强劲灵活的营销手段向广大的市场进军。

电子商务与酒店业的未来生存密切相关。然而，当前我国酒店电子商务发展仍然存在不足，无法被合理地利用。因此，我国酒店业必须更加重视电子商务在酒店企业中的开展，将电子商务作为一个战略目标，促进我国酒店企业的发展，缩小与国外酒店集团的差距。

## 第一节　酒店电子商务概述

### 一、酒店电子商务的发展历史

酒店电子商务的使用是由旅行网络发展而来的，确切地说应该是源于航空公司的计算机预订系统。1959年，美利坚航空公司与IBM公司联合开发了世界上第一个计算机订位系统（SABRE）。SABRE最后逐步演变为一个复杂的计算机预订系统（Computerized Reservation System, CRS），随之又出现了另一个更具规模的预订系统——大型酒店集团中央预订系统（Central Reservation System），随后，国际性酒店联号和旅行商也看到了这种潜力，进而发展了全球分销系统（Global Distribution System，GDS）。

全球分销系统是20世纪90年代以来获得迅速发展的新型旅游营销网络，是应用于民用航空运输及整个旅行业的大型计算机信息服务系统。通过全球分销系统，遍及全球的旅游销售机构可以及时地从航空公司、旅馆、租车公司、旅游公司那里获取大量的与旅游相关的信息，从而为顾客提供快捷、便利、可靠的服务。加入全球分销系统组织的各个酒店集团或独立酒店都可以使用GDS开展预订服务。目前，据不完全统计，在美国几乎所有的旅行社都在使用GDS，法国已有85%的旅行社使用，而整个欧洲有40%左右的旅行社使用该系统。

由于酒店行业与旅行业密切的关联性，酒店电子商务的发展与旅行电子商务密不可分，旅行网络化的发展带动了酒店电子商务。旅行业网络化程度的不断加大，使得国外酒店集团意识到电子商务的发展潜力，纷纷加强电子商务业务。事实上，国外酒店集团早在几十年前就开始发展电子商务，并且取得了相当理想的收益。如美国喜来登集团的中央预订系统于1970年开通，1976年完成它的1000万次预订，1983年在中东设立它的第一家电脑预订中心办事处。早在1996年的一次统计中，世界上前25名饭店管理集团中已有20家与因特网（Internet）联网，并且都可以实现在线预订功能。十多年后的今天，电子商务对酒店业来说已经是一个重要的发展方向，它不仅是一种新颖的营销方式，也是现代化管理的一个重要环节，各大酒店集团均在这一方面有突出的表现。雅高、希尔顿、斯塔伍德、美联达等世界知名的国际酒店早已开始重视网上销售的重要性，并已发展出一套较为完善的电子商务系统，而电子商务的成功开展也确实为它们带来了可观的回报。

## 二、电子商务在酒店业中的应用现状

酒店提供的客房及相关服务作为一种特殊商品非常适合电子商务。首先，该产品具有无形性和不可贮藏的特点，其生产和销售的过程在服务的过程中完成，一般很少要求客人预付资金，因此可以减少电子支付手段相对落后所造成的影响。其次，提供产品的企业在电子商务的实现上不需要配送环节，由此可减少配送成本。另外，客户广泛而迫切的相关信息需求也是网络营销成功的基础与关键。因此发展该领域电子商务的条件得天独厚。

### （一）酒店电子商务发展迅速

根据艺旅咨询数据，预计2012年中国酒店市场电子商务渠道售出客房数达到1.4亿间夜，同比增长33%。酒店电子商务市场的增长驱动力更多的来自于酒店电子商务直销力度的增加,传统主流市场地位正在受到去哪儿网等酒店直销平台的挑战。

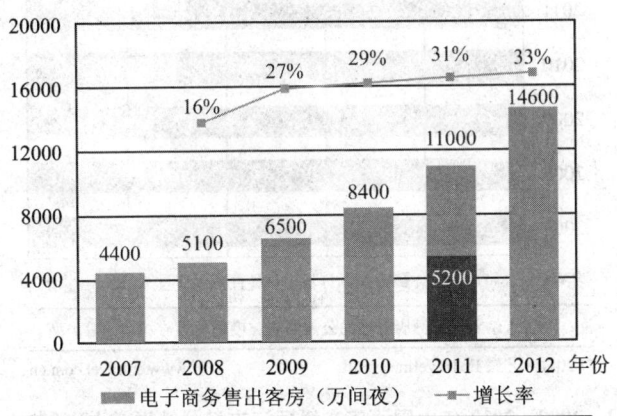

图 5-1　2007—2012 年中国酒店电子商务渠道售出客房数

**（二）经济型酒店电子商务程度较高**

与高星级酒店相比,中国经济型酒店电子商务程度高,对分销商依赖较少。经济型酒店的电子商务渗透率为 90%,OTA 等分销商仅占 5%,85% 的间夜量通过酒店官网、呼叫中心等直销渠道完成。五星级酒店的电子商务应用水平低,而且对 OTA 等分销商的依赖程度高,OTA 和各类订房中心贡献 15% 的销量,自身电子商务直销平台仅占 6%。签约客户、酒店前台现定和传统旅行社是三大核心销售渠道,分别贡献 42%、23% 和 14%。

**（三）酒店直销是电子商务增长驱动力**

回顾近五年酒店在线预订市场的变化规律,分销渠道份额已经从 2007 年的 78% 下降至 2010 年的 70%。由于酒店对自有直销渠道的重视日益增强,通过加大对直销渠道的投入并拓展和去哪儿网等在线旅游搜索引擎的合作,酒店在线直销份额正在稳步上升,从 2007 年的 22% 上升至 2011 年的 32%,预计 2012 年将进一步升至 35%。

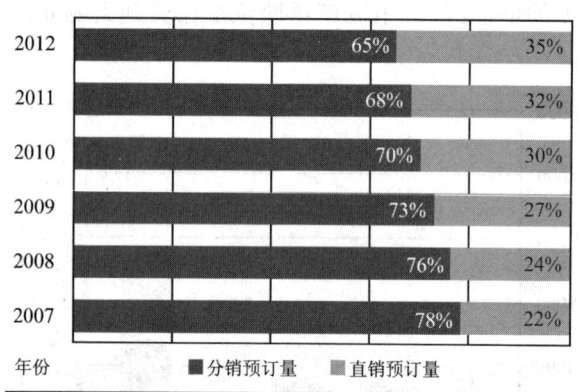

图 5-2 2007—2012 年中国酒店在线预订市场分销渠道占比（艺旅咨询）

## 三、酒店电子商务发展基础

### (一) 信息化的社会环境

互联网给当今世界带来深刻变化，它的迅速普及使地球变成了地球村。人们依托互联网可以非常方便、经济地交换信息。随着互联网科技和电子商务的迅猛发展，现代人的工作、生活已离不开网络。随处可见的"网上交易"、"网上购物"已颠覆了人们传统的思维和经营模式。网络改变了竞争，也改变了企业的经营模式和管理理念。电子商务作为一种全新的现代商务形式，为社会经济发展带来了新的模式。

随着技术手段的日益完善，电子商务的发展越来越成熟，并成为新的经济增长点，互联网所创造的财富也日益增多，很多行业开始利用电子商务来寻求新的发展。就全球而言，酒店业早已处于网络信息的包围之中，认识并开始应用电子商务。酒店电子商务体系是当今酒店业发展的必然趋势。

### (二) 日渐成熟的市场

据中国互联网络信息中心 CNNIC 发布的《第 26 次中国互联网络发展状况统计报告》显示，截至 2010 年中期，我国互联网普及率达 31.8%，截至 2011 年 6 月底我国网民规模突破 4 亿大关，达到 4.2 亿。这表明网络已成为我国经济社会中的重要组成部分。

随着国际旅游业的不断发展、网民数量的不断增长以及出游人次的不断增加，通过网络查询酒店并进行预订（包括在线预订和电话预订）的人也越来越多。越来越多的大型连锁酒店和单体酒店在为选择合适的网络分销渠道以吸引网民群体的购买而做出各种各样的努力。基于网络的电子商务已经是当前酒店业拓展市场、促进发展、提高销售额的主要手段。

### (三) 政府的政策支持

酒店电子商务是2001年启动的我国旅游业信息化工程"金旅工程"中的一个重要项目,而"金旅工程"是国家信息网络系统的重要组成部分,是覆盖全国旅游部门的国家—省—市—企业四级的计算机网络系统。"金旅工程"能够为提高旅游行业整体管理水平、运行效率,改进业务流程,重组行业资源等方面提供强有力的技术支持。同时,也能够为全面发展旅游电子商务、与国际接轨,为世界旅游电子商务市场提供服务。"金旅工程"可概括为"三网一库",即内部办公网、管理业务网、公众商务网和公用数据库。内部办公网将国家旅游局与国务院办公网相连,为国家旅游局提供一个与国务院办公网和各部门进行安全保密和内部文件交换的网络,实现内部办公自动化。业务管理网则着力建立一个旅游系统内部信息上传下达的渠道和功能完善的业务管理平台,实现各项业务处理的自动化。公众商务网主要建立一个可供各旅游企业进行供求信息交换、电子商务运作的中国旅游电子商厦,向旅游企业提供整套的电子商务解决方案。旅游企业可从事网上同业交易,为全球互联网用户提供旅游产品在线订购等电子商务活动。公用数据库则是以上三网的公用数据库。

### (四) 酒店的行业基础

从内部条件看,酒店业是我国较早同国际接轨、国际化程度最高的行业之一,具备了发展电子商务的基础。许多酒店较早开始应用计算机网络技术进行内部信息管理、客房预订等业务操作。早在20世纪80年代初,我国几家由国外集团管理的酒店就已经开始使用中央预订系统(Central Reservation System)。它是一种封闭的、归属特定企业集团、由集团成员共享的预订网络,具有排他性,较少对外开放。进入90年代,国内多家著名酒店使用了国际中央预订系统(CRS)。到90年代后期,以天马系统为代表的我国中央预订系统(CRS)进入市场。经过近20年的发展,已经获得了长足的进步及可观的效益。酒店信息化成为顺利开展电子商务的重要基础。

## 四、酒店业开展电子商务的步骤

从本质上讲,电子商务不是卖商品而是买需求。买进来的是客户的意见和客户的需求,然后根据客户意见改进服务质量,根据客户的需求设计服务产品,使客户对服务产品满意,从而能更多地购买酒店服务产品,达到销售的目的。电子商务采用主动型的方法,重点是如何去关注潜在的客户,通过电子商务的挖掘,吸引更多关注酒店产品的客户群体,即培养酒店的客户忠诚度。酒店开展电子商务一般经历以下五个步骤。

### (一) 酒店电子商务的市场定位

电子商务与传统营销不同,传统营销一般是单向的,而电子商务是双向的。酒店可以先通过自己的网站窗口,了解客户群体情况,同时了解客户的需求。如通过网上调查问卷、网络联谊活动、有奖访问和 BBS 论坛等形式,获取客户的需求信息,由此确定将哪些客房产品放在网上销售以及在网上的市场目标,为开展电子商务指定方向。

### (二) 确定电子商务的主要对象

根据酒店自身的产品特点,确定主要营销对象,通过网站的内容制作,来吸引这些群体访问。对于酒店来说,客户群体无非以下几类:年轻人客户群体、商务客人群体、中高档经济收入客户群体、中低档经济收入客户群体、休闲度假型客人群体。在确定电子商务的主要对象时,还必须了解和关注网络用户的群体分布,即通过关注网络上的客户群体,结合自己的产品特点,最后确定电子商务的主要对象。

### (三) 设计电子商务的内容

电子商务的最终目标是形成一定的客户群,并在近期能通过网络预订酒店客房或联系其他业务。这个最终目标是要通过设计具体的信息内容来实现的。客户对酒店的网络订房需要经过了解阶段、试用阶段和使用后阶段。酒店经营者必须注意每阶段的营销内容,精心培育网络客户群,使酒店的网络订房顺利通过培育期、成长期,进入良性循环的成熟期。

### (四) 确定电子商务的组合方式

一般电子商务活动主要有网络广告营销和网络站点营销两种网络促销方法,广告营销是"推战略"方法,站点营销是"拉战略"方法。酒店可以根据经营情况以及网络订房的开展情况交叉组合使用这两种方法,使网络促销达到最佳效果。该出击的时候就通过网络广告推出产品,以稳定网络客户群体;同样通过精心制作网站的信息内容,把潜在的客户群体牢牢地吸引过来,在网络上树立起良好的酒店形象。

### (五) 电子商务渠道的管理

国内的酒店大多数是中小型的单体酒店,其中大部分没有独立的订房和营销网站,依赖网络中介公司的预订网站得以开展订房和营销活动。酒店为了在网络上树立良好的品牌形象,必须不断地对各营销渠道进行信息沟通和协调,保证酒店在网络上营销的一致性、连续性和统一性。这是保证电子商务取得最佳效果的必不可少的管理内容,也是酒店网络形象所需要的。

在电子商务实施过程中,还必须考虑酒店的财力情况,制订一个电子商务预算方案。在因特网上开展营销,所有价格和条件都在变化之中,需要不断地学习和比较,确定一个最佳的组合营销方案,用有限的精力和资金,获得尽可能好的营销效果,使酒店的网络订房真正产生经营效果。

## 第二节 酒店电子商务功能

### 一、酒店电子商务业务特点

**(一)信息电子化**

在信息时代,企业或组织接收的信息庞大,从庞大的信息中找出所需的准确信息是企业运作的关键。旅游电子商务使信息电子化,有利于收集和利用信息,培训和管理员工,辅助经营决策,从而更好地服务顾客。

**(二)营销电子化**

随着网络技术的日新月异,网络营销对酒店业的影响越来越大。旅游电子商务集营销功能、艺术设计、信息展示、技术支持于一身,从而有效地实现了酒店与顾客之间的一对一的互动沟通,有利于吸引国内外客人、为顾客设立个性化服务、维持长期客户关系、以信息化为纽带与其他饭店结成营销联盟。

**(三)业务流程电子化**

旅游电子商务使酒店的业务流程实现网络运营,便于加强对基层人员的监控并使他们的日常作业实现信息化和规范化。同时能够为顾客提供及时、快捷、完美的服务,让顾客感受到真正的现代化酒店服务。

### 二、酒店电子商务功能要求

**(一)国际化**

中国旅游酒店电子商务必然走向世界,同时也面临国际饭店集团的挑战。就网络本身的功能与特性来说,它突破了时间和空间的限制,有效地打破国家和地区之间各种有形和无形的壁垒,促进国家和地区对外的交流。随着我国与世界经济联系日益密切,电子商务的国际化趋势将更加明显。

**(二)多元化**

多元化即要求电子商务服务内容全面、规模大,能够满足酒店不同消费群体深层次的需求。随着中国网络用户的急剧增长和网民兴趣的多样化,旅游电子商务必须做到专业化程度高、产品定位明确,才能建立固定的客户群体。

**(三)个性化**

个性化的旅游产品正逐渐受到人们的青睐。酒店需要全面收集、提炼和整合不同消费者的需求特点,将这些信息加以细分,并有针对性地提供相应产品和服务,才能使客人得到最满意的享受。

## 三、酒店电子商务优势

### (一)有利于酒店形象的塑造

通过电子商务,酒店可以在网络虚拟空间树立酒店的企业形象,可以通过网络向顾客宣传自己的企业文化、企业动态、客房与服务,将酒店所有好的方面完完全全地展现在所有浏览酒店网站的网民面前。通过网络树立自身形象已经是酒店企业必须发展的一个重要方面。无论是中国还是世界,无论是五星级还是较低星级的酒店都在陆续创建并完善自己的网站,以期塑造良好的酒店形象。

### (二)有利于酒店科学地决策

信息化决策是以开放式互联网为前提,以信息为基础,采用先进的信息处理系统对信息进行采集、整理、筛选,从而做出经营决策的过程。酒店业是一个综合性的服务行业,人们的出行习惯、市场动向等是酒店必须要时刻关注的重要信息。因此酒店要在竞争激烈的环境中生存并快速发展,必须依靠电子商务对信息做完整的收集,并利用先进的信息处理系统进行分析,最终根据分析得出的结论采取相应的调整措施,保证酒店时时处于最优状态。

### (三)有利于酒店成本的控制

酒店建立电子商务之后,能够对采购的商品进行性价对比,实现规模采购和享受常客优惠。同时,也能够节约因缺乏信息化管理而带来的人力资本消耗,进而从多方面控制酒店的经营成本。

### (四)有利于酒店全球化发展

根据国外酒店业发展的一般规律和状况,酒店的布局与旅游者到访的目的地具有极强的关联性,本国的旅游者走到哪里,本国的旅游酒店就建到哪里。在经济全球化的趋势下,国际商务活动和国际旅游更加活跃,酒店业国际化势在必行。电子商务凭借有效和便捷的营销方式能够以最低的成本将酒店业务在全球范围内扩展。另外,电子商务体系的成功发展也有利于酒店企业的集团化进程。

## 四、酒店电子商务功能

### (一)扩展市场,增加消费群体

依靠互联网这个有力的工具,酒店的业务可以延伸到世界的每一个角落,在大力发展国内市场的同时可以开拓海外市场,将酒店产品信息传递到世界各地。酒店产品的信息在空间上得到扩展。不仅酒店所在城市的消费者是酒店的客户,全世界凡是互联网可以到达的地方的消费者都将成为酒店的消费群体。

### (二)优化提高对客服务效率

通过电子商务,酒店可以很好地展示产品和服务。通过在线的客服人员,酒店和消费者可以进行很好的沟通与交流,从而建立与客户良好的关系。通过网络,酒店可以更快速地发布自己的优惠信息,以吸引消费者,使酒店的资源更合理地安排,实现利益的最大化。最终以高效率的对客服务模式给酒店的发展注入了新的活力和无限商机。

### (三)形象化酒店产品和服务

酒店产品具有无形性的特点,生产与消费同时进行,必须购买产品才能真正体会到产品和服务。通过互联网,酒店可以形象地将产品展示在客户面前,从而增加了客户对酒店产品的信任度。

### (四)为客人提供个性化服务

通过电子商务系统将客人在入住酒店登记时所填写的个人信息反馈到酒店内部的客户资料库,酒店服务人员可以根据顾客的喜好,为其提供有针对性的个性化服务。比如在酒店房间里放置一些小礼物,为客人准备喜欢的饮品等。这样,一方面让客人更有亲近感,感觉自己得到了尊重和满足;另一方面能够吸引回头客,提高酒店的入住率。除此之外,组建会员网站、提供免费的服务或产品跟踪售后服务、节假日发送精致贺卡、推出新服务项目前通知会员并征求意见等人性化、个性化的服务项目都可通过互联网轻松完成。

### (五)优化和完善采购管理

综合国内采购管理的经验,做好采购工作的关键是充分利用比价原则。而快捷、可靠的信息源是运用比价原则解决采购问题的根本。电子商务的开展提供了售前、售中和售后的全过程服务信息,包括酒店需求事务的配置计划制订、价格查询、预订、支付、配送等所有环节,从而为比价选购提供了极为全面的信息源,为酒店节约了大量的人力、财力和物力成本。

### (六)应用现代客户关系管理系统管理客户关系

客户/客人是企业的一种很重要的资产,是企业在竞争中保持不败地位的关键。凭借网络,借助客户关系管理系统(Custamer Relationship Management,CRM),企业能更好地了解、服务于客户,改善客户关系,提升管理水平,降低企业经营成本,最终为企业赢得更大的利润。

### (七)应用企业资源计划(ERP)

企业资源计划(Enterprise Resoura Planning,ERP)是一个以企业会计为导向的信息系统,其目的是对企业的制造、配送和结算等环节的企业资源,进行合理的规划和管理。依托酒店内部网(Intranet)和外部网(Internet),企业资源计划能对企业的资源进行优化,更好地配置酒店资源,并通过整合酒店各部门的信息系统,对信息进行有效的管理,从而提高酒店内部各部门的运作效率和协调能力,更高效率地开展对外的电子商务。

## 第三节 酒店电子商务业务

### 一、酒店对客电子商务业务

#### (一) 酒店及产品介绍

由于所处的国家和地区不同,酒店各自具有的独特风格和特色,成为其取胜于其他同行的优势所在。酒店网站不仅可以全面介绍酒店的背景、发展状况及特色,还可根据市场定位推出不同风格的酒店产品,满足不同客人的需求。如凯悦酒店集团,其旗下的酒店共分四个品牌,分别为服务于一般客人的凯悦酒店(Hyatt);服务于商务客人的君悦酒店(GrandHyatt);服务于高级商务客人的柏悦酒店(ParkHyatt)及服务于休闲度假客人的凯悦度假村(HyattResort)。通过网站的介绍,让客人对酒店的产品有了详细的了解,有助于酒店的形象树立及产品销售。

#### (二) 酒店最新信息发布

面对随时变化的国际市场,酒店要及时调整其市场策略和产品组合以求在竞争中获胜。通过后台管理系统,向客人提供酒店最新的产品信息、价格及优惠政策,向公众发布酒店的最新动态以加强社会对酒店的信任和忠诚度,并通过网络与合作伙伴保持密切的沟通和联系。发布的酒店信息包括文字、图片、动画等,还可以根据需要做成不同语言版本,方便不同国家的合作企业和客人使用。

#### (三) 客户反馈系统

建立完善的信息反馈系统,使酒店的客人,不论是内部客人还是外部客人,均可以方便地通过网络反馈意见和建议。客户反馈系统的信息流向可以是上行、下行或平行的,相应的信息都及时出现在相应的位置,不管是通过电子邮件还是其他方式,都能确保信息及时、准确地到达信息接收者。也可以提供网络管理接口,由管理员通过网络直接查看客户的反馈,及时向客户进行问题解答等。通过客户反馈系统调查顾客满意程度,对调查结果进行及时的数据分析并提出解决方案,报请管理部门审批执行。

#### (四) 在线预订

基于互联网平台的酒店电子商务体系,一个最主要的对外功能就是利用网络进行酒店产品的销售和宣传。客人只要登录酒店的网站,就可以查询到酒店所有客房的状态及酒店配套设施供应情况,然后选定一项产品进行在线预订并得到电子确认。主要流程如下:

1. 注册、登录

支持用户的在线注册,通过后台管理员的确认,可以成为酒店的普通用户、VIP

用户、团体用户、单位用户或合约服务用户等不同客户。用户根据注册名和密码登录后才能进行预订。

2. 在线预订

用户通过系统,查询需要的服务是否有提供,如果有则可进行预订,预订的订单自动发送到管理员的电子邮箱,也可以提供网络管理接口,管理员通过网络直接查看客户的预订情况,通过网络进行确认。

3. 订单打印

通过系统的内部转换,将客人的预订订单打印成规范的格式,方便管理员进行订单管理和确认操作。订单打印后,可以发送传真由客户签字确认,这样就算是第一次使用酒店预订系统的客户也可以方便快捷地享受到酒店提供的服务,并且最大限度地保证了酒店的利益。

4. 在线支付

预订完成以后,用户可以通过银行信用卡进行在线支付。只有能提供在线支付的电子商务系统才可以称得上是真正的电子商务,虽然目前国内大多数旅游电子商务企业还做不到这一点,但这始终是电子商务发展的方向。

5. 用户管理

可以针对不同类别的用户提供不同的优惠等级,可以包括 VIP 客户、团体客户等其他客户类别。不同用户登录显示不同的价格,在后台进行价格等管理。

6. 后台管理

后台可以对预订情况进行管理以及确认。后台可以对注册用户进行管理,给用户分配不同的用户类别,以享受不同的优惠待遇。后台可以对客房进行管理,可以支持后台输入客房信息以及客房入住情况的信息,也可以通过专线连接客房数据库和网络查询系统,直接读取客房信息情况。

7. 其他

其他相关链接可以提供机票预订、航班查询、网上问讯等服务。

(五) 虚拟酒店服务

游客在入住一家酒店之前总希望能得到尽可能多的该酒店的信息,而在酒店提供的宣传册上,最多有一些酒店建筑、房间、餐厅及配套设施的介绍和一些图片,所得到的信息非常有限。网上酒店可以让顾客在选择酒店前就了解该酒店的位置、价格与类型等,然后通过选择虚拟入住,开始在网络上的酒店体验。虚拟入住系统使客人通过电脑屏幕,从抵达酒店门口、接受门童的服务开始,依次领略前台 checkin、客房入住、餐厅就餐、会议设施、健身娱乐直至 checkout 离开酒店的全部过程,然后选择最适合自己的产品进行消费。在我国,虚拟旅游(virtual tour)正得到更多网站运营商及旅游者的重视和认同,虚拟酒店的发展也必然需要更多的虚拟酒店产品来支撑。虽然视频显示受到带宽等技术的局限,但是作为一种重要的酒店产品种类和销售手段,它的发展前景是乐观的。

## 二、酒店内部电子商务业务

### (一) 网上采购

酒店经营需要大量的物资,采购量大、成本难以控制成为酒店经营的一大难点。而电子订货系统(Electronic Ordering System, EOS)在酒店的运用,可以在根本上解决这一问题。电子订货系统是指将批发、零售商所发生的订货数据输入电脑,即刻通过电脑网络连接的方式将资料传送至总公司、批发商、商品供货商或制造商处。因此,EOS 能处理从新商品资料的说明直到会计结算等所有商品交易过程中的作业,可以说 EOS 涵盖了整个商流。在网络技术迅速发展的今天,EOS 成为现代化物流管理中的重要环节,它使得零库存得以实现。在信息大量流入流出、交易额和交易频率越来越高的现代化商业社会,酒店业已没有很多的空间和时间用于存放货物。在要求供货商及时补足必要商品的数量且不能有缺货的前提下,必须采用 EOS 系统。作为现代化商流、物流管理的重要环节,EOS 潜在的经济效益是难以估量的。

### (二) 网上结算

在商业经济日益发达的今天,为客人提供信用消费成为酒店竞争的一大手段,然而由此引起的拖欠款却令酒店管理者们大伤脑筋。运用 IT 技术进行交易结算,可使资金周转更快捷、更经济。利用网络从事金融和贸易方面的活动,逐渐成为发展的潮流,随之相伴而生的电子化货币也向我们走来。今天,大多数的酒店和客人都是在持续一段时间的消费之后将一大笔款项支付出去,这种计算方法是笼统而不经济的。电子化货币使精确支付成为可能,当信用卡持卡者能够以小时为计算单位,向信用卡提供者或资金出借者给付借款,那么酒店对于费用和资金流动方式的控制将会比现在精确得多。同样,酒店也会使账户流动更加顺畅和迅速。

### (三) 行政管理职能

酒店作为一个企业,除了销售酒店产品和提供服务以外,还需要大量的行政工作来确保酒店组织内各机构的正常运转。酒店的内部网络将处于不同物理位置上的部门连接在一起,同步执行酒店管理层的各项行政政策和方案。通过内部网络系统,酒店高层领导将决策同时通报给酒店的所有部门,或者通过在线聊天工具进行网上会议,节约了大量的时间成本和资源,酒店内的许多行政传达工作由内部网络来完成,可以节省出大量的时间用于酒店经济效益的创造。

### (四) 信息沟通职能

内部网络不只是用来传达酒店高层指示的,基层部门完全可以利用它来相互沟通、交流，甚至向高层反馈基层的意见和建议。通过内部网络，这些信息可以完整、真实地传递给高层领导，从而保证了信息的原始和真实，对策的针对性和解决方案的有效性。

**（五）数据共享职能**

所有客人都是酒店的财富，也是酒店各个部门应该加以关注的目标。通过内部网络的数据库，可以得到相应客人的所有资料，便于对特定的客人提供有针对性的促销和个性化的服务。

**（六）整体的协作发展职能**

经济全球化的进程使得酒店的全球化发展变得越来越重要。酒店要依靠与战略联盟及合作伙伴的紧密联系来发展业务，向客人提供全程跟踪服务，相互间的信息和服务提供要及时、准确，才能保证协作发展的顺利进行。无论从现实技术、外部发展趋势，还是从竞争对手方面，建设基于互联网平台的信息网络化不但是切实可行的，而且是刻不容缓的。

## 第四节　酒店电子商务网络营销

### 一、酒店电子商务网络营销存在的问题

作为我国酒店新的营销方式，许多酒店逐渐重视网络营销在经营活动中的作用。但因为我国酒店网络营销的发展还处于初级阶段，与国际酒店比较成熟的网络营销相比还存在很多问题，还有一定的差距。我国酒店网络营销普遍存在如下四点问题。

**（一）酒店业的网络营销观念和意识落后**

我国许多酒店还没有真正认识到网络营销的重要性。对于从经营战略的高度去审视网络订房以及开展网络营销对酒店未来发展的重要性和必要性认识不足。他们仍然固守着传统的营销方式，没有认识到网络营销这一新的营销方式是酒店业21世纪的主流营销趋势；没有认识到网络电子商务正在彻底改变传统市场营销方式；没有按市场营销的原理来指导酒店网络营销体系的建设，因而国内众多酒店网站基本停留在门户网站阶段。由于自身网络营销意识淡薄再加上大部分酒店网络技术的落后，不会利用网络开发市场，在竞争激烈的行业中往往处于不利地位。

**（二）酒店产品和形象展示形式过于简单**

酒店的形象和产品是赢利的核心，许多酒店只是在网站中展示几张图片及简单的文字介绍自己的产品，顾客只能通过这些简单的介绍来考虑是否做出在网上预订的决策。然而不少顾客还是会因为信息过于简单而对酒店的产品和服务产生

怀疑,从而导致酒店利润的降低。

**(三) 网络营销模式选择与回报率低问题**

有些酒店通过加入全球分销系统(GDS),进行网络营销。虽有客源保证但需支付高昂的系统架设费用,同时 GDS 收取的预订代理费也比其他渠道的代理费高,上述原因使得全球分销系统这一网络营销难以被成为国内众多酒店选择的原因。以"Hotel bank"为例,虽然能为酒店带来全球性的客源,但与此同时全年需要支付的维护费和年费也成为酒店的一种负担。选择怎样的模式才能更好地发挥网络营销的效果又能够节约成本成了许多连锁酒店要实现成功营销而迫切需要解决的问题。

**(四) 电子商务服务与网络脱节现象严重**

开展电子商务的酒店往往会把网上业务和网下业务分开单独进行处理,这样很容易造成两者的脱节。比如酒店的预订处没有及时确认客人的网络预订单,从而无法为预订客人安排客房,引起客人对酒店的不满。还有一种情况是很多酒店网上提供的预订服务不是直接通过中心数据库处理的,不能实现票据、单据的实时查询。顾客必须进行较长时间的等待才能得到回复,这在某种程度上减弱了顾客的兴趣,并最终影响网络营销的实际效果。

## 二、酒店电子商务网络营销体系

酒店在进行产品的市场营销计划组合中,要充分考虑市场营销学中 4P'S 因素的影响。传统的酒店营销体系虽然已经较好地完成了产品的营销,但借助电子商务体系,可以更好地促进产品的营销。

**(一) 产品策略**

根据酒店所能提供的产品大类和产品项目,酒店要针对目标市场,设计出符合不同客人需求的产品组合,并在企业网站上将其充分地推广。另外,旅游者的需求不会是单一的,在入住酒店的同时往往伴随着旅行、交通、会议等需求。因此,酒店要与合作企业共同探讨,推出针对不同国家、地区或消费水平的系列旅行服务。

设计出的产品组合要通过个性化服务的特色来达到真正的营销效果。从客人开始有购买欲望之前,网站所担负的宣传环节就要充分表现出服务的意识,主要表现在网页的设计和信息的更新速度上;进入预订环节,在线预订表单设计是否人性化,发送速度的快慢,都会影响到客人对酒店产品的印象;客人从办理入住手续开始,到接受客房、餐饮、娱乐部门的服务直至结账离开酒店,酒店的服务人员为客人提供的是面对面的服务。虽然服务本身并不带有电子商务的色彩,可是对客人的整个接待过程却是客人信息在酒店内的流动过程,每个岗位的员工通过酒店内部网络获得客人的详细资料,并据此提供个性化的服务。

在酒店的网络营销过程中,顾客只能通过酒店的网页来了解酒店的产品,从而做出预订决策。因此搞好网页设计和"虚拟客房"建设将是酒店制定产品策略的关键。

### 1. 网页设计

酒店网页设计所追求的效果,简单地说是精致与方便。具体应注意以下几点:第一,酒店的主页应能够给顾客比较强烈和突出的印象。第二,网页结构设计合理,层次清楚。顾客可以从主页的目录中得知自己应查询的方向。第三,网页的内容应全面,尽量涵盖顾客普遍所需的信息。第四,网页的链接应方便浏览,传输速度和图片下载速度快,应注意避免无效链接、调不出图形等情况存在。面对网上如此众多的网页,酒店通过节省顾客的时间从而吸引顾客就是在给酒店网络营销创造机会。

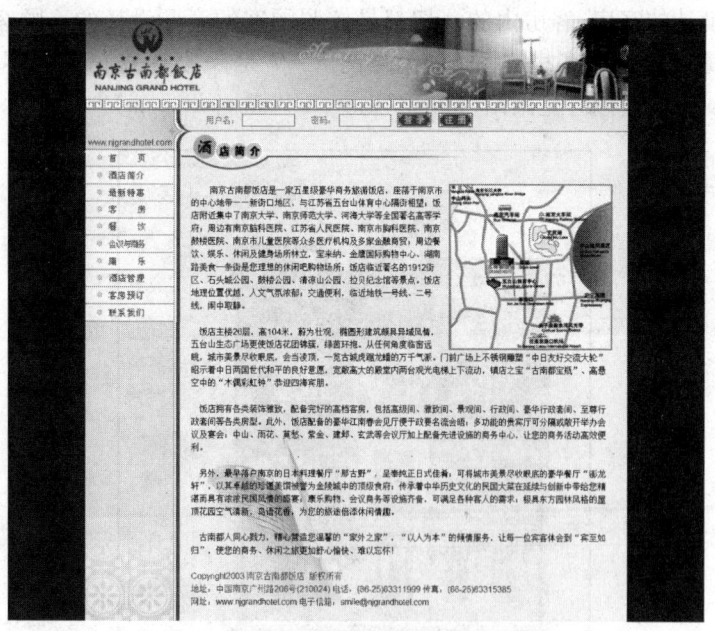

图5－3　南京古南都饭店网站首页

### 2. 虚拟客房

顾客在购买产品前对将要购买的产品要有一个了解。在传统营销中酒店的顾客在预订客房前不可能先到自己将要预订的客房里参观一下再做决定,而网络营销却可以满足顾客的这种需求。酒店利用电脑和互联网这种高科技手段营造一间"虚拟客房",让顾客不仅能够对将要预订的客房有一个全方位的了解,更重要的是可以在"虚拟客房"内设计出自己喜爱的客房,从而真正使酒店客房的有形产品、无形产品和无形服务达到最佳结合。顾客只要在酒店主页的醒目位置用鼠标点击按钮,屏幕会立刻从平面进入一个立体空间。顾客就可以进入酒店的"虚拟客房"进行参观和设计。

首先屏幕上为顾客开门的是穿着考究、面带微笑的服务员,她引领顾客进入客房,为其开窗,沏茶,开音乐,并在一旁用悦耳的声音为顾客作客房介绍。屏幕也会随着她的介绍依次为顾客展示客房全景、家具设备、房顶装饰、地板花纹等。展示完毕以后你还可以移动鼠标查看新的服务项目,了解客房按钮使用方法,甚至还可远眺窗外景色。如果顾客对所"参观"客房很满意的话就可以进行确认预订。如果觉得有些地方还不太令自己满意,如窗帘的颜色、屏风的摆放、楼层的高低,顾客只要把自己的要求输入计算机,稍等片刻酒店就会答复。如果你的要求酒店可以满足的话,酒店将会再一次邀请顾客进入"虚拟客房"。不过这一次顾客所看到的将是自己设计的客房,客房内的一切都是按照顾客的意愿设计的。顾客也就有了一间真正属于自己的客房。图5-4至图5-7是一家捷克精品艺术旅馆 Felix Zawojski hotel 的虚拟导览网站(http://www.felixzawojski.com)。

图5-4　首页上是旅馆立面图,可以选择不同楼层

图5-5 透过房间三维影像看客房装潢与设备

图5-6 透过房间三维影像看浴室装潢与设备

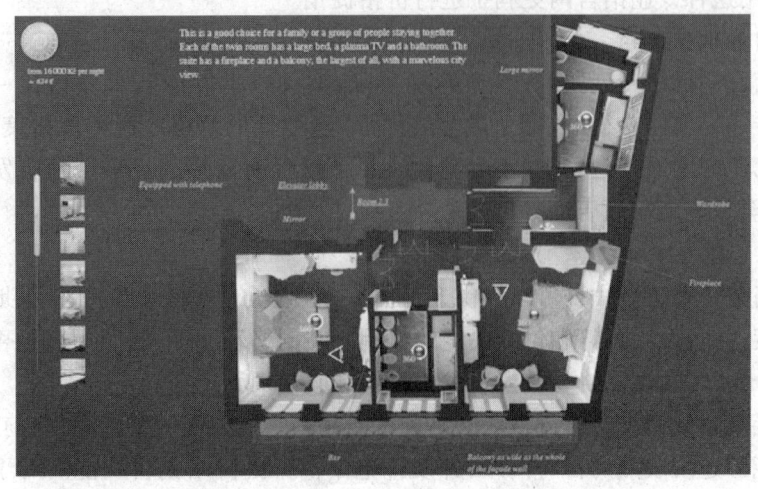

图5-7 利用三维立体平面图切换不同观看位置与楼层

### 3. 短信平台与 WAP 站点

为了让顾客能够随时随地了解酒店预订服务、发布优惠信息和维护老客户等活动,酒店可以根据需要组建自己的短信平台和 WAP 站点。利用短信平台接受客户的预订信息并及时反馈预订情况,或者针对一些老客户的消费积分情况,通过发送短信通知他们能够享受到的优惠待遇和免费服务。这样既扩大了酒店的销售渠道,又方便了客户,而且对老客户的维护也更体贴入微。随着移动通信技术的发展,无线互联网用户大大增加,酒店通过建立自己的 WAP 站点,能够提升酒店在顾客中的形象和知名度。

## (二) 价格策略

价格是酒店经营特别是营销过程中最为敏感的问题。但同时,价格是电子商务营销方式的一个优势。具体来说,酒店网络营销的价格策略应做到以下几点。

### 1. 进一步降低价格

由于网络营销使企业的产品开发和促销等成本降低,因此酒店可以进一步降低客房的价格。并且由于网上价格具有公开化的特点,顾客很容易全面掌握其他同类客房的价格,因此应增加客房定价的"透明度",建立合理的价格解释体系,向顾客提供客房相关产品的定价,并开诚布公地在价格目录上介绍客房价格的制定程序,从而消除顾客对酒店客房价格的疑虑。

### 2. 与旅行网站合作

旅行网站是在互联网上专门从事旅行服务,包括酒店预订、机票订购、景点介绍等服务的网站,比如携程旅行网、艺龙网等。其主要优点在于价格比较便宜和方便顾客查询。酒店与相关旅行网站合作,一方面可以通过低价吸引网络顾客,另一方面,利用这种专业销售网更利于进行价格促销。

### 3. 团购低价促销

酒店利用网络开展团购,参与的顾客可以获得"批发价",即获得比一般的散客通过专业销售网获得的"网上散客最优价"还要低的价格。这种价格策略,一般要依托第三方网站平台,比如去哪儿网。目前已经有众多的经济型酒店发起团购促销,甚至一些高端酒店也参与进来。

## (三) 渠道策略

网络分销渠道是一种可以提供充足信息,使适当的人在适当的时间、地点做出购买决策,并且做出预订和付款决定的机制。在网络环境下,按照酒店是否利用网络中介分销产品,将网络分销渠道分为直接和间接两种。

直接网络分销主要通过自建网站进行商品销售。由于成本较高,目前,只有大型酒店能够建设成熟的自有网站,并发挥电子商务的网络销售功能。对于中小型酒店来说,通过自建网站开展网络分销仍然存在困难。随着技术的进步,直接网络分销占有的比重将越来越大。

间接网络分销是指酒店利用网络中介来分销自身产品,交纳一定的加入费并根据成交量来给予服务提供商一定的佣金,这些中介机构包括全球分销系统(GDS)、旅游电子商务平台(大型酒店集团的中央预订系统 CRS、旅游门户网站等)、旅游目的地电子商务系统(DMO)等,具体如下。

**1. 全球分销系统(GDS)公司**

以航空公司为背景的电脑预订系统公司,在 1978 年美国航空自由化政策问世之后取得了重大的发展。全球分销系统销售有三个主要特点:一是间接销售,通过吸纳成规模的酒店集团的产品,把这些产品储存在数据库中,通过网络与安装有终端的代理商实现面向顾客的销售,于是酒店组织、旅行社和全球分销系统都可以看作是产品的提供者。二是细分市场多样性。全球分销系统(GDS)的市场范围包括豪华、高端、中端、经济型等不同类型。三是全球覆盖性:四大全球分销系统(GDS)公司分别将各自的旅行产品数据库通过专门网络与各地代理商的计算机预订终端相连,实现了全球分销的目的。

**2. 大型酒店集团的中央预订系统(CRS)**

这种网络系统由集团所属酒店的电脑构成网络。客人如需要预订该集团内任何一家酒店的客房,可以通过该集团的订房系统进行网上预订。

**3. 专门的旅游网络服务公司**

专门的旅游网络服务公司也叫饭店代表公司(Hotel Representatives)。能够加入全球分销系统是连锁公司所属饭店同独立饭店相比的主要优势,它们可以通过集团的中央预订系统接入全球分销系统以实现其产品的全球网络分销,独立饭店因不具备这样的技术条件而无法加入这一系统。饭店代表公司就是帮助中小型饭店组织接入全球分销系统的,它们是中小型饭店在全球分销系统上的代言人。这类饭店代表公司如 Expedia 和 Hotels 等。

**4. 目的地电子商务系统(DMO)**

这类网站主要是政府性网站,旅游者可以从网站上了解到目的地的各个方面的旅游产品,并进行预订,同时也可以在线咨询和投诉等,这类网站如中国旅游网、云南旅游网等。直接网络分销是指饭店不通过网络中介商分销自身产品,而是通过自身建立的网络平台来分销产品。某些饭店集团已经从自建网站直接销售中获得了较大的收益。据统计,万豪、希尔顿通过自有网站的直接销售收入与通过网上中介的间接销售收入之比已经高达 3:1。而从消费者角度来说,他们也不愿意在中间商那里多花钱。

**(四)促销策略**

网站推广的方法众多,广告、病毒式营销、口碑传播等都比较普遍,但对酒店官网来说并非全部适用。酒店需要从酒店品牌、目标客户、用户特征与用户需求等方面考虑，选择有效方式。

### 1. 搜索引擎营销

随着网络的发展，网络信息呈现指数级增长，搜索引擎成为网民查找网络信息的首选工具。而基于搜索引擎的营销也成为酒店网络营销的重要方式。这种方式具有推广范围广、针对性强的特点，对于酒店吸引国际顾客很有效。酒店根据自身情有况针对性地购买与酒店服务相关的关键词，使潜在顾客能够通过搜索引擎找到酒店的网站，增加网站的浏览量从而增加酒店订购。

### 2. 交换旗帜广告

相比之下旗帜交换广告这种形式更适合于酒店。简单地说，旗帜广告交换网络的运行机制就是酒店制作一个宣传自己的旗帜广告并将自己归到酒店这一行业类型中，然后根据酒店网页中交换服务网络图标被看到的次数，按照酒店所选择的类别等量地送到别的站点中展示。这种广告形式具有免费、接触面广和即时统计等诸多优点。但同时酒店也应加大自己的网站促销力度以提高访问率。

### 3. 网络硬广告

在网站投放图片广告、文字链是传统而常见的网络推广方式。其特点是投放及时、涉及面广、形式和内容灵活但成本稍高。就网站来说，门户网站、垂直搜索网站、商旅网站、大众旅游社区都是可选对象，它们的用户特点与潜在用户量也存在很大差异，需要进行市场调研，进行有针对性的广告促销。

### 4. 电子邮件营销

作为维系用户的直接纽带，电子邮件营销优劣势均明显。基于用户订阅的电子邮件和对非确认邮件列表发送的广告邮件，带给用户的是截然不同的感受。但无论如何，切合用户自身利益、内容富可读性、链接具有有效性及图文正常显示等问题，将会使用户对这类电子邮件易于接受。

### 5. 互动式推广

旅游主题的线上互动活动，是源自旅游社区的运营推广经验，它能在一定时期内"利诱"用户关注和参与，并贡献内容或流量。酒店网站的推广同样可以借鉴，以此发展潜在用户。线上活动要注意参与广泛度、操作简便度及活动的公开公平性。就用户习惯来说，让网民上传图片比上传文字容易，让网民写一段话比做一篇文章更便于其参与。

### 6. 利用其他网站

这主要是指利用现有的各类网站资源进行网络宣传，宣传方式如网络广告、相关链接等。但这种方法不是每个酒店都可以采用，要受到各种条件的限制，但可以将其看作是一种电子商务的辅助手段。使用这种方法的原则是要用最少的资金投入获得最大的宣传效果。随着科学技术的不断发展和进步,酒店电子商务将获得更多的发展空间,酒店也将从中获得更大的利益。酒店应分析自身的特点,确定投入的方向和投入比例,使电子商务的发展获得最大的效率。

**7. 其他推广**

就网站的特别功能进行推广,或利用论坛、名人博客、事件炒作进行软性宣传也是酒店网站推广中可以兼顾的其他手段。但采取这类方式须注意避免因低俗化影响品牌形象,最好切合用户真正需求,更多与酒店结合,譬如从用户点评、入住心得故事等切入。

## 第五节 酒店电子商务模式

随着信息技术的发展,各个行业纷纷引入了信息技术,酒店业也随之引入了电子商务。电子商务在酒店业的应用模式有很多种,并且根据不同角度有不同的分类。

### 一、运作模式

从整体产业看,电子商务在国内应用形式主要有 B2C(企业对市场消费者的电子商务)和 B2B(企业对企业的电子商务)。

**(一)B2C 电子商务**

B2C 电子商务通过网络在线与客人进行旅游产品的预订、宣传,是酒店与客人的电子商务,投入较大。它们出售的主要商品是客房与餐饮娱乐旅游产品。因而,B2C 电子商务的主要功能为网上交易和网上推广宣传。

**(二)B2B 电子商务**

B2B 电子商务主要是酒店对旅行社、交通运输部门的电子商务。此类电子商务的普遍做法是酒店专线与全球定位系统联机,并利用其提供的接口与旅行社进行旅行接待商务往来、与航空公司进行机票订购与出售的在线交易等。与专业的电子商务营销网合作,构建 B2B 的电子商务模式。在今天这个时代,社会的分工越来越细,市场的区分也越来越细。就目前全球酒店业的电子商务营销而言,通过与专业的网络中介进行合作,构建 B2B 的电子商务模式来拓展市场已经在酒店的整体营销中占据了较高的比例。

### 二、建设模式

**(一)第三方平台与企业进行合作的模式**

旅游交易网作为旅游产品与服务的经销商,网站通过建立数据库,将与酒店相关的资源信息收录到数据库中,其中包括酒店客房数、房间价格、折扣、餐厅及特产购物等相关信息,满足游客各种不同的需求。同时这类第三方旅游交易平台可实现在线购买功能,并可以通过网上银行完成在线支付。这类网站还可以提供天气预报、展示酒店房间实况等其他各方面功能。中小酒店由于人力、物力以及财力的限制,不能够建立独立的网上交易平台;规模大的酒店在资金和技术上具有规模优势,能够提供丰富的信息并将其电子化,大型酒店发展旅游电子商务的条件比较成熟;大型旅行社组建自己的网站后可以将其逐渐发展为一个交易平台,可以提供专线服务与成员酒店的数据库进行连接,通过交易平台完成在线实时预订。第三方平台主要包括以下两类。

### 1. 旅行社网站以及各类旅游网

由于旅行业的发展以及信息技术的突飞猛进,旅行社网络化发展已相当地成熟。旅行社与酒店企业有着合作伙伴的关系,旅行社作为酒店的最大代理商,它们常年为酒店企业引来整批的顾客,也为酒店带来了占总利润相当大比重的收益。

在中国,此类基于互联网的旅游网络发展至今已经数以万计,其中较具代表性的有"华夏旅游网",由中国最大的旅行社——中国国际旅行社总社创办。

图 5-8 中国国际旅行社网站酒店模块

### 2. 专业的中介代理商以及综合网站

旅游电子商务的无限商机使得许多网络、中介公司纷纷加入这一领域。中介代理商主要依靠收取代理费、服务费而生存,电子商务的出现使它们在成本的控制上做得更加成功,利用电子商务它们将从中介服务中获取更大的利润。此类的网络渠道包括:携程网、同程网。

综合网站也注意到了这一点,当然并不排除它们设立旅游频道是出于扩大网站的信息范围、使网站信息更全面等的考虑。它们陆续地开通了自己的旅游频道，提供网上代理旅游、票务客房预订等服务，虽然效益比起旅游网站来说仍显逊色，但也已成为许多顾客预订酒店客房的一种方式。

**（二）酒店自己建立电子商务平台的模式**

中小型酒店由于没有足够的资金，选择租用第三方平台的形式推广酒店电子商务。然而一些大型酒店实力雄厚，资金充足，它们有能力建设自己的网站预订系统。建设预订系统一方面可以树立自己的品牌形象，使顾客了解到酒店旗下所有连锁酒店的信息；另一方面可以增加消费者，尤其是那些被酒店网站页面吸引的潜在消费者。为了提高酒店知名度，增加酒店的效益，每个大型酒店都在积极地建立自己的网站预订系统。

**（三）形成联盟，构建集体的 B2C 的电子商务模式**

所谓联盟，其实是一种相对松散的集团化，是单体酒店提升市场竞争能力和扩大营销范围的一种策略。各个单体酒店通过一定方式形成一些联盟，在一定程度上可以聚集资金、信息以及其他的一些相关资源，从而提升自身的品牌知名度，形成可以与酒店集团相抗衡的竞争能力。而同时，联盟的方式也可以克服单体酒店本身的"孤岛角色"，通过资金共担、利益共享、专业技术团队的组建等方面的联盟合作，更好地开展网络电子商务的营销工作，形成联盟集体的 B2C 的电子商务方式。

**（四）业务外包，以 ASP 的模式构建电子商务平台**

业务外包是将酒店建设和维护自己的具备在线销售互动功能网站的这一业务外包给专业的 IT 公司，由合作方的应用服务供应商（Application Service Provider, ASP）来为酒店建立自己的网络营销平台，并负责日常的业务流程的维护与升级等业务，最终通过营销业绩分红的方式进行战略合作的商业运作模式。事实上，这样的业务外包战略合作的方式既能解决单体酒店自身在资金、技术等方面的不足，同时，也为 ASP 提供长期的利润来源。在 ASP 模式下，强调的是应用系统的使用权而不是所有权，酒店不拥有应用程序，也不需要负责对程序内外部的维护，但双方共同负责必要的推广，通过资源与技术的有效合作追求"共赢"的合作结果。

**（五）网络虚拟连锁特许经营的模式**

该模式的代表性企业是万万家酒店软件公司，通过免费特许加盟的方式，使所有加盟万万家网络的酒店能够使用其销售网络，向终端顾客提供酒店房间。而每一家酒店的客房资源和销售资源可以实现共享，也可以从任何一家酒店销售中获取相应收益。

**（六）客户端软件及短信平台模式**

客户端软件模式的代表性企业是上海德比公司，酒店通过连接到客户端的软件,实现对酒店自身营销的灵活控制与管理。网络短信平台模式的代表性企业是中国订房联盟,使用该联盟平台的酒店可以通过网络短信与平台进行相关业务信息的传送与确认,并与顾客及时进行短信沟通。

### 三、不同主体模式

由于国内旅游酒店的资本、成立时间及经营形态各不相同,信息化程度及能力也有差异,因此旅游酒店要创造自己的风格,使自己不可取代,须建立符合自身发展的电子商务系统。

#### (一)高端酒店

高端酒店要更好地发展电子商务,可以依赖三种途径:利用企业自身网站、利用旅游中间商和利用其他网站。这三种途径已经在探索之中。不少高端酒店已十分重视自身网站的建设,并与携程、艺龙、同程等旅游中间商网站进行合作。而利用其他网站也不难实现,如某互联网公司推出的全球高端酒店品牌传播平台——七星酒店网,便是一个很好的选择。因此,充分利用电子商务来改善自身的困境对高端酒店来说已有一定实践基础,只要继续加大投入,找准方向和方法,是一定行得通的。

#### (二)经济型酒店

在酒店行业中,经济型连锁酒店的销售增幅引人注目,成为投资的热点。不可否认,高性价比是经济型连锁酒店的最大优势,而金融危机也给经济型连锁酒店带来了良好的发展契机。但经济型连锁酒店的快速发展除了因为金融危机带来的机遇外,还因为插上了电子商务的翅膀。锦江之星、7天、如家等知名经济型连锁酒店就是借助电子商务迎来了广阔的发展空间。可以说经济型连锁酒店是酒店行业电子商务的先行者和开拓者。

连锁型经济酒店电子商务平台成本更低、流程更简单,虽然价格压得较低,但仍能保持一定利润。它们一方面最大限度地优化订房模式,满足来自不同渠道的客商订房需求;另一方面,则在减轻前台、呼叫中心压力的同时压缩了销售成本,从而实现了价格上的竞争优势。除了网络订房之外,顾客还可通过短信,手机 WAP 等多种终端方式进行经济型连锁酒店的客房预订。

#### (三)单体经济型酒店

建立虚拟酒店联盟,即以互联网络和全景电子商务系统为纽带组成一个松散的市场营销的战略合作组织。通过注册会员同享、营销政策协同、采购信息互通等方式达到类似连锁经营的目的。

借助互联网络、分布式数据库软件应用等现代化信息技术提升企业的网络营销能力。在利用互联网进行对外网络营销的同时,实现了企业内部的资源整合与信息共享，通过内外整合的电子商务平台实现资源信息、财务信息、产品信息、客户信息的高度融合，并在此基础上实现数据分析和商业智能，为企业经营管理决策提供服务。

## 第六节　酒店电子商务建设

### 一、酒店电子商务建设原则

酒店的电子商务并不是酒店某一个具体的部门所单独使用的手段，而是要在酒店内建立一种新型的运作系统，发挥电子商务的信息沟通优势，将酒店内各个部门组成一个大的信息网，建立统一的管理制度、经营标准，以达到信息共享、协同发展的目的。在酒店内部执行统一的服务理念和标准，在酒店外部遵循统一的合作规范，树立良好的企业形象。实现这些目标，要遵循以下原则。

#### （一）经济性原则

相对于传统酒店企业的经营管理模式和宣传促销手段，构建电子商务体系所遵循的第一个原则就是经济性原则。现代酒店企业从产生到现在已经历了近半个世纪的发展，各项管理制度和经营模式已经非常成熟，尤其在一些世界知名的酒店管理集团内，其经营管理已经形成了一套非常完善的体系。企业价值最大化是现代企业追求的经营目标，一种新的经营管理模式要取代传统的模式，除非在经济性方面有能够取代旧模式的独到之处，能够显著地提高投入产出比，降低交易成本和管理费用，给企业带来足够的经济效益。不论是通过企业网站进行酒店的对外宣传，还是在线的酒店产品介绍，抑或是通过内部网络进行酒店的内部管理，电子商务都为企业提供了一种更加经济实用、低值高效的经营方式。

#### （二）网络性原则

目前在一些高科技企业中出现了网络组织的雏形，这种组织将企业视为一组为完成特定任务而组成的横向工序流，而不是纵向的由各个职能部门组成的层级结构。酒店电子商务体系的构建也适用这一原则。酒店的电子商务体系是由各个部门组成的联盟，而不是严格的等级排列。在工作中彼此的关系是相互依赖、相互帮助，与决策机构的地位也是平等的。酒店的决策部门和管理层只是决定和调整企业的战略方向，保证各部门的相互合作，形成一个整体的酒店系统，而实际工作由各部门来完成。由于每个部门都是网络结构中的一个中心，可以根据自己的情况及时进行应对市场变化的调整，又由于每个部门都与其他部门保持着广泛的联系，不仅促进了知识与经验的交流，也使得各部门的适应性调整有充分的知识和信息基础，因此，网络性原则下的酒店电子商务体系是一个适应型、学习型的组织结构。

### (三) 内外兼顾原则

酒店企业的电子商务体系是由内外两个部分构成的,这也就决定了酒店要兼顾外部经营环境和内部管理环境两个环境系统。通过外部网络与酒店外部环境建立良好的信息沟通和交流,有效改变外部环境的不利影响;同时,通过内部网络解决管理环境的问题,降低信息传递的成本,提高管理的效率和效能。两个部分之间有沟通的桥梁,还应具有各自独立的系统。酒店在借由电子商务体系进行企业经营管理时,一定要注意两个方面的平衡和协调,不能偏重于任何一方,否则电子商务体系会失去其先进性的意义。

### (四) 战略性原则

所谓战略,指的是企业在符合和保证实现企业使命的条件下,在充分利用环境中存在的各种机会和创造新机会的基础上,确定企业同环境的关系,规定企业从事的经营范围、成长方向和竞争对策,合理地调整企业结构和分配企业的全部资源,从而使企业获得某种竞争优势。对于酒店来说,就是要解决电子商务体系在空间上的全局性和时间上的前瞻性问题。通过电子商务体系,酒店能够更好地执行企业的战略决策,确保其战略目标可以通过这种运营模式顺利实现。

## 二、酒店电子商务建设步骤

### (一) 设立网站介绍自己的酒店产品和相关服务

设计精美、内容丰富的酒店网站是酒店展现给访问网站客人的第一印象,并很大程度上决定了客人是否会继续浏览下去以获得更多的信息。因此,酒店网站的设计非常重要,不光要提供酒店所有产品和服务的信息,还要在显著位置标示现酒店的 LOGO 和标志性特征,以给客人带来强烈的视觉冲击,加深其印象。适量的友情链接可以扩大酒店产品的深度和广度,因而也是必不可少的环节。

### (二) 允许网站访问者与酒店之间产生互动

通过实时通信、网上聊天室、信息公告牌等形式实现信息的互相交流,使网站访问者能够通过网络和酒店产生互动,并从交流中获取更多的信息。

### (三) 重新设计酒店所有产品的组合

在积累了大量的网站访问者信息后,酒店可以根据客人的需求重新进行酒店的产品设计和组合,并完善网上预订和支付系统。

### (四) 电子商务体系与酒店后台业务的整合

酒店网站的建设初见成效后,就要进入电子商务体系与酒店后台业务的整合工作。将酒店网站所提供的产品和服务与酒店内相应的部门连接起来,通过内部网络和外部网络进行实时的沟通和交易。重点要放在电子商务体系系统化建设和电子商务解决方案的设计上。

完成了这几步,标志着酒店已经与全面网络经济的时代接轨。酒店利用已知的或全新的电子商务模式来联系客人和合作伙伴,同时也对企业自身进行全面的重组。通过酒店及相关企业间这种传统价值链的相互重组,将衍生出代表网络经济中企业高度专业化及网络化的酒店电子商务体系。

### 三、酒店电子商务建设内容

#### (一)基础设施建设

酒店电子商务体系构建的基础设施主要包括硬件设备及软件系统。硬件包括服务器、工作站以及其他网络通信设备和媒介等,它们主要负责在酒店内部实现企业内部局域网并可随时连接到互联网。其中服务器是系统中为其他计算机或设备提供网络资源服务的计算机或设备。通常我们所说的服务器=计算机+服务系统软件,它不仅储存和整理企业内部数据库,还负责企业内部与互联网的连接和对企业内部各工作站的管理等。工作站则是网络中由用户操作上网,使用服务器资源的计算机。简单地说,它就是企业内部各部门所使用的计算机,因此在体系中对工作站的要求并不高。一般的微机都可以作为工作站,但对服务器却要求较高,由于它必须为其他服务器提供相关网络资源服务,是整个体系的核心,必须具备大容量、高速率等条件。其他中介设备主要有适配器、网线、集成器等,这些媒介不仅起到连接服务器和各工作站的作用,还在网络安全等方面发挥不可替代的作用,它们必须具备大的数据吞吐量、稳定性等性能。现今企业专用网通常必须设置防火墙,通过网关、各种协议和各种加密技术来确保企业信息系统和企业内部网络的安全。事实上,以上硬件要求对于如今的每个星级酒店来说,都并不困难。准确来说,这是实现企业信息化最基本的条件。对于每个渴望借由信息化来提升竞争力、增强运作效率的酒店来说,硬件的投入只是前期的工作,困难的在于后面系统技术上的投入和维护。

此外,软件系统也是不可或缺的组成部分。一般来说,相关的软件包括:操作系统平台(如 WindowsNTServer、Unix、Linux 等)、WWW 服务软件、浏览器软件、数据库软件(oracle、SQL 等)、编程软件(如 Java、C++、PHP 以及 Flash 等网站编辑软件)和系统安全软件(如杀毒软件和防火墙等)。电子商务体系的软件系统比较复杂,与传统的 MIS 系统有着较大的差别。传统的 MIS 系统着重考虑功能,而电子商务体系则对体系的安全、运行速度、运行效率等方面的要求非常高。在软件系统的结构方面,电子商务需要考虑的问题主要有数据输入、数据管理、数据导出、智能与个性化设计及安全控制等。软件系统的选择不仅需要与其硬件配置相匹配,而且应当依据体系设计整体的方案,即软件系统一定要与体系设计要求相吻合。

## (二)外网[①] Internet——构建酒店企业网站

网站是酒店企业面向外界的窗口。通过 Internet 可以实现远程预订、远程访问酒店内部网络、查询经营情况和电子邮件、进行运营控制、企业集团经营数据汇总传送、预订确认,电子促销、信用卡支付确认、发布公司动态信息及对外宣传等。在酒店的网站上,首先是网站的主页使浏览者有了对企业的第一印象,而后,酒店的 CIS 形象设计,酒店的徽标、标志性形象体现,以及通过播放介绍酒店的 Flash 动画或 VCD 片段等生动的表现手段,突出了酒店的企业文化底蕴与精髓。网站主要内容应包括以下五方面。

### 1. 酒店及产品介绍

通过酒店的网站,可以对酒店的背景、实力及特色进行全面的介绍,同时,可以推出不同风格的酒店产品,满足不同地区和不同爱好的客人的需求。通过文字图片及三维动画等方式,生动地介绍酒店的背景和发展状况,在相当的程度上可以起到促进销售的作用;对酒店各种设施(客房、餐饮、休闲娱乐及会议设施)的介绍,使不同消费目的的客人可根据自己的需要选择不同的产品。无锡锦江大饭店就是根据不同的市场定位,通过外联网针对不同的细分市场对自己饭店产品进行介绍宣传,并分别冠以不同的品牌名称,以此来吸引不同的客人。

### 2. 酒店最新信息发布

面对随时变化的国际、国内市场,酒店要及时调整其市场策略和产品组合以求在竞争中获胜。通过后台管理系统,在外网上向顾客提供酒店最新的产品信息、价格及优惠政策,向公众发布酒店的最新动态以加强社会对酒店的了解,还可以通过网络和合作伙伴保持密切的沟通与联系。信息的具体表现形式包括文字、图片、Flash 动画等,可以根据需要做成不同语言版本,方便不同国家的合作企业和客人使用。目前,在我国高星级酒店的网页基本上都做成中文和英文两个版本,同时根据主要客源的不同,可以设置第三种、第四种语言版本。

### 3. 客户反馈系统

建立完善的信息反馈系统。对于酒店的客人来说,不论是内部客人还是外部客人,均可以方便地通过网络反馈意见和建议。客户反馈系统的信息流向可以是上行、下行或平行的,相应的信息都及时出现在相应的位置,不管是通过电子邮件还是其他方式,都能确保信息及时、准确地到达信息接收者那里。也可以提供网络管理接口,由管理员通过网络直接查看客户的反馈,及时向客户进行问题解答等。通过客户反馈系统调查顾客满意程度,对调查结果进行及时的数据分析并提出解决方案,报请管理部门审批执行。

---

① 此处的"外网"是与酒店的内部局域网相对的概念,即是我们通常所说的互联网。

#### 4. 预订中心

预订中心是酒店进行销售的最重要的部门之一。酒店的预订中心要可以支持对酒店的所有客房和会议设施等进行预订,客人可以在线实时查询是否仍有空房以及酒店的会议日程安排。系统能够支持不同的客户预订,能够支持 VIP 客人享用特殊的链接和优惠条件进行预订,能够支持单位或团体用户预订,支持签约企业或机构的协议价预订。同时要提供电子支付平台,提供在线预订的在线支付。

#### 5. 完善网络支付体系

旅游饭店应积极与金融机构合作,普及信用卡、电子现金、电子支票等电子支付方式,使网上付款变得安全、方便、高效。同时,结合旅游电子商务的实际需要,对现有相关的规章制度进行修订,形成行规;对旅游电子商务发展中亟待解决的有关问题,如数字签名、电子支付、税收管理、安全认证、网络与信息安全、知识产权保护、消费者权益保护等,可先由有关部门制定规章试行;借鉴国外立法的经验,注意和国际接轨,但同时也要注意结合国内情况及饭店的自身情况。建立饭店的网上论坛,加强与外界的沟通。定期上传企业黑名单,让消费者对这些企业有所提防。同时,消费者也可以作为顾客参与进来。共同促进旅游饭店电子商务信用度、安全度的建立;共同改变传统的消费观念,增加消费者网上消费的信心,加大宣传网上交易力度。

### (三) 内网 Intranet——构建酒店的内部网

内部网的构建对于内部的有效管理、员工之间的交流、员工与管理层的交流等至关重要。构建酒店内部网,需做到以下几个方面。

#### 1. 完善酒店操作系统

电子商务不是简单地建立一个属于酒店自己的网站,而是通过酒店内部网将各种部门整合为一个有机的统一体,最大程度发挥酒店的潜能。酒店业应当依照其自身的特点与环境限制等要素,构建自身的局域网并与因特网进行连接;建立自己的共享数据库;将酒店的组织、业务流程整合在酒店内部网上,将涉及的各种具体业务信息化。利用 Internet 的及时性、便捷性,在第一时间对主要业务进行有效处理,既可以保证相关的酒店部门能够独立整合运行办公系统,又可以保障整个酒店业务流程的顺畅运行。最终形成自己的数字饭店系统,最大程度地节约费用,提高酒店经营效率。

#### 2. 建立信息管理系统

对于现今我国酒店电子商务体系在管理效用上的不足,我们必须高度重视,提高商务体系的使用率,做好其与酒店管理信息系统的衔接工作,使其在管理的各个方面发挥作用。

一般来说,电子商务的应用能使酒店的各职能部门通过网络有机地结合起来,既提高了效率,又减少了各种开支,同时还精简了许多机构和人员。普遍采用的酒店管理系统能有效地服务于酒店内部的信息采集、传递、分析处理、输出和管理控制等各个方面。它用计算机系统代替了酒店日常管理工作依赖的大量书面报表,避免了手工操作的效率低下、账目迟报等现象,同时有助于酒店管理人员对工作实施有效的控制,诸如存货控制、人工费用控制、收款和客人账目控制等,对提高酒店的服务效率和管理效率都具有重要作用。

### 3. 整合电子商务与供应链管理

供应链就是整合供应商、制造商、库存、零售商于同一系统,使商品和服务的生产与配送能在合适的地点、恰当的时间以系统的费用最小化来满足顾客的需求。在供应链管理盛行于制造业的今天,其在酒店业企业的应用也逐渐被业界所重视。事实上,供应链管理理念能够对酒店企业顺应形势、持续发展起到深刻的指导作用,供应链管理的方法可以使酒店系统的整体协调能力有一个突破性的提升。此外,供应链管理的实质是以信息技术为核心,建立一个开放式、集成化的数据环境,把不同领域和全球范围内的具有优势的企业集成起来,达到敏捷地提供原材料及产品的目的。信息技术的发展,尤其是电子商务技术的发展和应用,为实施供应链管理提供了有效的技术支持,能够支持企业在分布异地的环境下建立供应链中各单元系统,以及在不同企业供应链管理系统之间的信息集成。

电子商务体系通过电子化的手段将供应链上的各方连接到一起,以"无纸化"的电子数据流取代传统的商业单证。酒店可以通过网上银行系统实现电子付款,进行资金结算、转账、信贷等活动。另外,电子商务的运用也为酒店供应链上各节点企业的信息共享搭起了桥梁,电子商务能够有效地连接供应商、制造商、分销商和客户之间在供应链上的关系,为企业的产品提供更大的附加值。同时在酒店企业内部,电子商务也可以改善部门之间的联系,更好地降低产品的内部成本。

### 4. 整合电子商务与客户关系管理

电子商务中的客户关系管理,就是在原有的客户关系管理的基础上,借助于各种先进的网络技术和通信技术,通过为企业与客户之间互动提供便利的渠道,方便企业与客户的相互沟通与了解,从而改善他们之间的关系,用关系导向取代交易导向。企业经营活动的重点在于整个交易过程中双方关系的建立、维护与提升,营销目标则是使客户和企业都能在交易的过程中获得自身利益的最大满足,从而,在实现客户利益与满意度最大化的同时,建立起良好的客户关系,为企业建立抵御竞争对手的竞争壁垒并形成企业的持久竞争优势提供帮助。企业也可以通过客户资料数据库、呼叫中心、企业网站等便捷的资料搜集与分析工具,对顾客资料与交易记录进行分析,针对客户的不同需求开展有针对性的关系营销,推动双方关系向更好的方向发展。

酒店在这一方面则要求它能支持客户终端的接入，实现远程查询及订购，为客户提供通过多媒体目录查询商品信息、配置客房和服务方案、下订单、确认订单的有效性和可交付性、跟踪订单执行状况等多种服务。另外，酒店必须鼓励浏览者在电子商务网站上注册，提供个人信息，将由电子商务中获取的客户信息汇总入酒店的客户信息数据库，交由 CRM 系统进行统一管理，包括对客户基本信息、客户联系信息、企业销售人员的交易跟踪记录的整理归类：对客户类型进行划分、客户状态与合同信息等监管与控制。通过电子商务体系所获得的客户信息录入 CRM 整理后，可向客户提供一对一的、个性化的服务，如为顾客发送顾客感兴趣的新闻、信息以及向顾客提供具有个性化的价格优惠等，此外营销人员也可以根据客户以往的交易信息、客户所处的特定环境、客户的目前需求和购买模式等向客户推荐合适的产品和服务。

5. 整合电子商务与收益管理

收益管理是运用信息系统和定价策略，在合适的时间、合适的地点，以合适的价格将产品销售给合适的顾客。而对于酒店业，是一种通过把现有客房以最合适的价格，分配给已确定的细分市场，使利润和销售额最大化的技巧。事实上，收益管理在酒店企业中是相当重要的，因为它将利用现有的资源，最大限度地为企业创造收入。可以说，收益管理是一种更为积极的提高收入和利润水平的方法。

当前，我国许多酒店电子商务体系无法正常地运作，一个重要的原因是，网上订房缺少最基本的配套措施，即收益管理系统的支持。如果设定太低的价格，或许能使客房较容易地出售出去，然而这却会给酒店造成收益流失。如果为了避免收益流失而把客房价格定得太高，又可能造成滞销——因为网上订房没有讨价还价的余地。实际上，分析家已经指出，有些酒店通过网上订房所节省的费用还不及因此而造成的收益损失。这一问题的解决需要有更好的收益管理来加以指导。可以说，收益管理是网上订房的前提和必要保障。其次，对于酒店而言，如果事先预订的顾客在抵达之前突然取消了预订，或者比预订的时间晚了几天才抵达，甚至根本就没有出现，以上任何一种情况都会减少酒店的收入。这样的事情在酒店中经常发生。要降低顾客抵达的不确定性，同样需要有效的收益管理加以控制，如通过核对预订、增加保证类预订等来保证预订的有效性，从而保障酒店的收益。

（四）构建安全的酒店管理系统

防火墙是连接 Internet 和 Intranet，保证酒店信息安全的最为有效的方法，它能够有效地监视网络的通信信息，并记忆通信状态，从而做出允许或拒绝等正确的判断。利用防火墙来控制信息流，可以达到访问控制、授权认证、安全检查、加密、集中管理、报警和监督记录等功能。防火墙主要分为包过滤技术型和代理型两种。

若仅设立防火墙系统而没有全面的安全策略，那么防火墙就形同虚设。所以在建立起防火墙后,需要在防火墙上实施相应的安全策略,包括:规定的网络访问、本地和远地的用户认证、磁盘和数据加密、病毒防护措施以及管理制度等。防火墙是基于操作系统而发挥作用的。如果信息通过操作系统的后门绕过防火墙进入内部网,则防火墙失效。要保证防火墙发挥作用,必须保证操作系统的安全。对于数量众多的客户端来说,这一点无法进行约束,酒店电子商务的服务端可以采用稳定性和安全性更高的 UNIX 系统,当然在条件许可的情况下,应考虑将防火墙单独安装在硬件设备上。

## 第七节　酒店电子商务未来

中国的酒店信息化,已经有 20 多年的历史,经历了"前台系统"普及发展阶段、"后台系统"普及发展阶段再到现在的"协同系统"发展阶段。从电算到互联网,酒店信息化服务系统跨越了数代升级。但探索的步伐从未停止,随着信息技术的发展,酒店电子商务也在不断进行革新。

### 一、数字化酒店

入住者一踏入酒店,将身处设置有电子信息廊的"数字大厅",信息廊上不断提供关于城市景点、交通、文化特色等各种信息;在客房、酒吧,住客能与服务中心实现视频互动,来自世界各国的游客还可享受到"多语种对客服务"……这,就是数字化酒店的美好前景。数字化酒店主要体现在以下三个方面:多媒体视频系统、商务系统和网络化体系。

在多媒体视频方面,酒店数字标牌系统能够通过网络满足视频系统的需求,能够为酒店提供多媒体信息发布的功能,还能够用作酒店数字指示牌和数字客房牌价显示系统。奔流酒店数字标牌系统由播放管理中心、奔流播放器、网络平台和显示终端(如液晶、等离子、大屏幕电视)四部分组成。系统以高质量的编码方式将视频、音频、图片和滚动字幕等信息通过网络传输到奔流播放器,然后由播放器将组合后的多媒体信息转换成显示终端的视频信号播出。这种信息发布模式融合了多媒体视频信息的多样性和生动性,实现了信息发布的远程集中管理和内容随时更新,使受众在第一时间接收到最新鲜的各类资讯。此外,系统还可提供酒店简介、电话指南、酒店娱乐介绍等基础功能,大大节省酒店的印刷费用;可吸引更多的广告投资,创造巨大的利润和媒体价值;可为酒店内部提供视频会议、组织培训等特殊服务,改善员工的工作效率。

在商务系统方面,其一,客人可以利用一体机进行网络浏览,真切感受数字化带来的乐趣;其二,酒店的服务将融于数字客房互动平台之中,客人将享受更便利直观的服务;其三,客人可以享受到真正的数字电视服务。在竞争日趋激烈的酒店行业,数字客房系统将使酒店的服务和形象提高到一个崭新的台阶。"在客房内轻轻一点,便可以轻松订购预览想要的飞机航班、火车车次,了解附近的旅游景点路线,甚至可以从外面的饭店订餐送入客房。"

在网络化方面,酒店的数码 e 房,配备电脑,能满足客人 24 小时的免费上网。使用终端以及软件,可以实现诸如宽带接入、客房终端设备、酒店应用平台、互联星空、增值服务、系统维护、广告发布等多项应用,为客人提供包含视频监控、网站建设、网络传真、收发邮件、查看商务旅游信息等多种信息服务和娱乐功能,还包括增值服务在内的各类通信业务。这类数码 e 房,受到商旅人士的热烈追捧,未来也将不断地发展。

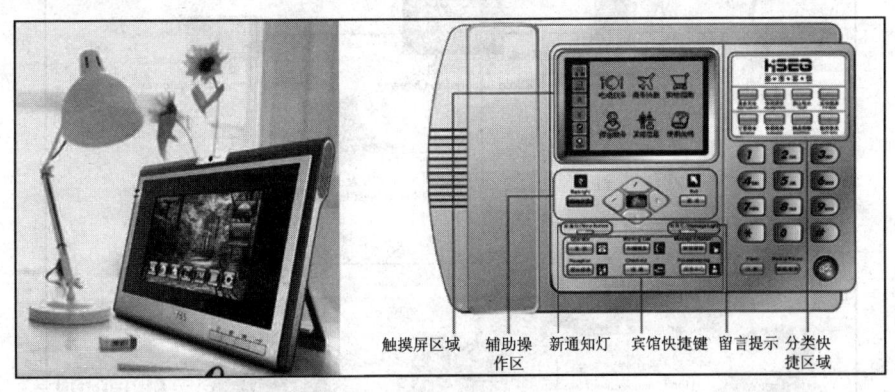

图 5-9　多种电子设备辅助酒店数字化

## 二、智能化酒店

不论是商务旅行还是旅游度假,越来越多的顾客都希望在酒店也能像在办公室或家里一样工作和娱乐,享受个性化和信息化的服务,因此中国酒店行业迫切需要能满足数字时代全新舒适要求的酒店客房视听解决方案,来创新管理,提高星级含金量,增强对顾客的吸引力,以便在激烈的市场竞争中把握先机。在全力追求高档次标准及"酒店 E 化"的大趋势下,酒店需要从较为单一的吃住场所向集住宿、餐饮、娱乐、康体和会议等多种功能于一体的服务场所转变。因此酒店需要的不仅仅是单一的产品,还需要办公、商务、多媒体会议系统、安防、监控系统等全系列设备。

酒店管理智能化可以使酒店服务中心在酒店内部管理系统的控制下,显示客人临时需要的服务请求,比如需要增加某种物品,或者送餐服务,甚至是紧急求救信号。通过数字管理科技化可以为客人提供更多的满足个性化需求的选择,提供给客人自行控制的数字服务。酒店业的服务方面的数字科技化的努力必将不断完善客人自身的体验。

建设酒店智能化,主要有三个目的:一是要为入住的客人提供全方位的服务,使客人感到更舒适、更温馨、更安全、更方便、更便捷;二是要为酒店的经营管理者提供现代化的管理手段;为酒店开源节流节能降耗提供控制手段。

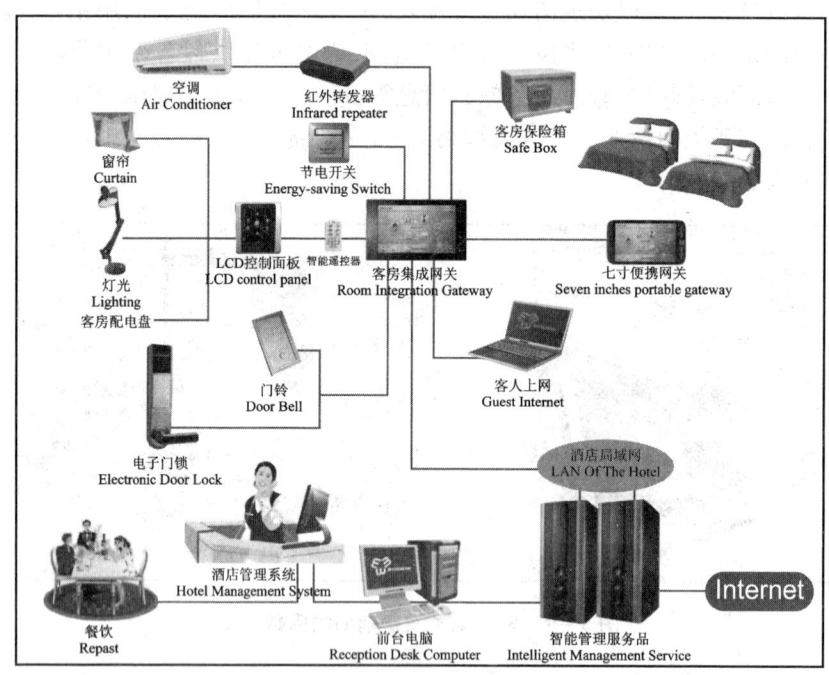

图 5-10　智能化酒店示意图

### 三、酒店移动电子商务

移动电子商务商务是指贸易双方通过智能移动终端所进行的电子商务交易活动。移动电子商务的独特优势能够满足现代酒店服务专门化和用户需求个性化的要求。酒店的移动电子商务网络营销模式,可以接受消费者随时随地地访问酒店网站、查询酒店的客房信息、实现客房的网络预订。同时,移动电子商务营销平台还能够使酒店根据市场群体的需求变化情况做出相应调整,以促进酒店营销活动的开展。酒店通过移动电子商务平台直接接触到的庞大市场是其必须重视的潜力顾客。

对酒店进行移动电子商务营销的建议:

(1)根据酒店自身实力,选择移动电子商务平台的开发模式。酒店自己独立开发一个合格的 3G 移动电子商务平台,成本不低于 10 万元人民币,而后期的运营费用将更多。酒店要量力而行,实力不足的酒店可以选择请第三方服务提供商提供解决方案。

(2)重视专业技术人员和营销人员的培养。对于酒店来说,既懂酒店产品的网络营销又懂移动电子商务技术的人才在短期内难以培养,所以准备开展移动电子商务营销的酒店,要早做准备,培养专业人才。

(3)酒店要在最小的移动营销平台界面上,提供最全面的信息。移动电子商务平台最好能够提供机票、车票、天气预报、旅游路线查询功能等模块,并保证所提供信息的准确性。

(4)酒店管理者要把移动电子商务营销放在战略性高度,重视其对酒店销售业绩的作用,并安排专门的人员进行维护和管理,使其真正发挥营销工具的作用,而不是仅仅作为酒店赶时髦的形象工程。

(5)酒店要实现移动电子商务营销平台上的客房管理系统、传统的网络营销平台的客房管理系统和酒店内部的客房管理的无缝连接,三个系统中的客房和宾客信息要保持同时同步,避免出现网上预订成功,酒店客房部系统中却没有宾客预订信息的尴尬情况。

(6)网络最大的特点就是信息共享,酒店建立移动电子商务营销平台,将意味着酒店信息资源的更加开放。各个酒店的移动电子商务平台之间也应该彼此链接,共享市场信息,建立酒店市场营销合作集团,充分避免"孤岛效应",形成地域性或者针对特定客户群的酒店营销集群。通过联合营销平台,为全体酒店成员宣传营销,招徕客源。

### 四、酒店与物联网应用

国际电信联盟(ITU)发布了《ITU 互联网报告 2005:物联网》,正式提出了"物联网"的概念。物联网是将射频识别装置(RFID)、红外感应器、全球定位系统、激光扫描器等信息传感设备与互联网结合起来而形成的一个巨大网络,它可以将所有物体连接在一起,系统可以自动、实时地对物体进行识别、定位、追踪、监控并触发相应事件。

将交换机技术、无线技术、网络技术、手持 PDA 技术、电信运营商的 GPRS 技术、GSM 绑定、计费系统以及智能化酒店管理信息系统整合起来,运用高科技让客人体验全新的"智慧生活"。利用 RFID 简化入住流程,客人可以通过自助入住机自行完成登记手续,VIP 客人可凭智能卡,一进入酒店即可被系统自动识别,无须办理任何手续即可完成入住过程。通过 RFID 和 VIP 的身份识别,根据客户资料完成个性化服务,例如客房会自动按照客人的习惯进行环境设置,如自动调节温度等,使其能马上在自己熟悉的空间里工作休息。互动电视系统和 IP 电话系统可自动获取客人的入住信息,自动选用客人的母语作为默认语言等。

基于远程控制的密码 + RFID(无线射频识别技术),以 Web 作为客户自助窗口,衔接预订及订单处理系统、门锁控制系统、财务结算系统,实现了客户直接预订到房间号的功能。以 24 小时房价为基础,精算出每分钟的价格,会员可以根据自己的需求随时入住、随时退房,房费计算起止时间以密码第一次开门和密码退房为止精确至分钟。通过整合互联网资源,搭建消费者与企业信息传递最便捷的平台,并成功应用于酒店行业,打造"全程自助"的最方便入住的酒店。

### 思考与练习

1. 酒店开展电子商务应当具备哪些基础?
2. 相比传统商务形式,酒店电子商务有何优势?
3. 酒店内部电子商务由几大部分组成?
4. 详述酒店电子商务的促销策略。
5. 单体酒店适合采用什么样的电子商务发展模式?
6. 简述酒店电子商务建设的原则。
7. 请你谈谈新兴信息技术与酒店电子商务未来发展的关系。
8. 我国酒店电子商务发展还存在哪些问题?
9. 登录一家酒店网站,全面考察其电子商务功能,并写评价报告。
10. 酒店电子商务如何与手机平台更好地结合提供创新性业务?

# 第六章　旅行社电子商务

## 引言

旅游交易需要一个庞大的销售中介网络,这个中介就是旅行社。随着信息技术应用于旅游市场,许多网上旅游市场应运而生。旅游供应商通过网络直接销售,试图逾越作为中间商的旅行社;旅游电子商务网站也异军突起,在经营订房、订票和代售旅游线路方面占去了较大的市场份额。然而,信息技术的出现也能够提高旅行社自身的竞争力。一些旅行社在内部管理和营销活动中应用信息技术,节约了人工成本、提高了工作效率、增强了自身的竞争力。电子商务时代的旅行社仍有其存在的空间,却也受到了前所未有的挑战和压力。积极采取电子商务战略是旅行社增强竞争力的主要途径。

## 第一节　旅行社信息化概述

### 一、旅行社 IT 技术应用概况

#### (一)旅行社应用 IT 技术的发展历程

信息技术在旅行社中的应用不仅可辅助组团、接团和导游服务等的数据处理,还用于维护和处理各类用户信息、财务结算数据和企业信息,而且更重要的是开展旅游电子商务,见表 6-1。

表6-1  旅行社应用信息技术历程

| 阶段 | 名称 | 主要应用范围 | 信息技术工具 | 主要作用 |
| --- | --- | --- | --- | --- |
| IT应用阶段 | 旅行社内部管理信息系统 | 旅行社内部 | MIS、DSS等 | 进行一般事务的管理,提高工作效率 |
| Network应用阶段 | 内联网阶段(Intranet) | 大型旅行社 | EDI(电子数据交换) | 各营业网点之间的信息沟通 |
| | 外联网阶段(Extranet) | 旅行社与上游企业之间 | CRS(计算机预订系统)、BSP(开账与结算计划)、GDS(全球分销系统) | 各旅游企业之间的信息沟通,产品预订与结账的规范化操作 |
| | 互联网阶段(Internet) | 旅游产业环境 | 3W(World Wide Web)技术、多媒体技术、信息技术 | 整合营销系统,加强信息搜集、促销、分销与客户关系管理(CRM) |

1. 旅行社内部MIS

(1)MIS的开发与应用。MIS(Management Information System,管理信息系统)一般是用来描述企业内部电脑系统的术语,它是一个由人、计算机及其他外围设备等组成的能进行信息的收集、传递、存储、加工、维护和使用的系统。

(2)DSS的开发与应用。DSS(Decision Support System,决策支持系统)是辅助决策者通过数据、模型和知识,以人机交互方式进行半结构化或非结构化决策的计算机应用系统。它是MIS向更高一级发展而产生的先进的信息管理系统。它为决策者提供分析问题、建立模型、模拟决策过程和方案的环境,调用各种信息资源和分析工具,帮助决策者提高决策水平和质量。

2. Intranet应用

Intranet(内联网)常用于电子数据互换,是一种在公司之间传输订单、发票等作业文件的电子化手段。旅行社中常用的EDI系统是一种交互式应答系统(Interactive Query Response),它主要应用于旅行社的机票预订。这种EDI在应用时要询问到达某一目的地的航班,要求显示航班的时间、票价或其他信息,然后根据旅客的要求确定所需要的航班,打印机票。

3. Extranet应用

Extranet(外联网)是一个为外部用户提供个性化服务选择的Intranet。Extranet能为电子商务或其他的商业应用提供有用的工具。Extranet把企业内部已存在的网络扩展到企业之外,使得可以完成一些合作性的商业应用(如企业与其客户及供应商之间的电子商务、供应链管理等)。

(1)CRS。旅游从业人员可以利用CRS(Computer Reservation System,计算机预订系统),为顾客预订全球大部分航空公司的机票、客房及租车,另外,其他旅游的相关服务如旅游地点的安排、保险、游轮甚至火车等,也都可以通过CRS直接预订。通过CRS还可以直接取得全世界各地旅游相关的资讯,包括航空公司、旅馆、租车公司的日程表,机场的设施、转机的时间、机场税、签证、护照、检疫等。

(2)BSP。BSP是开账与结算计划(Billing and Settlement Plan)的简称,国际航空运输协会通过其独立第三方的身份,管理旅行社和航空公司之间机票现金交易所产生的资金转移。如图6-1所示,实行BSP后,旅行社代航空公司出售机票,通过自动转账系统与有关航空公司结账,省去了大量的账单往来,提高了销售与结算的效率,并促使航空公司与旅行社在销售管理及市场调研等各方面实行一体化电脑联网。

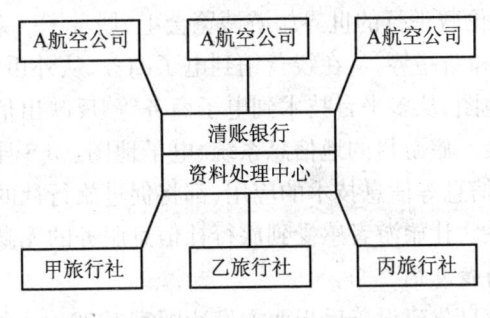

图6-1 BSP关系图

(3)GDS。GDS(Global Distribution System,全球分销系统),通过专用网络和系统将代理分销商和旅游产品进行整合,提高了营销效率和市场占有率。

4. Internet 应用

对Internet技术的充分利用将对旅行社整合营销系统,加强信息搜集、促销、分销与客户关系管理起着重要的作用。

(二)国内外旅行社信息化的发展现状

我国旅行社行业准入门槛较低,旅行社发展参差不齐,实现旅行社信息化难度较大。但是,旅行社信息化的势头已不可逆转,信息化的实施和完善将会为该行业带来翻天覆地的变化。

1. 国外旅行社的信息化

信息技术在国外旅行社应用范围是十分广泛的,主要体现在咨询服务、预订业务和内部管理三个方面。在咨询服务方面,英国旅行社很早就开始广泛使用"视频信息系统"。该系统是由英国电信公司应用计算机技术和通信技术建立的数据信息传输系统,它通过电话公用网把终端设备同计算机中心联系起来,用户利用终端可以检索计算机中心数据中的资料,如各国旅游风光,旅游活动项目,各种包价旅游线路、日程、价格,旅游饭店设施、等级和房价等。旅行社只要在其营业场所安置一台与该系统相连接的显示终端,便可查询旅游方面的有关信息,从而及时答复旅游者的问询。这种系统比较适合于中小型旅行社,它们不需花巨资建立自己的信息系统,仅购置一台显示终端设备便可查询有关信息。

在预订业务方面,世界最著名的太阳神电脑系统就是由美国联合航空公司创立的,它不仅是一个广泛的电脑化咨询源,能协助旅行社查询机位、票价或汇率等资料,还可以广泛预订航班、汽车、客房等众多业务。在内部管理方面,日本交通公社建立了"旅行Ⅲ型"系统,该系统不仅具备查询和预订功能,而且还具有财务管理、人员管理、工资管理、自动平衡各种旅游路线的客流量和旅游者统计分析等十多种功能,同时将经营状况进行综合或单项分析,可以对市场动向进行预测。

2006年11月在伦敦举行的世界旅游博览会上,展示了一系列当代旅游信息技术的新产品、新方案和新趋势,从在线营销到电子商务、从外币交易到欺诈预防、从虚拟旅游到互动式地图、从多平台技术到电子商务等,反映出信息技术在推动着旅游业各个方面的发展。旅游目的地信息系统、电子地图、GPS导航、城市三维实景、移动二维码、手机短信息等信息技术的应用,都将促进旅行社的旅游信息服务实现全方位、多渠道的发展,让旅游者感受到旅行社信息服务的无微不至。

**2. 国内旅行社的信息化**

我国旅游业的信息化建设落后于西方发达国家近20年,真正开始应用计算机技术是在20世纪80年代初期。中国国际旅行社总社是我国最早涉足信息技术应用的旅行社企业,1981年,中国国旅引进美国PRIME550型超级小型计算机系统,用于旅游团数据处理、财务管理和数据统计。1984年,上海锦江饭店引入美国CONIC公司的电脑管理系统,用于饭店的客房预订、查询和客账处理。在此之后,航空公司的电脑订票网络系统、旅游企业办公室自动化系统等适用于旅游企业的计算机系统开始得到逐步推广。然而,能实现全球电脑预订的GDS还很少。国家旅游局从1990年起开始抓信息化管理并筹建信息中心,先后投资了1000多万元用于机房改造和设备配置,建设了一些旅游信息网络及信息传递系统。为迎接电子商务对旅游业的挑战,帮助旅游企业向电子商务化运作转型,国家旅游局于1991年启动"金旅工程",成为我国旅游业国家级"电脑网络系统"建设的标志。"金旅工程"包括内部办公、管理业务和公共商务3个网络,整合国内外旅游信息资源,建设和完善政府管理旅游的系统办公自动化网络与面向旅游市场的电子商务系统。其中,公共商务网主要建立一个可供各旅游企业进行供求信息交换、电子商务运作的我国电子商厦,向旅游企业提供整套的电子商务解决方案。

1992年,国旅总社建设完成自己的计算机中心,还通过与澳大利亚的JETSET联网运营加入了全球预订系统。1994年,在国内大多数企业的信息化尚处于萌芽时,上海春秋国际旅行社就研发了春秋广域网软件,通过各地的联网电脑终端,不断降低门槛,吸收全国近100个城市的大约400家旅行社与之联网,并代理春秋的产品。网点的广泛铺设,使得春秋的辐射力也越来越广,以上海地区为例,周边200公里以内,都能做到电话预订后免费送票上门。

其后,随着计算机在我国的普及,越来越多的旅行社开始采用计算机进行信息处理,部分旅行社引进中型机或实现微机联网,更多的旅行社则将计算机用于财务和人事等专项信息处理。可以说,我国旅行社在应用信息技术中已逐渐步入MIS阶段。然而,除了我国国际旅行社等少数实力强的大型旅行社外,我国旅行社业务运行中的科技含量绝大部分都不是很高。

1997年,号称是我国规模最大、资源最丰富、服务功能最强的华夏旅游网和中国旅游资讯网相继成立,成为我国第一批旅游业网站,标志着我国旅游业开始进入网络化;2000年4月,青旅在线的诞生标志着我国旅游电子商务进入"鼠标+水泥"的阶段;2000年10月,携程旅行网宣布收购现代运通,标志着它从一个互联网企业转型为在线旅游企业,从此,我国旅游电子商务的时代真正到来。

## 二、旅行社信息化发展趋势的必然性

所谓信息化是信息技术和信息产业在经济和社会生活中得以普遍应用并发挥积极作用的过程。对旅行社而言,信息化就是将相关信息技术(主要是互联网)应用于旅游企业的经营管理中,通过发挥新技术的优势,形成一种新的经营管理模式。这种模式能够为旅行社带来更大的商机、更低的成本和更多的利润,能帮助旅行社实现信息手段和传统优势的结合,发展成以传统业务为依托、高效率、服务创新的企业。在2006年全国旅游信息化工作会议上,时任国家旅游局副局长顾朝曦指出:"信息已经成为旅游产业发展的重要生产力,离开信息和信息技术的支撑,现代旅游业就无法生存。在推动旅游业成为国民经济重要产业的发展过程中,旅游信息化必将发挥出重要的作用。"这充分说明信息化对我国旅行社业的未来发展具有重要而深远的影响,旅行社信息化已是大势所趋。

(一)以市场为出发点,旅行社需要发展信息化

1. 旅游市场的国际化是信息化的基础

随着世界经济的发展以及国际间交流合作的扩大,被誉为"无烟工业"、"绿色产业"的国际旅游业迅速发展。1950年世界各国出国旅游者仅0.25亿人次,而到1995年已经发展到5.67亿人次,45年中增长了27倍,年增长率7.2%。通信和运

输手段的现代化以及世界经济的发展,改变了人们出国旅游的时空感,为国际旅游产生的三大因素(充足的时间、便捷的交通、可供自由支配的收入)提供了保证。当前国内国际市场趋于统一,无国界经济的发展带来旅游活动资本流向的国际化,世界各国的旅游业越来越相互依赖、紧密联系,呈现一体化的无国界旅游状态。同时,各国都努力探索旅游业这一新兴产业的发展规律,努力开发独特的旅游产品,参与国际市场竞争。

国际化的旅游业需要解决旅游产品信息和旅游交易信息的跨国传递、资金的跨国结算等问题。它涉及众多的单位和相关的业务,操作中的票据、票证、文件繁多,处理过程繁杂。因此,只有加快旅行社信息化的进程才能在国际旅游市场中占据有利的位置。

**2. 发展信息化是改善旅游信息极端不对称和规范市场竞争的需要**

旅游业的外向性决定了旅游市场信息的不对称。就游客而言,旅游活动的跨地域性使游客获取信息的渠道较少、成本较高,不确定性较多。就旅行社自身而言,为了牟求暴利而故意隐瞒一些旅游信息。在信息技术如此发达的今天,旅游信息的极端不对称已经引起了旅游者和相关部门的不满。因此从改善旅游业信息极端不对称和规范市场竞争的角度出发,旅行社应广泛采用信息技术,通过各种便捷的渠道使游客可以花很少的时间、以较低的成本获得各种旅游信息,在一定程度上达到信息的相对对称。同时,旅行社还可通过建立完善的双向信息系统,达到游客和旅行社的良好沟通,更好地、有针对性地开展活动,使游客在文化、休闲等方面可以得到更大的满足,从而会对提供这些信息的旅行社产生认同感并进行良好的口碑宣传,形成良性的客源循环,提高旅行社的知名度和美誉度。

可见,旅行社大力发展信息化有利于加强销售力度和规范市场竞争秩序,能够有效地解决旅游市场信息不对称的问题。但是值得注意的是,旅行社信息化无论发展到多高的程度,旅行社在进行旅游信息的传递和交流时,只能达到信息相对对称,为了保证自身的正常运营和谋取最基本的经济利益,旅行社也许永远不可能做到旅游信息的绝对对称。

**3. 旅游业务对互动信息流的依赖性决定了旅行社信息化的必然性**

信息是旅游业内部诸多环节得以连接的纽带。在外出旅行之前,旅游者首先要搜集各种旅游信息,然后根据自己的主观偏好,做出决策。而旅行社开展营销的过程也就是有意图地向目标旅游客源市场传递旅游产品信息的过程。旅行社为旅游者提供的旅游服务,也是从一个地理位置到另一个地理位置对旅客提供食、住、行、游、购、娱等诸方面的服务。在实际运作过程中,这些服务必须由旅行社根据旅游者复杂多变的需求加以包装和组合销售给旅游者。然而,酒店、汽车出租公司、旅游景区等并不是将物质传送给旅行社并且将它们储存并出售给旅游者;相反,其间交流和加工的是有关服务可获得性、价格、质量、位置、便利性等方面的信息。

因此从旅游活动的实现方式来看,在旅游市场流通领域流通的不是商品,而是有关旅游产品的信息。旅游经营管理者之间的联系也不是通过产品,而是通过信息流,同时伴随着数据流和资金流。从这个意义上来讲,旅游业的核心就是信息。基于此,旅行社必将把信息化放在十分重要的地位。

(二)从自身出发,旅行社需要发展信息化

1. 旅行社产品的独特性是信息化的基础

旅行社产品具有生产与消费同时性的特点。旅行社产品的生产过程即旅游服务的提供过程,是以旅游者到达旅游目的地消费为前提的。旅行社产品不同于其他实物产品,可以被消费者预先试用、观察并检验质量。旅游者在购买旅行社产品的时候是根本看不到旅行社产品实物的,他/她只有来到旅游目的地接受旅行社的服务时,才能体验到旅行社产品的好坏。而一般旅游者到陌生的旅游目的地之前,总是希望对旅游目的地的自然文化环境、旅游资源、旅游设施与服务有所了解,所以旅游者在选购旅游产品之前,要通过各种渠道收集关于旅游目的地和旅行社产品的信息。他们希望通过信息搜索手段减少有关的不确定因素来提高他们的旅游质量。现代社会,综合文字、声音、图形和视频等多媒体电子信息技术,交互式的网络已逐渐成为人们获得旅游信息的最重要的来源之一。

因此,旅行社应该加快自身信息化的进程,为旅游者提供一种全新的产品信息发布媒体,为旅游者提供大量丰富的旅游信息,供其参考。

2. 旅行社对信息的极强依赖性促使其发展信息化

旅行社的主要功能就是搜集各种信息并加以整理组合形成旅游产品,然后销售给旅游者。从某种意义上讲,旅行社是经营旅游信息的企业,信息是旅行社的生命线,没有信息,旅行社就成了无本之木、无源之水。这是因为旅行社具有信息密集性和信息依托性特点。旅行社业务运作过程就是其为游客提供食、住、行、游、购、娱等多方面服务的过程。在实际运作中,旅行社根据旅游者复杂多变的需求将旅游服务供应商所提供产品的价格、质量等信息进行重组并销售给旅游者。从产业运行的角度看,旅行社业务处理的是人流、物流、信息流和资金流,它的实质是通过信息流引导旅游者的流动以及服务的合理配置,实现顺畅运转,无缝配合。

可见作为运行系统的灵魂,信息在旅行社行业中的重要性是无与伦比的。从内部看,旅游产品的综合性要求旅行社有效获取信息,协调旅游六要素,以保证顾客满意。旅行社所经营管理的就是在信息流基础上的旅游者的流动。从本质上来说,旅行社经营的就是信息,没有信息和信息技术的利用,旅行社难以发展。

3. 旅游网站的建设需要旅行社信息化

目前我国旅游网站主要有三类:一是传统旅行社单独建立的网站,只是简单地介绍企业和一些现成的旅游线路,预订系统大多中看不中用,只能提供查询而没有解决办法,还不能称得上是信息系统化。二是综合性门户网站开展的旅游业务,例如新浪、搜狐建立的旅游频道等。作为 IT 产业的网站,它们因缺乏旅游专业资源和实践经验的支持,只能推出一些现有的旅游产品,无法及时满足旅游者的需求。因此,这些网站的旅游业务没有传统旅行社的人脉和关系作为基础是很难在旅游业中立足的。三是专业旅游电子商务公司如携程、艺龙网、同程网等。与传统旅行社依靠旅游者获取收入不同,旅游电子商务公司为旅游者提供免费服务,而从酒店和航空公司那里获得收入。例如携程的收入主要来源于酒店和机票,其中来自酒店的收入占总收入的 80% 以上。所以,这些公司首先要做的就是打通与酒店、航空公司之间的渠道,将传统的旅游资源整合于旗下。携程的 CEO 梁建章曾提道:"我们这些人对酒店和旅游业并不在行,开始酒店并不会认真和你谈,给的价格非常高。后来我们招收了大量旅行社和酒店业的人才,才逐渐打开了局面。"可见旅游电子商务公司只有与传统的旅游服务供应商相结合才能够发挥巨大的作用。

当今时代,旅游电子商务公司得"新经济"之天时,传统老牌旅行社则占有景点资源、营销网等地利,两者只有相辅相成、优势互补,才会使旅行社经营发生革命性变化。所以,旅行社信息化并不是与旅行社传统经营完全对立的,而是旅行社如何在经营过程中有效地利用先进的信息技术参与市场竞争的问题。

## 第二节　旅行社电子商务

### 一、旅行社电子商务概述

旅游产品的个性化、信息化、时令化及不可转移性等特征,决定了必须要在旅行社中实施电子商务。有关研究指出,旅游产业与电子商务具有天然的适应性。另据 IResearch(艾瑞咨询)推出的《2009—2010 年中国网上旅行预订行业研究报告》显示,2009 年中国网上旅行预订市场规模为 37.4 亿元,相比 2008 年 29.4 亿元同比增长 27.2%。近十年国内旅游业快速发展,全国旅行社数量以 20% 的增长速度发展,目前我国已有近 6 万家旅行社,旅游业的营业总收入已成为国民经济发展的重要组成力量。

在旅游业的整个价值链中,其主要构成部分有:旅游目的地、交通运输部门(航空公司等)、包括住宿与餐饮部门在内的旅游产品供应商、旅行社和旅游者。作为旅游业三大支柱之一的旅行社是旅游行业的中间商,其主要功能是整合旅游酒店、航空公司、旅游景点等相关企业的产品,以信息产品的方式提供给旅游者,为旅游者提供吃、住、行、游、购、娱的一条龙服务。旅行社电子商务化经营,将会给旅行社带来一个全新的经营理念,使它们可以从根本上摆脱传统落后的经营模式,进而提升整个旅游产业的效率,为旅行社创造更多的利润。所谓旅行社电子商务是指,采用数字化电子方式进行旅游信息数据交换和开展旅游商务活动。它是在互联网的广阔联系和现代信息技术系统的丰富资源相互结合的背景下应运而生的一种相互关联的动态旅游商务活动。旅行社电子商务是现代网络信息技术与旅行社经营管理活动的结合,是旅行社商务流程的信息化和电子化。一方面,旅行社经营管理活动所依托的现代网络信息技术涵盖着各种以电子技术为基础的通信方式,其中包括电子数据交换(EDI)、互联网(Internet)、外联网(Extranet)、电子邮件(E-mail)等。现代意义上的提供旅游咨询、服务与预订的电话问询中心由于依托了旅游信息数据库,客户管理数据库和企业内联网等计算机信息系统,它已不再是传统的旅游沟通手段,而被看作是旅行社电子商务体系的一部分。现代网络信息技术的发展将不断创造出更便捷、更可靠、更新颖的旅游商务活动方式,使得旅行社可以为旅游者在整个旅游活动中提供更好、更个性化的服务。

## 二、开展旅行社电子商务的意义

电子商务与旅行社业务的结合,代表着未来旅行社行业发展的一个主要方向,它将会极大地扩大旅游产品的消费需求,改变旅行社行业的运作方式,提供旅游者与旅游产品供应商直接交易的经济模式。因此,将电子商务应用到旅行社行业具有十分重要的意义。

### (一)树立企业形象

在现代旅游市场竞争中,良好的企业形象对旅行社的生存起着至关重要的作用。旅行社通过在国际互联网上建立自己的网站,可以把企业自身的优势充分地展示出来,把企业的管理、经营理念和策略向公众很好地进行宣传,及时调整企业经营策略,为顾客提供受欢迎的旅游产品和优质的服务。同时,利用电子商务充分了解顾客,加强与顾客的沟通,与旅游者建立良好的合作关系,这一切都将在公众心目中留下深刻的印象,从而树立起旅行社的良好形象。

### (二)降低运营成本,提高整个旅游业的运行效率

互联网研究与发展中心发布的《CH中国电子商务指数报告》测算结果表明,电子商务比传统交易方式节省11.6%的费用和9.34%的时间。对于旅行社而言,最大限度地降低运营成本是提高企业竞争力的重要策略。通过电子商务可以降低旅行社的交通与通信费用、减少企业办公费用和人工费用支出,从而极大地节约生产成本。

任何一个旅游企业都需要建立一批"上游"和"下游"企业作为其业务的合作伙伴。例如,一个接待旅行社需要若干个酒店、餐馆、航空及车船公司等企业提供

其顾客所需要的服务,还需要有一批接近客源的旅行社为其输送旅客。网络可以增强这些旅游企业间的信息沟通,加强相互间的业务联系。旅行社可以省去面对大量信息的工作,直接面对旅游目的地的旅游企业和客源地的消费者,从而提高旅行社的组织能力和服务水平。

### (三)改变传统旅行社经营方式

旅行社电子商务打破了传统的8小时坐店经营的方式,相当于通过Internet和Intranet成立了24小时永不落幕的旅游商品交易会,大大提高了对顾客服务的工作效率和效果。通过企业的官方网站进行网上促销,宣传面更加广泛、表现手法更加灵活、内容更新更加及时、成本更加低廉,从而吸引更多的旅游客源,提高营销效益。

### (四)适应现代旅游者散客化和个性化浪潮

散客潮和个性化旅游的出现给旅行社的价值链带来了极大的挑战。传统旅行社凭借其占有的旅游产品信息,向旅游者出售包价或半包价旅游产品,旅游者在旅游产品购买和消费的过程中,只能被动地接受旅行社对市场要素组合之后形成的"旅游成品",很大程度上抹杀了旅游者的个性需求。互联网技术的广泛应用,使这一涉及面广泛、需求复杂的个性化旅游产品得以实现。旅行社可以利用因特网向旅游者分类提供超大量的旅游信息,旅游者在网上查询自己感兴趣的有关旅游产品各类要素的信息,旅行社提供必要的组装指导服务,就可以形成因团而异、因人而异的时尚旅游产品。

## 三、旅行社不同电子商务模式分析

### (一)旅行社的B2B电子商务模式

企业与企业之间的电子商务(Business to Business)即B2B(见图6-2)。目前B2B方式是电子商务应用最多和最受企业重视的形式,企业可以使用Internet或其他网络为每笔交易寻找最佳合作伙伴,完成从订购到结算的全部交易行为。旅行社的B2B模式主要是基于第三方平台而实施的旅行社与旅行社之间或其他旅游企业之间的在线交易。

图6-2 B2B电子商务模式

当前提供旅行社B2B在线交易的最大的第三方平台是同程网(www.17u.net),据其创始人吴志祥介绍,创建同程网的初衷正是为这些中小旅游企业搭建信息交流和交易的平台。属于同程网会员的旅行社在同程网的交易平台上发布信息与达成交易。大量的询价和报价信息是最为旅游业内人士所关注的,而且很多商机就蕴含在这些询价和报价之中。同程网的出现,改变了以前旅行社和旅行社以及其他旅游企业以电话联系、发传真报价、做报纸和杂志广告、参加旅游交易会等传统的交流方式,可以有效地用信息化、网络化来实现旅游行业内的产业链上各环节的沟通与合作,同时大大提高了工作效率,有效降低了交易成本。同程网 2003 年 7 月推出了国内旅游网站的第一个诚信档案——网上名片,给所有收费会员制作诚信记录名片,一方面有助于会员旅行社树立自己良好形象,另一方面在一定程度上遏制了一些旅行社的非法行为,因为其他商家可以通过该名片了解其信用状况,从而决定是否与其进行交易。

然而由于国内旅游业的 B2B 电子商务模式出现较晚,当国外的 Expedia、Priceline 以及中国的携程、艺龙等这些在线旅游巨头在 B2C 领域获得了成功的时候,以同程网为主要代表的第三方平台才独辟蹊径开拓 B2B 市场。该模式在运作过程中难免会遇到这样那样的问题。众所周知做第三方交易平台的网站的收入大多靠会员费、广告费以及交易佣金。B2B 平台为了维持网站正常运营与发展壮大,必然要大量吸收会员,才能有源源不断的会员费、广告费以及交易佣金作为收入来源。同样会员的加入也是为了达成交易,为商业利润而来的,会员的投资是需要有回报的。但随着会员队伍不断庞大,旅游 B2B 平台的流量却不足以支持如此数量的会员,当付费会员发现交易无法达成,商业利润只有少数企业才能实现时,就会选择退出,会员费随之中断,网站收入就会大量流失,旅行社的 B2B 的发展壮大也就受到相应的影响。另外,在 B2B 模式中交易对象只涉及商家,未涉及最终消费者,所以在该模式下,未能形成完整的价值链,从而最终消费者得到的实惠难免会打折扣。

(二)旅行社的 B2C 电子商务模式

企业与消费者之间的电子商务(Business to Customer)即 B2C(见图 6-3)。这是消费者利用因特网直接参与经济活动的形式,类似于商业电子化的零售商务。

图 6-3　B2C 电子商务模式

据统计数据显示,在长假期间不少旅行社自己的网站接到的机票预订、酒店预订和自助游预订数量相比平时都有大幅度增加。有的旅行社网络营销的收入已占其总营业收入的近 30%。在国内比较有代表性的旅游业 B2C 电子商务模式的网站有:艺龙网(www.elong.com)、携程旅行网(www.ctrip.com)、悠哉旅游网(www.uzai.com)、春秋旅游网(www.springtour.com)等。在这些网站中又分为两种模式:其一是作为第三方交易平台而存在,其典型代表是携程旅行网和艺龙网;其二是自有站点,没有依托第三方,自己本身就是旅行社,网站是自己的门户网站,其典型代表是:春秋航空旅游网和悠哉旅游网。不管哪种模式,这些网站都能够使旅游者足不出户就获得网站提供的各种服务,为旅游者远程搜寻、预订旅游产品等提供了极大的方便,有效解决了距离带来的信息不对称问题。对于旅行社来说,B2C 模式意味着取消了中介渠道而直接对最终客户服务。近年来旅游网上预订发展得热火朝天,市场规模逐年大幅增加,所以说未来旅行社能否在 B2C 模式交易中获得顾客信任、培养一批忠诚的客户群,直接关系到旅行社能否在新一轮的竞争浪潮中赢得先机。

当前 B2C 模式中主要存在的问题是客户忠诚度不高、在线完成交易率偏低、网络用户对旅行社网站缺乏信任等,大多数旅游者光顾这些网站只是搜索和浏览,而非预订。产生这些问题的原因除了社会的信用机制外,主要归结于旅行社的网站构建没有达到很好的互动效果。例如当旅游者访问该网站进行预订时,若网站方不能及时有效地与旅游者沟通,为其排忧解难,很可能就造成该旅游者放弃预订。在旅游者看来,"安全性"在整个预订过程中是最为重要的,其次才是"低费用"。

由于开展电子商务的旅行社较多,竞争比较激烈,这种模式下旅行社如果不能很好地营销自己,占据一定的市场,就很可能被市场所抛弃。另外,虽然该模式下旅行社直接面向旅游者,降低了旅游者预订的费用,但是没有体现出作为中介的旅行社,在交易上对上游旅游产品供应商采取电子商务的优势。这样一来,就会出现旅行社从旅游产品供应商处购买的旅游产品价格相对较高的状况。就目前旅行社开展电子商务的状况来看,流于形式的较多,而真正为企业带来收益的却微乎其微。

### (三) 旅行社的 C2B 电子商务模式及问题分析

消费者与企业之间的电子商务(Customer to Business)即 C2B(见图 6 – 4)。C2B 是最先由美国流行起来的一种消费者对企业的电子商务模式,该模式的核心是通过聚合为数庞大的用户形成一个强大的采购集团,以此来改变 B2C 模式中用户一对一出价的弱势地位,使之享受到以大批发商的价格购买单件商品的利益。

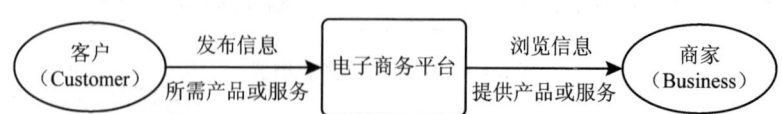

图 6 – 4  C2B 电子商务模式

旅游电子商务中的 C2B 模式是由旅游者提出需求,然后由企业通过竞争满足旅游者的需求,或者是旅游者通过网络结成群体与旅游企业讨价还价,也就是拼客旅游。其好处是可以分摊成本、共享优惠、享受快乐并可以从中结交朋友。这种模式主要是通过电子商务中间商(专业旅游网站、门户网站旅游频道)进行,有两种形式:第一种是反向拍卖(竞价拍卖的反过程),即旅游者提供希望得到的服务或产品的要求以及可以承受的价格定位,旅行社之间以竞争方式决定最终产品提供商和服务供应商,从而使旅游者以最优的性能价格比实现产品或服务的购买。第二种是网上组团,即旅游者提出他设计的旅游线路,并在网上发布,吸引其他相同兴趣的旅游者从而组成一个旅游团,这样可以增加与旅游企业议价和得到优惠的能力。旅游 C2B 模式是一种需求方占主导地位的交易模式,它体现了旅游者在市场交易中的主体地位,对帮助旅游企业更加准确和及时地了解旅游者的需求、对旅行业向产品丰富和个性满足的方向发展起到促进作用。

对旅行社来说 C2B 模式实施成本较高:一方面旅行社成本增加,需将传统业务搬到网上,另一方面这种游客"点菜",企业竞标接盘的方式,加剧了旅行社行业的竞争,很大程度上压榨了其接盘利润。就目前旅行社电子商务发展的情况来看,采取这种模式的还比较少,有待进一步发展。但不可否认的是,从满足旅游者的需求层面看,这是一种较好的电子商务模式。

### (四)旅行社的 C2C 电子商务模式及问题分析

消费者与消费者之间的电子商务(Customer to Customer)即 C2C(见图 6-5)。这种交易方式在我国还处于起步阶段,主要是旅游者通过网络平台来销售或交换产品。这些产品可以是交通票、旅游纪念品、旅游线路行程、旅游经验,也可以是具有产权的实物,如酒店、汽车等。运用这种交易方式,可以不受地域、时间限制地向全国各地及世界各地的旅游者进行购售、交换、租赁。例如,有些中青旅的员工在博客或其他网络平台(淘宝网等)上,发布旅游线路、酒店、机票等信息,与上网寻找相关产品的消费者联系后进行交易。

图 6-5 C2C 电子商务模式

该模式在国内还处于原始或者说萌芽状态,当前国内旅游 C2C 模式主要是以"黄山国际假日广场"为代表的 C2C 酒店(Customer To Customer Hotel),将具有独立产权的各间酒店客房分别出售给业主,各业主通过互联网平台实现住宿权自主销售、自由交换酒店,旨在实现时间换空间、空间换时间,其口号是"贴身 C2C 酒店,交换住遍全世界"。从其发展初衷来看,优势是不容置疑的,因为它在某种程度上有"按需交换"的意思,这种模式在理想状态下可以自由交换资源,从而实现最佳资源配置,但是其所倡导的理念在现阶段并未得到全部实现,还有待进一步发展。

通过以上分析可以看出,在 B2B、B2C、C2B、C2C 这四种模式中,从价值链的观点来看均为不完整的价值链,因为它们缺少另外一个交易对象。除此之外,将它们作为一个个独立的模式来看还有一些不尽如人意的地方。为了更好地了解这几种模式,这里将各模式整理后作比较分析,见表 6-2。

表 6-2　当前我国旅行社电子商务模式的比较分析

| 电子商务模式 | 主导地位对象 | 优点 | 不足 |
| --- | --- | --- | --- |
| B2B | 商家 | 主要是大宗交易、成本低、效率高 | 商家需要具备一定的行业地位,门槛高 |
| B2C | 商家 | 消费者足不出户即可购物、交易费用低 | 客户忠诚度不高、在线支付率低 |
| C2B | 客户 | 以客户需求为主导、满足个性化需求 | 旅行社成本高、利润低、网站推广难 |
| C2C | 客户 | 最有效的资源配置 | 实施难度大 |

### 四、我国旅行社电子商务应用现状及存在的问题

从总体上看,我国旅行社电子商务发展是滞后的。现有的网站中,除了青旅在线、春秋旅游网等极少数旅行社网站可进行产品在线预订和支付,并产生实际效益之外,很多中小型旅行社的电子商务活动专业化程度不高,技术含量低,局限于生搬硬套网站模式。与欧美发达国家相比,国内旅行社电子商务化还存在一些问题,需要引起足够的注意和有待进一步解决。

#### (一) 对旅游产品的纵向集成能力不足

我国旅行社网站所提供的产品以单纯的酒店预订或票务服务为主,其所提供的组合产品也主要是传统的包价旅游线路预订,而"酒店+机票"或"车票+门票"等票务组合产品则偏少。另外几乎没有几家旅行社网站可以提供导游服务的预订。从旅行社网站提供的产品可以看出,旅游团队业务还是依靠线下旅行社。旅行社网站主要是针对零散的商务旅客和自助旅游者,并且还没有为散客提供自助

游所需要的关键的导游服务。因此从总体上说,我国旅行社还没有脱离传统的业务模式,电子商务活动还处于初步应用阶段。

（二）经营理念和观念相对落后

尽管网络经济发展迅速,但电子商务观念还没有完全被旅行社经营者所接受。虽然,我国极个别的大型旅行社对电子商务的运用已经很成熟,但总体来看,对电子商务的认识仍然很狭隘。目前我国旅行社把电子商务仅仅理解为利用互联网进行旅行社和顾客之间的产品交易,因此只是单纯地把旅游产品挂在网上,信息业务品种少,导致旅游电子商务几乎没有任何优势。

（三）旅行社网站提供的增值服务有待完善

我国旅行社网站缺乏动态的交互过程,难以提供个性化服务。很多旅行社网站很少能与旅游者和合作伙伴进行在线的动态交互式沟通,一般只提供一个用E－mail联系企业的窗口,难以与旅游者实时沟通,以便及时了解旅游者的旅游需求信息,回答其所提出的问题,为旅游者提供个性化的旅游产品。另外,旅行社网站提供的增值服务有限,关于旅游目的地的旅游交通、天气、餐饮、风俗等信息还有待完善。

（四）客户忠诚度不高

传统的旅行社与客户面对面的交易可以进行情感交流,会给客户以安全感,更容易赢得客户的信任进而形成对旅行社的忠诚度,但会受到时间、空间等方面的约束,客户资料的保留与分析存在困难。而旅行社电子商务以信息技术和网络技术为基础的运作模式,突破了传统旅行社经营业务模式,为旅行社提供了更广阔的市场空间,同时也使企业间的竞争规则发生了重大变革。但网上交易具有明显的距离性、风险性和不确定性,使网络用户对旅行社网站缺少足够的信任感,进而无法形成对网站的忠诚度,最终使得客户大量流失,直接影响到网站的品牌建设和赢利。

（五）政策和法律不完善

电子商务是一项复杂的社会工程,参与电子商务的不仅仅是交易双方,而更为重要的还是涉及工商行政管理、海关、保险、财税、银行等众多部门和不同地区、不同国家,这就需要有统一的法律、政策框架以及跨部门、跨地区的强有力的综合协调组织,才能促进电子商务的蓬勃发展。我国虽然对于电子商务法律保护问题进行了研究,也出台了一些法律法规,但到目前为止,还没有制定电子商务法。因此,电子商务法律法规的缺位现象将严重制约电子商务的健康发展。

（六）人才问题

现阶段,旅行社电子商务复合型人才缺失。旅行社网站的建设和管理涉及多方面的知识,诸如网络知识、电子商务知识、旅游专业知识、心理学和管理学等。旅行社的可进入性较低,对人才的要求不高,从业人员中,既懂旅行社知识又懂电子商务的人才非常稀缺,无法适应旅行社电子商务发展的需求。

## 五、我国旅行社电子商务发展的对策

### (一)端正"电子商务"观念

#### 1. 目的是商务,电子只是手段

我国目前的电子商务平台更多的是重电子轻商务,信息发布功能重于在线交易、支付、营销等功能。在这样的情况下,看似丰富实则驳而杂、可用性低的内容充斥网站,大大降低了网站的商务功能。因此网站的建设、信息的填充、友情链接的选择都应该遵循"商务"原则,以是否能够促进在线交易为衡量标准,这与提高网站的专业化水平、人性化建设等是不矛盾的。

#### 2. 网络经营的127理念

国际上成功的网站经营大多遵循着127模式,即一分技术、二分管理、七分运用。而我国多数网站过于看重技术,旅游网站多数是网络技术员来设计、经营,缺乏对旅游行业的专业了解,造成网站应用非常薄弱。进行问题对策分析的研究者几乎都呼吁培养既懂旅游又懂电子商务的复合型人才,因此旅行社电子商务平台应该在应用方面着重加强。

### (二)尽快建立旅行社电子商务框架

旅行社要抓住因特网所蕴藏的众多机遇,其电子商务不应该是简单的网上销售系统,更不应该是简单的旅游产品展示系统,而应该是以客户需求为导向的、能够快速满足当前旅游者个性化需求的系统。为此,旅行社在创建电子商务时,其基本框架应该是由公共网、企业内联网和通过外部网络与旅游供应商企业实现联合的三位一体的高效低耗的完整的自动化旅游服务体系三个方面组成。

#### 1. 公共网络(Internet)

旅行社首先要在公共网络上创建自己的Web站点。因为它是旅行社通过因特网向全球展示自己企业形象和产品的窗口,是旅游者了解旅行社信息以及有关旅游产品预订、定制、购买和支付的场所。各旅行社网站之间差异很大。有的简单到只有文字页面,没有超文本链接、图形和交互性;而有的则是非常复杂,包括数万个页面、上百条超文本链接、多媒体信息集成的订购系统和数据库应用程序。

#### 2. 旅行社企业内联网(Intranet)

旅行社企业内联网是旅行社电子商务系统的重要组成部分。旅行社通过它可以实现线路的安排、销售、采购、接待、售后服务等业务上的流程,以便对网站上消费者的订购和信息需求等进行必要的支持和做出快速的反应。同时,旅行社可以通过企业内联网实现组织结构的转变,使旅行社内部信息系统重新整合,从而在新

的市场环境下构造出更加灵活的组织形式。

旅行社内联网可将旅行社前台(门市销售部、加盟代理商)与后台(组团部、接待部、导游部、旅游车队、财务部、办公室等)联系在一起,共同实现如订票服务、订车服务、团队接待、散客订房等旅游在线服务,并且最大限度地实现信息共享。

### 3. 旅行社外部网络(Extranet)

旅行社外部网络(Extranet)是旅行社内联网对特定用户的安全延伸,它是利用因特网技术和公共通信系统,使指定并通过认证的用户分享公司内部网部分信息和部分应用的半开放的专用网。从行业范围角度看,旅行社外部网络系统应该是一个服务于旅行社旅游产品供应商如饭店、景点、旅游交通部门等的网络系统,同时也是服务于国内外各家旅行社如外国的旅游批发商或者是国内的地接社等的网络系统。该网络系统的访问者只能是以上两类旅行社电子商务系统的合作伙伴,它们是旅行社电子商务系统的会员,也是传统旅行社协作网络中的成员。旅行社外部网络(Extranet)系统可实现旅游产品信息的分布式维护以及与其他旅行社之间的各种业务往来。

通过旅行社外部网络(Extranet)系统可以实现旅行社和其他旅行社之间的电子目录商情的交换、签订业务合同或者合作意向书、确认、报价及修改等业务,还可以发送给旅行社系统的新会员。旅行社外部网络(Extranet)系统还可以给其他旅游企业提供各种与经营有关的信息报告,如产品当前的预订情况等。

当所有的旅行社外部网络(Extranet)战略、目标以及商业处理的流程都解决好之后,旅行社应该适应这种转变,以提高效率获得增值。这里的增值不仅指提高销售收入,还包括降低成本、提高客户服务水平、通过旅行社外部网络(Extranet)建立新的市场和分销渠道以及获得战略竞争优势等。

## (三)选择不同的网站运作模式

### 1. 社网合一

通过自主建设公司的网站,在互联网上拓展原有的业务空间。这首先需要投入资金建立一个有独立域名的网站,设计业务运行所需的后台程序;其次要对网站进行宣传推广,使公众及合作伙伴了解该网站,同时注意及时更新网站内容,维护网站的安全性、可用性等。

### 2. 入主市场

登录虚拟旅游交易市场,通过中介向互联网发布公司产品信息,进行公司的宣传推广。这种方法比较简单,首先要选择合适的(信誉度、知名度、安全性等)旅游电子商务网站(旅游网上中间商),成为其用户;其次是把自身的信息准确有效地通过各种方式传送给旅游代理商,相当于参加"旅游交易会";最后通过网上市场获得订单,并支付一定的中介费用。

旅行社应根据自身的实力选择合适的网站运作模式。中小型旅行社由于资金和技术所限,可以采取"入主市场"的模式,利用旅游代理商的知名度和资源优势开拓国内及国际市场。现有的不少由旅行社自行筹建的旅游网站,由于没有过多的资金进行推广运营,效果平平。

大型的旅行社(如中青旅、春秋旅行社等)可采用"社网合一"的模式,把旅游网站作为一种新渠道,投入资金大力完善网上的各种服务,建立国际知名的品牌形象。如广州的老牌旅行社广之旅,通过旗下的"中国旅行热线"网站,每月的网上销售额已经超过100万元(包括酒店、机票、租车等),公司的效益有了大幅度的提高。"青旅在线"使中青旅靠电子商务实现了业务量50%的年增长率,从而成为旅行社开展电子商务的典范。

### (四)大力加强旅游网站的运作

当旅游网络代理商在网上作为中间环节而存在,其最终目的是通过为旅游供需双方搭建交易平台而获取佣金。这首先需要形成一定规模的用户群,并培养用户从网上选择和购买旅游产品的习惯;其次还必须有完善的为旅游企业服务的体系,能够自动对网上生成的订单批量化、智能化地处理,分销给相应的旅游企业,协调好合作伙伴间的利益关系。

大型旅游网站由于规模大、知名度高、有巨大的用户群,使网站介入旅游电子商务比较方便。这类旅游网站可立足旅游信息收集处理,向虚拟旅游交易转型,成为网站旅游中间商。据有关调查报告显示,在目前的旅游交易中(以美国为例),旅游代理商占网上旅游交易的54%,航空公司占25%,酒店宾馆占13%,租车占5%。由于中国同美国一样,旅游市场规模很大,任何旅行社都无法覆盖全部旅游市场,需要旅游代理商通过互联网这种快捷的方式进行沟通和协调。中小型旅游网站可凭借特色服务吸引特定的用户群,或立足于地方旅游信息资源的开发和利用,做地方性的旅游中介商,成为大型旅游网站的分站点、合作伙伴等,以便为消费者提供更周到的服务。

### (五)加强网站信任度建设

信任危机一直是在线交易的瓶颈,我国旅游电子商务与发达国家几乎同时起步却步履维艰,主要原因是信任机制的缺失而不是技术上的差别。我国旅行社网站必须加强信任度建设,在旅行社可控范围内通过各种方式提高电子商务平台的可信度。

#### 1. 提高信息的准确性

网站旅游信息的准确是旅游者对网站信任的前提和基础。我国很多旅游网站上的信息不够准确,信息失真。据此各类旅游网站在信息发布时要认真核对,提高网站的信息质量。

## 2. 加强信息网络安全管理

各旅行社企业要严格执行国家关于信息网络安全保密方面的各项规定,建立健全信息网络安全组织机构和各项规章制度,确保信息网络安全运行。同时,要切实加强全体员工的信息网络安全保密教育,增强信息网络安全防护意识,提高安全防护的技术水平,防止泄密现象的发生。

### (六)加强专业化、人性化的服务

旅行社要向专业化方向发展,为游客提供专业咨询服务,由"旅游产品组装者"变为"行业专家",需重新树立起自己的行业形象。目前,国外一些旅行社已将旅游咨询作为一种收费项目。旅行社的优势在于它们有丰富的经验,能为顾客在信息的筛选、产品组合的选择和做出最后的购买决定等方面提供宝贵的建议。由于这些服务的价值原本是不包括在供应商提供的产品的价格中的,因而收取服务费标志着旅行社专业咨询服务的商品化。

对散布在社区中的小型旅游代理商来说,面对面的旅游咨询、亲切友好的问题解答、引导旅游者发现最适合自己旅游的项目、积极的旅游产品推荐成为他们赢得顾客的有效手段。另外一些旅行社则把咨询服务搬到网上,例如,美国 Uniglobe 旅游公司试图通过网站和人性化的服务来建立利润丰厚的网络服务系统。其网站拥有的特别功能就是在线专家问答。如果有人遇到游船旅行方面的难题,只需要打开一个聊天窗口,就可以与 75 位在线的游船专家交谈,只要几秒钟就可以解决问题。你也可以给 Uniglobe 发电子邮件,20 分钟内就可以收到答复,同样,公司的 24 小时服务热线也可以用来寻求帮助。

导游服务是旅行社的主要职能之一,虽然通过互联网我们完全有可能实现自助旅游,但导游服务不会消失。未来的导游服务将向单人或少量游客陪伴服务的方向发展,很少有像今天这种大型团队的服务。旅游产品是一种精神产品,人们消费追求的是一种精神享受。在旅游过程中人与人之间的感情交流是必不可少的。也许旅游者需要一个全程陪伴照顾的伙伴,也许旅游者需要一个通晓当地风土人情的事事通,从他们身上旅游者可获得更大的愉悦,增添更多的旅游乐趣。人和人之间的沟通与交流是任何机械都无法取代的,所以导游服务的人性化、情感化是旅行社发展的又一大方向。

### (七)加强政府的积极支持和推动

发达国家旅行社电子商务依靠的是私营企业的参与和投资,政府只起引导作用。但是在我国,电子商务尚处于初创阶段,因此,需要政府的直接参与和帮助。只有政府的积极参与和支持,才能推动我国旅行社电子商务的健康、稳定发展。

因此,政府要制定相关政策,以保护和支持旅行社电子商务的发展;协调相关部门长久以来形成的部门分割和地区封闭;加快改革步伐,培育全国市场,规范行业行为,利用媒体宣传,推进国民经济信息化,提高国民电子商务意识和水平;建立可获利的旅行社电子商务环境;加强对旅行社电子商务资金上的支持;建立风险投资市场,组建旅行社风险投资管理公司,允许我国的部分社会保障基金和部分证券投资基金投向旅行社行业风险投资资本市场;建立开发我国旅游电子商务高科技的联合体,把我国旅行社电子商务高科技企业联合起来,共同开发旅行社电子商务高科技;实施实质性的资本联合、生产联合、技术联合、销售联合,抢占旅行社电子商务高科技的制高点。

### (八)建立相应的法律、法规和互联标准

明确规定电子商务在我国的合法性和有效性,同时对电子商务的政府主管部门和实施细则做出切实可行的规定,特别是对电子商务的安全工作要有明文的法规保障(如电子凭证法规、独资认证法规等)。与其他国家合作,制定网络法和互联标准,规定电子商务各方面的责任,解决纳税、版权保护等问题,保护消费者的权益和隐私,促进公平竞争。

### (九)组建电子商务安全认证中心

中国电子商务认证中心行政上受中央政府电子商务主管部门领导,是一个市场中介组织,具有高度的密码技术权威。中国电子商务认证中心要宣传和普及个人密码、公众密码、电子签名等现代加密解密技术,发挥由中国人民银行牵头组织、12家中国商业银行联合组建的"国家金融认证中心"的作用,吸收更多的机构实行网上支付,促进旅行社电子商务的开展。

### (十)大力提高旅行社从业人员素质

旅行社电子商务的发展需要具备良好素质的人员,因此需要通过建立电子商务培训中心,提高旅行社领导者的思想认识,让他们掌握国际先进的管理工具和方法,提高他们的电子商务管理水平;与合资和外资企业合作培训专业技术人员,培养既懂旅游业务又懂电子商务的复合型人才;旅行社电子商务的发展要求打破文化障碍,缺乏文化交流和沟通,就会影响对别国电子商务最新动态的了解,影响自己电子商务的发展。旅行社电子商务应加强国际交流,以此来提高电子商务人员的业务水平和综合素质。只有保持相当数量的高素质的电子商务人员,旅行社的电子商务才能得到良好发展,才能增强旅行社的竞争力,提高旅行社的收益。

## 第三节 旅行社行业的变革

### 一、旅行社电子商务对传统旅行社的影响

旅游电子商务使传统的旅游业面临着信息革命带来的机遇和挑战,越来越多

的旅游产品供应商在网上建立自己的主页,尝试网上促销和产品直销。酒店预订、航空服务、汽车租赁、旅游线路等旅游产品在网上大量销售,其中机票业务占交易额的绝大部分(80%以上。此外,订房交易额的增长也非常迅速,这使得作为传统旅游交易中介的旅行社行业面临生存空间变小的危机。

(一)网络营销渠道的建立将直接导致由传统旅行社构筑的销售渠道价值链的颠覆

(1)旅行社销售渠道是指旅行社通过各种直接或间接的方式,将旅游产品转移到最终消费者手中的整个流通结构,又称销售分配系统。具体地说,分销渠道中的成员(作为中介的旅行社)具有生产、销售或代理销售、组织协调、分配、提供信息等主要功能。

(2)网络营销渠道是信息发布的渠道。企业的概况和产品的种类、质量、价格等,都可以通过这一渠道告诉用户;网络营销渠道是销售产品、提供服务的快捷途径。用户可以从网上直接挑选和购买自己需要的商品,并通过网络支付款项;网络营销渠道是企业间洽谈业务、开展商务活动的场所,也是进行客户技术培训和售后服务的理想园地。

(3)网络营销渠道基本上包括了传统销售渠道的所有主要功能,同时,网络营销渠道减少了流通环节,不仅可以节省给中间商的佣金,降低流通成本,使企业有可能以较低价格向公众出售其旅游产品,还加强了旅游产品生产者对其产品的控制力,这充分体现了旅游电子商务的优势。

(二)旅游电子商务的出现,削弱了传统旅行社的基本职能

1. 弱化了旅行社提供信息的职能

旅行社存在和发展的根本原因在于创造了一种新的信息传递方式和资源组合方式。旅行社本身并不生产有形产品,而是将有关旅游企业的产品信息通过组装销售给旅游者,由于旅游涉及跨国际、跨区域的食、住、行、游、购、娱六大信息要素,因此信息资源是旅行社经营的要素之一,在资产组成中占很大的比重。在线"网络旅游公司"的出现对传统旅行社提供信息的职能提出挑战。它本身就是一个信息系统,酒店、旅游景点、旅游交通部门和其他旅游企业可以通过国际互联网将自己的产品信息直接刊登在自己的主页(homepage)和网站(webside)上,且信息高度集中,操作方便快捷,潜在旅游者只需进入感兴趣的站点,就可以得到有关信息,不必受到旅行社产品组合的限制。由于因特网(Internet)的双向性,旅游者又可以通过电子邮件或在线客服等形式,及时与有关旅游企业联系,提出自己的要求,从而得到满意的答复。旅游电子商务使旅游企业和潜在旅游者直接通过网络这个中介成交,从而避免了繁杂的中间过程,减少了信息失真,节约了交易成本,使旅游企业和旅游者双方都能获利。

### 2. 弱化了旅行社代理销售的职能

除单项服务外,旅行社提供给旅游者的是组合产品,也就是说"旅行社大多以低于市场的价格向饭店、旅游交通和其他相关部门批量购买旅游者所需的各种服务项目,然后进行组装加工,并融入旅行社自身的服务内容,从而形成具有自己特色的旅游产品"。旅行社成为向旅游者提供旅游产品的企业的代理商,通过推销它们的产品,获得佣金。旅游电子商务的出现,使旅行社的代理职能受到削弱。由于旅游企业可以通过预订的形式在网上直接销售旅游产品,旅游企业可以省去由旅行社向潜在旅游者推销自己的产品且促成其消费行为所付给旅行社的佣金,只需花很少的费用在网上将自己的信息公布出来,从而降低了产品成本,使产品更具有竞争力。

### 3. 增值服务成为制胜关键

由于在网络世界中人们具有无限的选择权利,因此网上的竞争也日益激烈。旅游网站向网民推出的服务项目也越来越清晰明了,操作简单、快捷,迎合 e 时代人们的心理需求。例如继"去哪儿网"推出长期招聘免费特派试睡员活动后,同程网也推出晒博客获大奖特别活动,以此吸引网民眼球,增强网民参与网站互动的积极性,增强网友对网站的黏着度。由此可见,网站单单具有技术和信息优势,仍无法保证能在网络旅游市场上成为最后的赢家。只有提供更多的增值服务,才是制胜的关键,而这又是传统旅行社难以做到的。

## (三)旅游电子商务使散客化、个性化旅游成为可能

目前旅行社经营处于买方市场,市场需求从过去被动接受旅行社提供的"套餐"向追求多样化、个性化的主动选择转变,越来越多的商家意识到"适销对路"已经成为市场主流。然而自主化、个性化的国际散客潮和日益细分的市场,让众多旅行社感到力不从心。作为相对封闭而实力单薄的旅行社要生产包罗万象的旅游产品显然是不现实的,但市场的细分化意味着市场份额的减少。网络旅行社正是在个性化旅游的大环境中应运而生,充分满足了不同性格、心理的消费者的需求。它通过网站上的社区及时搜集不同旅游者的需求信息,获取生产者的销售反馈信息。旅游电子商务的 B2C、B2B 和 C2C 模式加强了生产者与生产者、消费者与消费者之间的联系,使自助出游完全成为现实。

与此同时,旅游电子商务也凭借自身的网络优势取代了传统旅行社平衡供需矛盾的功能。传统旅行社在平衡旅游需求的"多样少量"和旅游供给的"少样多量"方面发挥了重要作用,它能够利用供需双方的有效信息使供给多样化,需求多量化,最终趋于平衡。但由于传统旅行社信息不完全,无法对供需进行完全正确的引导,对市场变化的反应相对迟钝,会造成短期卖方市场的假象,恶化供需矛盾。而旅游电子商务因为占有相当量的信息,它能够对市场的细微变化作出灵敏的反

应,通过全国范围内的预警系统,及时协调供需矛盾,疏导客源,从而有利于旅游市场健康地、全方位地开发和旅游业的持续发展。

## 二、旅游电子商务浪潮下旅行社生存的必然性

旅游电子商务以巨大的优势占据了旅行社市场,这是否意味着旅行社从此退出了历史舞台呢?自世界上第一家旅行社,托马斯·库克旅行社创建以来,旅行社已有150多年的历史,在旅游业发展中起到了巨大的作用,在电子商务发展如火如荼的今天,旅行社仍具有一定的优势。

### (一)目前旅游电子商务发展仍不完善

旅游电子商务的概念的确让人耳目一新,但电子商务时代的真正到来是建立在成熟健全的网络基础之上的。首先,目前,网络的可操作性差,网上的消费者多数为高收入或受过良好教育的阶层,用户也多分布在经济较为发达的地区。其次,安全性和速率是网络发展的瓶颈。网络虚拟性和网络黑客的侵袭增加了旅游产品的不可感知性和购买行为的风险性。网络速率远远达不到消费者的期望水平。最后,网络信誉无法保证。尽管有网上预订、支付,但网上的"承诺"不一定能够兑现。这不仅需要靠较高的社会道德水平来支撑,而且需要用法律的形式对这种"承诺"进行制约,保证它的实现。

### (二)从长远来看,旅行社的人性化服务永远是旅游电子商务的空缺

旅行社从事的是一种人性化的服务,随着社会经济的发展,人们对人性化的呼唤,对感情的渴望越来越强烈,而人的感情又是电子化、信息化所不能替代的。特别是导游服务不可缺少,国际旅游界认为"没有导游的旅游是不完美的旅游,甚至是没有灵魂的旅游"。

## 三、旅行社业务发展的趋势

深入分析比较传统旅行社与互联网,不难发现,未来旅行社的核心能力将集中在两方面:一是旅行社在多年旅游信息收集和旅游产品组合开发中积累的专业知识、经验;二是旅行社开展并已被广大旅游消费者接受的富有人情味的导游服务。因此,传统旅行社应从上述两方面入手,将下列业务作为未来的主营业务,谋求新的利润来源。

### (一)专业化信息加工与有偿信息咨询服务

无论对旅游者还是对旅游企业而言,要想在浩瀚的互联网中各取所需,找到自己想要的信息实属不易,旅行社可通过技术手段解决这一难题。首先,凭借自身专业优势,强化旅游信息的开发。旅行社应建立自己的网站,汇集大量的旅游信息,并分类编辑,精心设计策划宣传材料,以向旅游者提供经专业化加工处理的、详尽

的、准确的并拥有特定信息主题的旅游信息为主,方便旅游者上网查询。还可增设信息搜寻服务,根据消费者的具体需求提供最新的旅游信息,这类信息由于融入了旅行社的劳动而获得了价值增值,可有偿转让给旅游消费者。其次,旅行社可凭借自己与各旅游企业和旅游者广泛联系的特殊地位,主动对供需双方进行调查研究,逐步形成旅游需求和供给信息库,并有偿地向旅游企业提供。这其中,构建综合性且便于探究的旅游者信息资料库尤为重要,库中关于旅游者的旅游爱好、旅游历史、等大量相关资料是各旅游企业进行经营决策的重要依据。

### (二)个性化和定制化产品需求旺盛

互联网拉近了旅游供应商、旅游运营部门与游客间的距离,两者间"交互式"的信息交流方式使游客可以依据个人喜好,实现旅游产品的自由选取和组合,从而为散客旅游和个性化旅游的实施创造自由空间。但从现实情况来看,网上旅游消费者尚停留在向酒店订购客房、向交通部门订购票务或购买其他简单服务的阶段,对大多数普通旅游者而言,受时间、精力及旅游知识等诸多因素的限制,自行购买产品、自己设计组合线路还很难达到最优化。

旅行社传统的组合旅游产品的业务仍有存在发展的可能。旅行社应抓住机会,尽快适应市场需求,将业务重心放在为个人旅游者提供专业化产品设计上,以提高产品的技术含量,开设直接面对游客的"一对一"服务。组织专业人员,提供因人而异的产品设计、组装指导服务,以满足每位游客的需求为宗旨,以个性化设计、定制化生产为主导,逐步开发出一系列个性化的时尚旅游产品。并据此将自己的产品与普通大众产品区别开来,达到扩大市场份额的目的。在熟练运用网络技术的条件下,旅行社可借助网络向游客直观地展示定制产品的质量和特征,运用可视系统和网络多媒体技术对游客预订旅游产品的图像、视频等要素进行信息转换,实现网上虚拟实景旅游,以此降低购买风险,增加产品吸引力。

### (三)网络营销提升直销效果

为散客和个性化旅游追求者推出的"定制化产品"尽管有极大的市场吸引力,但其过高的价格仍然会令部分旅游者望而却步。众所周知,在影响消费者的诸多因素中,价格始终占据着重要地位。调查显示,当产品价格降幅超过消费者的心理期望,消费者就有可能被吸引并产生购买行为。因此,对旅行社而言,发挥自己批量采购的优势和信息优势,降低个性化定制产品的成本,也是展示其专业化服务技能,吸引游客,获取利润的重要途径。目前,上海春秋旅行社就推出了通过网络进行散客成团的业务,其宣传口号是"网上成团,散客享受团队价",即对一些生僻的旅游项目也能通过系统内销售网络搜寻,将有同种需求的人组合成团,做到特殊化、个性化产品的批量生产,从而大大提高了企业的竞争力。

### (四)个性化导游服务成为特色

导游服务是旅行社独创和特有的服务项目。导游的任务,一方面是通过自己的讲解,使旅游者深入了解旅游目的地,提高旅游的知识性和趣味性;另一方面是在出现意外和突发事件时,根据自己的能力和经验帮助游客及时处理问题,增强旅游者的安全感。网络时代尽管人们可以大量依靠网络信息选择旅游产品,实现完全的自助旅游,但导游服务不会消失。因为旅游产品是一种精神产品,人们追求消费中的精神享受,在旅游过程中,导游与游客间的感情交流,满足了现代人渴望真情、希望被尊重、实现自我价值的心理需求,使旅游成为一项充满精神享受的体验活动,而这种享受是互联网无法创造的。在网络环境下,人性化、情感化的导游服务仍将是与旅行社信息化同步发展的重要因素。

需要强调的是,未来面向单人或少数游客的导游服务将会逐渐增加。另外,未来的导游人员不仅要有扎实的语言功底和广博的知识,还要精于与外界的沟通和联系,并且能借助先进的手段在旅游过程的前、中、后期了解和把握旅游活动的进程和动向、熟悉游客的特征和旅游目的,做到在服务过程中尽量满足游客个性化的需求,为旅行社巩固客源。

## 第四节　春秋国旅电子商务

### 一、背景简介

上海春秋国际旅行社有限公司由王正华先生于1981年创立,目前已拥有四千余名员工和导游,年营业收入六十亿元。业务涉及旅游、航空、酒店预订、机票、会议、展览、商务、因私出入境、体育赛事等,是国际会议协会(ICCA)在中国旅行社中最早的会员,是第53、第54、第55届世界小姐大赛组委会指定接待单位,是世界顶级赛事F1赛车中国站的境内外门票代理,是上海市旅行社中唯一著名商标企业,是中国第一家全资创办航空公司的旅行社。

春秋国旅在国内是较早实现企业信息化的旅行社,1994年就建立了当时在全国较有影响的电脑实时预订系统,由于这种电脑实时预订系统在内部运作,准确、迅速、方便且规模化统一操作,优势明显,内部网络成员不断增加,最终形成了一个比较完善的代理商预订系统。

春秋旅游网1999年正式建立。初期运营模式为春秋国旅的企业网站,以发布企业最新动态及线下产品的线上展销为主,属于"旅游传统企业信息化"的典型案例,不能算是开始发展旅游电子商务。直到2001年1月,春秋国旅将春秋旅游网从简单的信息发布改造成为能够进行旅游电子商务的网站。在短短三个季度内,春秋旅游网的营业收入和利润进入了良性循环的创收轨道,2001年第一季度营业交易额达120万元,第二季度达400万元,第三季度更是达到了600万元。春秋旅游网现在的官方网站为 www.springtour.com，旗下还包括春秋航空网（www.china-sss.com）。

目前，春秋旅游网已拥有30余家国内全资子公司及4家境外全资子公司。除提供线路预订、酒店预订、机票预订之外，春秋旅游网还提供性价比较高的产品和旅行社。由于春秋国旅强大的资源支撑，线路预订成为了春秋旅游网的主营业务。

## 二、业务模式分析

### （一）经营业务

春秋旅游网经营的业务主要有：国内游、出境游、周边游等旅游线路预订；机票、酒店、门票预订；企业差旅管理等。

### （二）赢利模式

春秋旅游网的赢利模式是由网站、春秋国旅总社及各网点、上游的旅游企业（各地分社及合作旅行社、航空票务代理商、目的地酒店）和网民市场构成，其目标市场主要为观光和度假游客。由于春秋国旅强大的资源支撑，线路预订和机票预订成为了网站的主营业务。春秋旅游网推出的所有线路价格均与春秋国旅总社和各分社一样，因此众多的线路选择和实惠的价格无疑成为了春秋旅游网最大的卖点。同时，春秋旅游网也经营酒店和机票预订的业务，但大多是通过传统旅行社来完成的。网站的信息提供和社区的营造基本围绕自己的预订业务设置，并没有建立一个庞大的目的地信息库。

#### 1.春秋旅游网利润点分析

线路预订、机票预订是春秋旅游网的两项主营业务，也是其主要赢利点。同时，春秋旅游网也大力发展酒店预订业务作为其赢利点的有效补充。

（1）线路预订代理费。这是春秋旅游网的主要赢利来源，在春秋国旅的组团赢利中形成，通过春秋国旅以赢利返还的形式获得。

（2）机票预订代理费。包括春秋国旅子公司——春秋航空的机票预订和其他航空公司的机票预订。由于同属一家公司，春秋旅游网往往能够得到低价机票，这是其他机票预订网站不能获得的。机票预订代理费也是通过春秋国旅的订票差价以赢利返还的形式实现。

（3）酒店预订代理费。顾客可以有两种支付方式：一种是预付的方式，由春秋国旅向目的地酒店预订；另一种就是前台支付的方式。相应地网站也就有两种赢利渠道，前者是春秋国旅以赢利返还的方式实现，后者则是以目的地酒店赢利返还的形式实现。

（4）春秋国旅提供的发展资金。一方面由于春秋航空旅游网是春秋国旅的一个营销渠道和宣传窗口，另一方面则是由于在春秋的赢利模式中会出现赢利漏损

(有相当数量的网民在浏览了网站的信息后会选择到春秋国旅的各旅行社进行实地交易),因此作为对网站赢利漏损的补偿和未来发展的支持,春秋国旅总公司会向网站提供一定数量的发展资金。

**2. 春秋旅游网利润源分析**

春秋旅游网的目标市场主要为观光和度假游客,但是分层次的旅游产品已经形成,它涵盖了各种不同收入群体,还包括对价格比较敏感的商务旅客。在春秋航空旅游网网站上有专门的商旅会展板块,提供商务考察、企业差旅和会展服务。

**3. 春秋旅游网利润杠杆分析**

(1)市场营销管理。春秋旅游网采用整合营销的方式增强其品牌影响力。一方面春秋旅游网协调好企业内外所有能够影响客户的活动,比如市场调研、产品设计、广告宣传、预订服务甚至财务管理,一切从客户的需求出发;另一方面,切实以客户为中心,以市场为导向,并将这种思想贯彻到春秋人的日常工作中。

(2)产业价值链管理。春秋国旅在上海有五十个连锁店,在江浙地区有四百余个、全国有近两千个网络成员,在北京、广州、西安、沈阳和三亚等30余个国内大中城市设有全资公司,每个全资公司大都有二至十个连锁店,有美国、泰国等7个境外全资公司。

## 三、案例评析

### (一)春秋旅游网的成功因素

在中国旅游强劲发展的大背景之下,作为一家民营企业,春秋旅行社以其骄人的业绩和鲜明的特色从众多实力及背景雄厚的旅行社当中脱颖而出、独领风骚,成为中国旅行社行业的鳌头企业。

**1. 明晰的产权制度**

春秋旅行社于2002年完成了产权制度的改革,成为了民营企业"全员所有制"旅行社,即旅行社全体成员共同占有企业生产资料,并实行劳动量股权定额的所有制产权的组织形式。这一制度的改革摆脱了产权不明晰的种种束缚,使得全体员工心中有底、有动力。企业基本建立了现代企业产权制度,而产权制度的明晰使得其权利与责任对称、各项经济活动流畅顺达地开展。这一点对于处在市场经济运作化的我国众多的旅游企业尤为重要。

**2. 员工的激励制度**

我国许多旅行社存在着员工流失惨重、只关注自我发展没有企业归属感,非一线员工懈怠等现象。这些现象的存在与企业制定不利的员工激励制度息息相关,春秋旅行社的做法值得借鉴。春秋旅行社员工股金分为两部分,每个员工的个人奖金中提出15%,然后由旅行社基金中再贴进15%,即个人和旅行社各产生15%,

两者相加占员工奖金30%成为股金总额。这一制度的产生,不但使员工更积极努力地投身到自己的工作当中,由于自身的利益与企业的利益密不可分,也更加关注企业的长远发展,认同感与归属感随之提升。

### 3. 建立属于自己的航空公司

春秋旅行社于2004年获民航总局批准,筹建春秋航空有限公司。这一举动一度成为当时议论的话题,尤其对于国内旅游界更是一个创举。从业务扩展范围来讲,航空公司是产业上端,航空公司作为母公司筹建或者收购下端旅行社司空见惯,但处于产业链下端的旅行社向前收购或者组建航空公司实属罕见。但几年来的事实证明,春秋旅行社得到了认可并且其经营航空公司的策略实施成功。

旅行社组团出游经常会受到航空公司的各种限制,时间上、航线上的选择都要服从于航空公司,迫使旅行社在制定自己的旅游产品时不得不考虑这些因素。但如果航空公司为旅行社所用,不但成本费用、风险管理费用大大降低,更重要的是在制定产品策略上可以放开手脚,集中精力与资源,提高自身核心业务水平。在春秋拥有自己的航空公司之前,每年仅支付给航空公司的包机费用就高达10亿元,在比较了经营管理成本与包机等成本之后,春秋公司克服了种种阻力,以追求低成本、平民化的定位,旅游加航空为特色开展了航空领域的经营。这种模式成为了中国旅行社的典型代表。

### 4. 提供优质的服务

春秋国旅设有严格的质量监督管理机制,诚信经营,坚持"99+0=0"和"每团必访"的优质服务质量观。仅在上海总部,春秋的质量调查人员就达20人。春秋对每一个旅游团都要做跟踪调查,每周开一次质量讨论会,每月出一次质量监督公报。春秋对质量要求近乎苛刻,违反质量要求的业务经理,轻则受到批评警告,重则会被罚款。严格的质量管理为其赢得了信誉,在消费者心目中树立了高品质的品牌形象。春秋航空公司还要求空乘为顾客提供跪式服务,而这在普通航空公司只有头等舱才能得到的服务,在春秋任何一位顾客以较低的价格都能享受到同等待遇。

## (二) 春秋旅游网SWOT分析

### 1. 春秋旅游网的优势

春秋旅游网的产品具有一定的价格优势。由于市场的不规范,网上酒店虚假预订的事情时有发生。因此,国内酒店给予网站的报价普遍要高于传统旅行社。春秋旅游网依托旅行社,其酒店预订价基本上都可以拿到旅行社报价。春秋旅游网的旅行社集团背景使其在旅游线路和机票价格上的报价也相对来说必然具有一定的优势。

较低的营销费用。依托强大的旅行社资源作为品牌支撑,春秋国旅的规模优势、品牌知名度和美誉度以及顾客忠诚度都转化成了春秋旅游网的品牌优势,同时也为网站节省了大量的线上及线下的营销支出。

2. 春秋旅游网的劣势

(1) 赢利模式存在着非封闭性,造成了一定程度的赢利漏损。春秋旅游网作为春秋国旅的宣传窗口,这种宣传功能使得其赢利不可避免的出现漏损。这就需要春秋国旅总公司的利润补偿或是投入相当部分的网站发展资金。利润补偿或者说是发展支持应该视作一把双刃剑:在电子商务网站发展的起步阶段可能有助于企业的发展,但随着网站规模的扩大和业务量的增加,缺乏完整封闭的赢利模式必将在一定程度上限制电子商务业务的进一步发展和网站竞争能力的加强。

(2) 信息沟通不及时。从企业信息沟通的及时性来看,春秋旅游网的信息沟通除了企业与上游企业和市场的沟通之外,还需要在企业内部与企业其他各部门之间进行信息沟通,沟通层次的增多会降低信息传递的速度,进而影响服务的及时性并提高沟通成本,这将在一定程度上影响到顾客满意度和网站运营效率,势必影响赢利的实现。

3. 春秋旅游网的机遇

旅游预订市场结构中订票营收规模持续上升。根据艾瑞咨询的研究数据,2008年订票营收规模的上升趋势不减,已基本可以与订房营收平分半壁江山。2008年酒店营收规模为13.15亿元,占总营收的比重为47.1%,这一比重比2007年下降了6.2%;机票营收规模为12.06亿元,占总营收的比重为43.2%,比2007年上升了5.3%。这对于主营机票预订业务的春秋航空旅游网来说来说是一个利好消息。

4. 春秋旅游网面临的挑战

(1) 旅游电子商务市场竞争加剧。一方面,业内龙头携程旅行网市场份额巨大,难以撼动;另一方面,市场准入门槛不高,以及商业模式的可模仿性使得越来越多企业进入旅游电子商务领域,一些大型门户网站如新浪、腾讯等也纷纷开辟了旅游电子商务板块。虽然它们在经营模式和市场细分上与春秋航空旅游网有所区别,但是这些旅游网站对春秋航空旅游网的威胁显而易见,或多或少会对其经营造成影响。

(2) 网站后续发展缺乏动力。一方面,我国的游客市场正在经历着一个深刻的变化,散客市场正在逐渐增长,个性化服务的需求也正在不断增加,这将造成线路需求比例下降,不可避免地对春秋航空旅游网的赢利造成影响。另一方面,赢利漏损和集团内赢利分配途径不明确会造成网站后续发展缺乏动力。

(三) 春秋旅游网的未来发展

目前,全中国两万多家旅行社正出现集中化的趋势,少数大型旅行社加深扩张,海外旅行社大举进入中国本土市场,同时,国内有很多新领域的投资者进入旅行社业中,整个行业呈现出困境和希望并存的重组、洗牌、调整、改革、创新的多重特征。

在这个大背景下,春秋国旅立志转型与升级,努力成为大型旅行社集团,走向成熟、走向规范、做大变强。首先,线路的研发逐步从传统旅游向新型旅游转变;其次,从纯粹跟团旅游的方向转换到重视散客的阶段;再次,从传统的收客方式向电子商务、信息化转型;赢利模式则从原有的低价模式(零负团费)转向品质之旅。在走向集团化的道路上,春秋国旅已取得许多骄人的成绩,相信在不久的将来,春秋国旅将形成一个大型旅行社集团。到时,旅行社的赢利模式、业务模式会有全面的升级,旅行社能基本完成信息化,拥有相对成熟的电子商务。

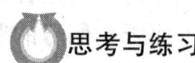 思考与练习

1. 什么是旅行社电子商务?旅行社电子商务的内涵是什么?
2. 旅行社开展电子商务有何意义?
3. 我国旅行社电子商务有哪些发展模式?请举例说明并分析它们的优劣势。
4. 我国旅行社电子商务发展存在哪些问题?
5. 大型旅行社实施电子商务有哪些策略?
6. 我国旅行社电子商务发展面临哪些问题?制定了哪些发展策略?
7. 电子商务对旅行社造成了哪些影响和冲击?
8. 上海春秋旅行社主要在哪些方面应用了电子商务?
9. 上海春秋旅行社经营哪些业务?它的赢利模式有哪些?

# 第七章 航空公司电子商务

## 引 言

民航是比较适合发展电子商务的行业,有着广阔的电子商务发展前景。全世界第一张电子客票于1994年在美国诞生。如今,电子客票已成为航空公司主要的销售手段。

随着世界各国不断开放航空市场以及一系列服务创新产品的问世,航空市场的竞争日趋激烈,人们出行方式的选择余地越来越大。未来20年,世界航空业客流量平均增长速度将达到5%。其中,亚太地区经济增长迅速,将成为航空市场新的增长点,全球航空市场中心将从北美移向亚太地区,到2026年,这一地区将占全球商用飞机销售额的36%,而中国将成为亚太地区航空市场发展的重要推动力。中国国内航空市场将长期处于增速态势,航空客运量将以每年8.1%的速度增长,并有望在全球市场中遥遥领先。

同时,中国航空运输业面临着激烈的市场竞争。在国内运输市场上,国内地方航空公司和民营航空公司不断增加;在国际运输市场上,面对着来自航空运输业强国的欧美航空公司,竞争压力相当大。当前,无论是企业的规模还是运营管理水平,中国的航空公司还都无法与欧美大型航空公司抗衡。所以,发展电子商务势在必行,应快速提高运营管理水平,实现电子客票的销售,缩短与国外航空公司的差距。

电子商务在旅游中的应用,使得旅客的需求和消费行为发生了很大的变化。由于选择范围的显著扩大,旅客可以在短时间内通过网络从大量的航空公司中进行选择,选择合适的时刻和价格,以获得最满意的性价比,而不必花费大量的时间进行选择和比较。旅客也可以选择直接访问航空公司的网站或者代理商网站进行价格的比较,从而使自己利益最大化。

## 第一节 航空公司产品特点与营销方式

### 一、中国民航发展历史简介

1949年11月2日,中国民用航空局成立,揭开了我国民航事业发展的新篇章。十一届三中全会以来,我国民航事业无论在航空运输、通用航空、机群更新、机场建设、航线布局、飞行安全等方面都持续快速发展,取得了举世瞩目的成就。目前,中国民航运输总周转量已经连续数年位居世界第二位,成为名副其实的航空大国。从民航大国逐步迈向民航强国,是今后我国民航的战略目标。

纵观中国民航的发展历程,管理体制改革较为曲折,从总体上看中国民航发展可以分为四个重要的阶段。

(一)筹建时期(1949—1978年)

1950年,新中国民航初创时,仅有30多架小型飞机,年旅客运输量仅1万人,运输总周转量仅157万吨公里。这一时期,民航由于领导机制几经改革,航空运输发展受政治、经济影响较大,规模较小且发展缓慢。

(二)稳步发展时期(1978—1987年)

1978年,邓小平同志指示民航要用经济观点管理。1980年,中国政府决定民航脱离军队管制,把中国民航局从隶属于空军改为国务院直属机构,实行企业化管理。这期间中国民航局是政企合一,既是主管民航事务的政府部门,也是以"中国民航(CAAC)"名义直接经营航空运输、通用航空业务的全国性企业。1980年,我国民航全年旅客运输量仅343万人,全年运输总周转量4.29亿吨公里,列世界民航第35位。

(三)重组扩张时期(1987—2002年)

1987年,中国政府决定对民航业进行以航空公司与机场分设为特征的体制改革。组建了6个国家骨干航空公司,实行自主经营、自负盈亏、平等竞争。这6个国家骨干航空公司分别是:中国国际航空公司、中国东方航空公司、中国南方航空公司、中国西南航空公司、中国西北航空公司、中国北方航空公司。同时,组建了民航华北、华东、中南、西南、西北和东北6个地区管理局。

2002年,国内民航航空运输飞机661架,旅客运输量8594万人,运输总周转量165亿吨公里,货邮运输量202万吨。20多年中,我国民航运输总周转量、旅客运输量和货物运输量年均增长分别达18%、16%和16%,高出世界平均水平两倍多。

(四)行业重组后规范发展时期(2002—至今)

2002年,国务院通过国家计委上报的《民航体制改革方案》,标志着民航新一轮改革开始。这次改革的原则是:按照市场取向,实现政企分开,克服过度分散,规范市场竞争,发挥市场对民航资源配置的基础性作用。

重组后决定航空网络的主体和方式发生了根本性的变革,从民航局的行政管理逐步转变为航空公司的市场化选择。重组不但拓展了主要航空公司的地理覆盖范围,而且也提升了其整体的空间服务水平。中国国际航空公司、中国南方航空公司和中国东方航空公司三大民航运输集团的网络从单一枢纽为主,向多枢纽转变,轴辐式结构更加明晰。重组政策扩大了航空公司规模、优化了航空公司的资源配置,提高了主要航空公司的市场竞争能力。在放松政策管制逐步引入市场机制的情况下,三大民航集团建立了相对稳定的市场空间格局,避免了新的恶性竞争,中小航空公司的存在和发展保证了民航业良好的竞争环境,为进一步开放我国民航业、参与国际竞争奠定了良好基础。

## 二、航空公司产品的特点

航空产品被定义为"在一次旅行中旅客和航空公司接触全过程的体验"。因此,航空公司销售的是"体验"而不是机票。这种接触的全过程包括以下几个环节:购票的过程,办理登机手续的过程,机舱服务,结束旅行离开。在此过程中,如果发生飞机延误,顾客就会接触到延误的处理,如餐食、宾馆服务、延误赔偿等服务。航空产品是一种服务,也是一种中间产品,而非最终产品,人们消费它是为了满足其个人或工作的需求。航空产品不同于普通产品的特征在于:航空产品不能储存;服务的同质性很强;服务往往是批量的,不是单一的。

航空产品是可替代的,汽车、火车都能提供类似的服务。而且由于火车提速、高铁的兴起、高速公路网络的迅速建成,这种替代性表现得更加明显。由于竞争原因,航空公司之间的票价、机型、服务内容、客舱环境等基本相同,加上航空旅行时间有限,限制了产品差异化内容。对于旅客来说,在乘坐飞机之前,通常不会知道飞机能否按时起飞,是否有可口的食物,乘务员是否友好,坐在旁边的客人是否邋遢等,几乎不可能对产品进行有意义的区分。因此一个潜在的顾客很难判断哪家航空公司的产品是最好的。

## 三、航空公司产品的传统销售渠道

### (一) 航空公司产品的传统销售渠道现状

完整的企业营销渠道一般由三部分组成,即生产者、中间商和消费者。中间商起着十分重要的作用,他是促进商品交易行为实现的经营者。

航空公司的中间商主要是销售代理和旅行社。根据有无中间商的介入,民航运输企业的销售渠道可分为直接销售渠道和间接销售渠道两类。传统意义上的直接销售是指航空公司通过在各地设立销售机构直接把机票销售给顾客,又称直销。这种方式具有快速、直接、免付代理费等优点,但需要航空公司支付较高的销售机构建立费用,并且承担一定的销售风险。间接销售是航空公司通过各地的销售代理将机票销售给顾客,又称分销。分销具有便捷、快速占领市场等特点,能够拓展机票销售的广度和深度,但是需要航空公司支付较高的代理佣金,并且如何对代理人进行有效的管理一直是困扰航空公司的难题。

目前,我国国内航空公司的客运销售收入中85%是通过分销渠道的代理商来完成的,其余的15%是通过航空公司的直销售票处或者网站、电话销售的。这种过分依赖代理商的单一渠道模式难以实现对渠道的有效覆盖,无法满足顾客不断增长的需求以及为顾客提供较大的让渡价值。

目前国内航空公司已经多达23家,导致航空旅客运输市场的竞争异常激烈。各大航空公司为了提高客座率和销售收入,积极发展代理商,同时航空公司为了鼓励代理商多销售本航空公司的机票,都会给予代理商较高的代理费,一些航空公司也唯恐因代理费低而失去庞大的销售网络,因此,造成了代理费竞相攀高的现象。代理商正是看到了航空公司之间竞争带来的机会,极力扩张自己的势力范围,以至于出现了拥有上百家"一代"、"二代"的大代理,形成了超级销售舰队。在全球范围内,整个民航市场的销售费用在航空公司总成本中占17%,是继航油和人力成本之后的第三大开支。

近年来,代理商销售客票在市场中占据了相当大的份额,而直销渠道的销售力量却相对较为薄弱,这种过分依赖于代理商的销售模式,会使航空公司的销售活动变成与代理商之间的博弈。对代理商的政策维护和制定成了航空公司销售活动中最重要的内容,而真正的旅客群体却无暇顾及。这导致的直接结果是航空产品的同质化,旅客无法在品牌和服务上区分航空公司的产品,转而比较价格。于是航空公司之间的价格战愈演愈烈,对顾客的服务却没有本质上的提高。

**(二)航空公司产品的传统销售渠道的改善建议**

当前,航空公司必须适度扩张自己的直销渠道,主要出于以下三个方面考虑:一是有助于改变航空公司过分依赖销售代理的不利局面,促使代理商摆正位置,积极配合航空公司做好销售工作。二是有助于降低销售成本,增加收益。在目前销售代理成本过高的情况下,直销减少了销售代理费的长期支付,无疑能降低销售成本。三是有助于提高销售服务质量,促进销售。

相对于间接销售,直销具有快速、直接、无高额代理费等优点,但是缺点也非常明显:首先,不能销售其他航空公司的打折机票,只销售本公司的机票或其他航空公司的一定折扣的机票,从产品的种类上不如代理商的丰富,顾客选择余地不大。其次,自建直销点需要强大的财力和人力支持,管理和销售上的风险都要自己承担,加上消费者需求的差异性、市场在地域上的广阔性、渠道成员规模的有限性等因素,使得航空公司不可能完全采取直销的办法。它做不到通过顾客的购买协同效应达到更大的市场覆盖面,无法拥有更多的直接客源。航空公司要做的是提高接触更多客户的能力,从而更彻底、更经济地提高市场占有率。

市场竞争日趋增强的激烈性和对抗性,要求航空公司更加深入和细致地开展业务加大对营销渠道的控制与管理。综观成熟的航空企业,向来重视销售的组织和开发,既有地区性的直销网络,又有强大的分销网络,逐渐形成直销与分销相互依存、优势互补的局面。依托信息技术的发展,航空公司不断改进自己的客票销售渠道,以保持和开发客源,提高持续发展的能力。未来航空公司之间的竞争不仅是航线产品、航空服务的竞争,更是销售渠道的竞争,拥有一套"独立、稳定、高效"的销售渠道将成为航空公司具有核心竞争力的体现之一。

## 四、航空公司联盟

航空公司战略联盟是指两个或两个以上的航空公司为了应对激烈的市场竞争,提高竞争优势,共享包括品牌资产和航班时间等在内的稀缺资源,从而提高运营效率和服务质量,最终达到提高赢利能力而结成的一种长期契约关系。

### (一)航空联盟早期形式——代码共享

代码共享(Code-Sharing)是指一家航空公司的航班代码可用于第二家航空公司所经营的航班上,并且通常将这些代码航班看作是第一家的航班,而这些航班实际上是由第二家航空公司运营。归根结底,代码共享只是不同航空公司之间以此进行市场开拓的一种方法。

代码共享,对航空公司而言,不仅可以在不投入成本的情况下完善航线网络、扩大市场份额,而且越过了某些相对封闭的航空市场的壁垒。对于旅客而言,则可以享受到更加便捷、丰富的服务,比如众多的航班和时刻选择,一体化的转机服务、优惠的环球票价,共享的休息厅以及常旅客计划等。正因如此,代码共享于20世纪70年代在美国国内市场诞生后,短短20年便已成为全球航空运输业内最流行的合作方式。中国国际航空公司与美国西北航空公司的代码共享开始得最早,始于1998年5月,合作的层次最深,领域最广。双方不仅连接了订座和离岗系统,互通了常旅客项目,联合销售和促销,而且真正实现了"通程登机"和"无缝隙"服务。旅客在始发机场办理登机手续时即可一次拿到途中所有航班的登机牌,行李也可以被直接运至目的地。今后,双方的合作领域将进一步扩大到培训、财务和人事管理等方面。"代码共享"这种方式使中国的航空公司得以直接吸取国外先进航空公司的经营和管理上的经验,尽快融入日益全球化、自由化的航空运输业。

## (二)国际航空联盟简介

从全球范围来看,多国航空公司之间的国际联盟逐渐成为近十年来国际航空运输业的一种趋势。从1987年美国联合航空公司率先与英国航空公司结成联盟开始,世界各地航空公司陆续地组建各种形式的国内和国际航空联盟。航空公司之间的竞争也逐步由单个航空公司的竞争转化为航空公司战略联盟之间的竞争。当前规模最大的三个航空联盟分别是成立于1997年5月的星空联盟,成立于1999年2月的寰宇一家和成立于2000年6月的天合联盟。据统计,2010年三大航空联盟共有54家航空公司加盟,它们的业务量和市场份额已经占据了全球航空业的一半以上,座公里占到了60%的市场份额,旅客运输量占到52.7%,收入占到65.7%。据航空联盟(Airline Alliances)统计,2012年三大航空联盟的市场占有率将达到77.1%。国际航空联盟越来越强的垄断优势迫使其他国际航空公司要么加入其中一家,要么在它们留下的夹缝中寻求生存。

# 第二节 航空公司电子商务应用

## 一、电子商务对航空公司的影响

### (一)航空公司电子商务概述

电子商务是综合运用信息技术,利用电子手段进行商业、贸易等活动,是商务活动的电子化、网络化和数字化。对于航空业的发展来讲,电子商务是机遇与挑战并存。但无论是机遇还是挑战,航空业走电子商务发展之路已成为不争的事实。在电子商务环境下,一些规模不大的航空公司也有了与大型航空公司平等竞争的机会。以捷蓝航空(JetBlue Airways Corporation)为例,其公布的2010年第三季度业绩显示该季度经营利润为6600万美元,利润率为7.7%,比上年同期利润率增长5.3%。捷蓝航空正是美国航空业有名的网络营销翘楚,其在Twitter微博网站上拥有的粉丝数量以百万计,让其他同样进行网络营销的大牌航空公司望尘莫及。

### (二)电子商务对航空公司发展的影响

1. 降低成本

(1)通过网上订购机票,可以降低航空公司的管理成本。首先,电子商务可以降低通信费用和节省交通、办公费用,在很大程度上降低人工费用。

(2)航空公司可以通过信息网络与顾客实现信息共享,从而使得航空公司可以掌握顾客动态,有利于提供有针对性的差异化服务。

(3)利用网站本身,将各种常见问题放入其中,使顾客方便查询,实现自我服务,一定程度上降低了服务成本。

**2. 电子商务改变了航空公司的运作方式，极大地提高了航空公司的效率和效益**

电子商务提供的交互式网络运行机制为航空公司提供了一种信息较为完备的市场环境，使得信息跨国界传递和资源共享得以实现，并可借助网站中的邮件交互提供咨询服务和网上订购、支付。

**3. 电子商务改善航空公司的管理结构**

电子商务要求航空公司对信息处理要及时、准确。一些信息比如价格、售前和售后服务等，应该使用相应的管理软件，使航空业实现生产、销售、服务等方面的资源整合，这种整合会使航空公司管理信息及时、快速、准确地汇报给高层，使管理层的决策更具有针对性，并且促使航空公司能够实现更具灵活性的经营，有利于航空公司的生存和发展。

## 二、全球分销系统

### （一）GDS 的概念

全球分销系统 GDS（Global Distribution System）是近十年中迅速发展的新型电子商务营销网络，是为代理人提供航空和旅游产品分销服务的计算机技术及网络服务系统的总称。GDS 通常是以国际性航空公司为龙头，与连锁饭店、度假村、汽车租赁公司、铁路公司、旅游公司等旅游相关企业形成联盟共同建设的，提供航班订位、酒店订房、旅游预订等综合服务的分销与信息服务的系统。

### （二）GDS 的发展

全球分销系统（GDS）是由航空公司订座系统（ICS，Inventory Control System）和航空公司计算机预订系统（CRS，Computer Reservation System）演变和发展而成的。经济全球化和旅客需求多样化是 GDS 发展的推动力量。进入 20 世纪 90 年代，GDS 已经发展成为第一大信息产业。GDS 可提供常旅客系统、机上座位预订系统、市场导航系统、旅客值机系统和完备的数据分析依据。此外，依赖互联网开放平台，GDS 已不仅能为旅游代理商采用，而且得以深入千家万户。通过整合多方面的旅游，GDS 开始能为出行者提供包括旅游线路规划、机票预订、酒店预订、网上支付等在内的全方位的服务。GDS 通过不断地变革和创新延续着生命力，已经成为政府决策、企业经营、个人生活不可缺少的重要元素，也是未来航空及其他旅游产品销售技术的主要发展方向之一。

**1. 国外 GDS 的发展**

全球航空领域比较知名的 GDS 网络系统有 Amadeus、Galileo、Sabre 和 Worldspan。世界上成熟的航空企业，都是依托于某一个或几个 GDS，把自己的营销渠道扩展到全球各个角落。Sabre 率先建立了航空公司计算机预订系统（CRS），为旅游代理商提供便捷的机票销售方式。此后,全球分销系统的发展带来了全球旅游分销的革命性的变化。可以说,这四大 GDS 网络系统推动了全球旅游电子销售市场的形成。

2. 国内 GDS 的发展

GDS 系统的拥有者基本集中在欧美发达国家,中国航空企业要参与国际竞争,在分销领域,也必须通过这一模式。然而仅仅依靠国外 GDS 是不行的,不仅因为国外 GDS 的高额收费会大大提高我国航空企业的运营成本,而且关键在于国外 GDS 厂商在占有充分航空数据的基础上,会控制和遏制我国尚处于弱小时期的航空旅游市场的发展。随着中国加入 WTO,中国民航业面临着严峻的挑战,为了保住并开拓现有的市场份额,中国民航业必须建立自己的销售体系和销售网络,利用最新的 IT 技术降低经营成本,提高工作效率,适应新的市场竞争环境,这样才能在国外对手的强烈冲击之下立于不败之地。

世纪之交,中国民航总局决定建设自己的全球分销系统,在整合并发展现有民航机票分销系统的基础上,逐步向饭店、旅游、租车等非航空业务拓展。2000 年 4 月 7 日,中国民航计算机中心与国内包括国航、东航、南航等在内的 20 家航空公司正式签署协议,共同组建中国民航信息网络股份有限公司(简称中航信)。通过集合多家国内航空公司的力量,已上市公司的现代企业制度为保证,中航信 GDS 系统已经逐步建设成为与世界同等水准且比较成熟的全球分销系统。

## 三、电子客票

电子客票(E-Tickets),也称为无纸化客票,是普通纸质机票的一种电子映像,它利用计算机网络平台将传统客票信息电子化、虚拟化,并将票面信息存储到订座系统中。

电子客票业务是对传统航空客票业务的一种延伸,电子客票的诞生加速了航空电子商务的进程。电子客票的使用,使得空港对旅客的认证从传统的客票演变成网络传递的电子认证。旅客只需通过传统订座方式如终端、电话或者互联网进行订座、付款,电子客票系统会记录旅客的需求并在系统中产生虚拟的票证影像,旅客只需要记录订座的有关编码,不需要打印机票,但可以索取订票收据。旅客到达机场,只需向航空公司值机人员出示有效的身份证并提供编码,或者在智能终端中输入有效的身份证号码和订座编号,系统检验身份合格后就能够自动打印登机牌和收据,旅客凭着登机牌、电子客票收据就可以通过安全检查进行登机。

(一)电子客票的历史

1993 年第一张电子客票在美国 ValuJet 航空公司售出,乘客只需在网上输入自己的信用卡卡号和有效期,就可以直接购买机票。随后,美国西南航空(Southwest

Airlines)与美国联合航空(United Airlines)一起推行电子客票的普及使用。从1995年开始,这两家航空公司对美国国内航班全面提供电子客票,电子客票可以从它们的订票中心、网站和代理商处获得。旅客使用电子客票时,航空公司通常会给一个行程确认,旅客到达机场后,出示身份证和行程确认就可以得到登机牌并托运行李。

电子客票的使用有效地降低了航空公司的出票费用,Southwest Airlines声称使用电子客票的第一年减少出票成本2500万美元,至少可以降低50%的出票成本。1998年,电子客票的概念推广到全球范围。

2000年,中国南方航空公司在国内业界首先使用电子客票,但比起国外先进国家晚了近7年。2003年其电子客票销售额达到9.3亿元人民币,占去总销售额的10%。为了顺应信息化社会的市场需求,中国国际航空公司、中国东方航空公司也相继推出了自己的电子客票。2011年,中国民航信息集团公司表示,借助中国航信的技术推动,中国最先成为全球航空电子客票普及率100%的国家。

**(二)电子客票的好处**

电子客票改变了传统纸质机票的物质形式,进而改变了航空客票的生产、流通甚至支付方式,使得航空公司的营销体系、分销渠道、服务流程、管理理念等产生根本变革。电子客票的销售需要依托强大的信息技术支撑,凭借网络资讯手段拓展销售渠道,机票无纸化促成了国内航空公司从传统经营向电子商务的转向。电子客票的使用带来的好处可以从两个方面来分析,即给航空公司带来的好处以及给旅客带来的好处。

**1. 给航空公司带来的好处**

电子机票为航空公司带来的最直接的好处,是节约了客票本身的成本、管理成本和数据回收成本。纸质机票的成本包括印刷、运输、保管、回收、统计和结算、送票费用等。而电子客票是传统纸质机票的一种电子替代产品,以一种数字化的形式伴随在旅客的整个行程中。它不仅可以像传统机票一样保留旅客的订票信息,还可以将旅客的行程中接触到的所有数据都输入航空公司的数据库内,伴随旅客完成航空旅行。在客户信息管理日趋重要的今天,旅客信息是非常重要的数据资源,电子机票的诞生大大节省了航空公司为录入和保存相关数据所需耗费的大量人力物力。有研究表明,每张电子机票与传统纸质机票相比,可以节省近20元人民币的成本。如果按照中国民航系统的统计数据,2011年中国民航旅客运输量3亿人次,100%电子客票的实现,为中国民航节约成本预计可达60亿元人民币。

电子客票采用网上支付模式,资金直接进入航空公司的账户中,降低了航空公司的票款回收风险,加快了资金的周转速度。

全球国际航线的市场竞争是非常激烈的,我国三大航空公司,都在积极接入国际市场,仅国航就有50%运力投放在国际航线。电子客票作为一种全新的服务手段,在国际市场中扮演着"信息桥梁"的角色。电子客票的使用,是国内航空公司提高市场竞争力,与国际航空市场接轨的必然选择。

2. 给旅客带来的好处

在电子机票没有出现之前,人们需要携带身份证等证件,花费一定的时间,到民航售票处排队购票,如果赶上需要改签或退票,那就需要花费更多的时间,去指定的售票处或者是机场办理。而有了电子机票,人们则可以足不出户,随时随地利用互联网、手机、电话等多种工具直接获取航班信息、机票价格信息,方便地完成机票的预订。

电子机票从订票、订座、付款到办理登机手续的过程,全部都可以通过互联网实现。旅客不必手持任何票据,只需带上身份证等有效证件,就可以去机场的值机柜台直接办理登机手续。电子客票与纸质客票的比较见表7-1。

表7-1 电子客票与纸质客票的比较

| 对比内容 | 纸质客票 | 电子客票 | 电子客票的优势 |
| --- | --- | --- | --- |
| 票证印制、发放、管理 | 有价证券,专门印刷,物流的形式,押金方式管理,有遗失的风险 | 电子化,电子数据管理 | 免除了纸质机票的印刷、物流配送环节,降低了成本 |
| 客票的填写和销售 | 旅客信息以信息流的形式存在;客票以纸质形式存在;销售收入、销售数据在一周左右到达航空公司 | 旅客信息和客票信息都以电子信息的形式存在;销售数据可以在24小时内到达航空公司;在航空公司网站或者呼叫中心订票,票款直接到达航空公司 | 资金到账快,充实航空公司现金流;销售数据反应快,航空公司根据市场反馈,及时制定销售政策;旅客没有丢失客票的风险 |
| 客票的使用 | 值机手工操作回收票联 | 操作电子数据;可以使用自主值机设备;回收数据即可 | 旅客办理值机手续节省时间;可以使用自助值机设备;数据回收方便 |
| 结算和收入确认 | 手工录入票联信息,收入确认周期长 | 自动产生结算数据,收入确认在24小时以内 | 依靠电子数据,准备快速避免了手工输入的误差和时间浪费 |

### 四、航空公司产品销售渠道的变革

国内航空市场的销售渠道是独立于其他产品的销售渠道的,这个领域既要承认市场的作用,又要区别于欧美国家完全竞争市场的销售代理渠道。随着电子客票、网上支付手段等技术的成熟,航空市场的销售渠道也发生了巨大的变化,这其中包括:渠道结构日趋复杂,垄断由关系密集型向资金密集型、技术密集型转变,消费者行为的变迁和网络技术的迅速崛起等。

由于航空产品不具备存储性、先销售后生产的特点,航空市场的营销渠道中的中间机构(销售代理商)长时间扮演着寻找顾客的角色。20世纪90年年代,伴随着中国民航业的飞速发展,航空代理业经历了高速的发展过程。截至2009年年底,仅北京地区合法注册的航空机票销售代理商就有1000多家,业务不仅包括国内客货运输,还有国际客货运输及包机销售等服务项目。目前,销售代理商占据了整个民航销售业务量的85%以上。

在我国的航空市场,无论是客运还是货邮运输,所有的销售渠道都严重依赖于代理商。航空公司的销售活动变成了与代理商的博弈。对代理商的政策制定和维护成了航空公司销售活动中最重要的内容,却无暇顾及真正的旅客群体。这导致的直接结果是航空产品的同质化,旅客无法在品牌和服务上区分航空公司的产品。于是航空公司之间的价格战愈演愈烈,对顾客的服务却没有本质上的提高。

随着近几年计算机网络的普及,特别是电子商务的发展,出现了诸如支付宝、财付通等第三方支付平台,在技术条件和道德风险都已不再成为航空产品销售的限制,航空公司为了摆脱完全依赖于传统代理商的局面,转而大力发展电子商务,航空销售渠道也出现了从链式结构向网式结构发展的趋势。

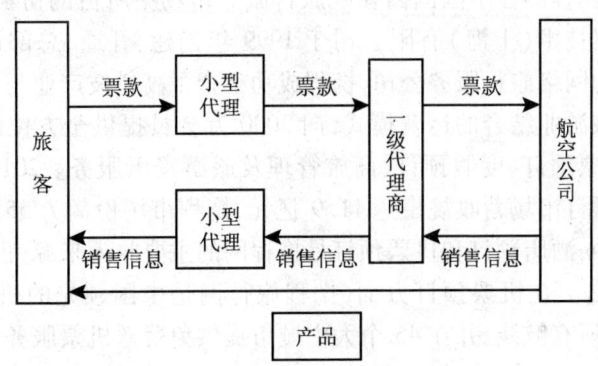

图7-1 传统销售渠道的链式结构

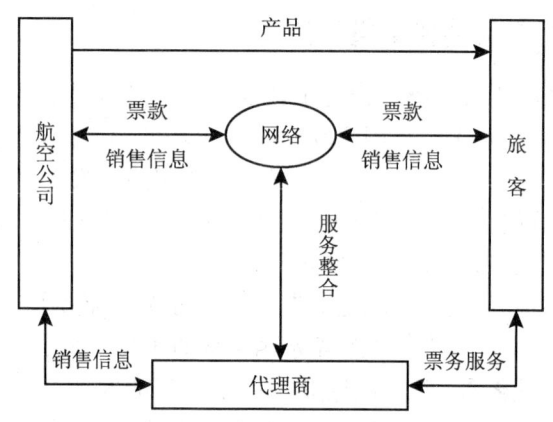

图 7-2 销售渠道的网式结构

航空市场的电子化是一个不可更改的趋势,目前已经对现有的航空销售渠道产生了重大的影响。电子商务给了航空公司渠道重组机会的同时,也对航空公司的管理水平和变革能力提出了新的要求。

(一) **在线旅行社**(OTA,Online Travel Agency)

在线旅行社实际上就是把传统的有形销售代理功能通过互联网的形式提供给旅行者以及航空公司。目前,Expedia 是全球最大的在线旅游服务提供商,其业务量约占全球在线旅游市场的三分之一,主营业务是机票、酒店的在线预订。此外国外比较知名的 OTA、Travelocity、Orbitz 等在线旅游公司。

中国国内比较大的在线旅行社(OTA)有:携程网(Ctrip)、艺龙网(Elong)和同程网等。其中,携程网在中国国内在线旅行服务市场中所占的份额最大。携程网是由携程计算机技术(上海)有限公司于 1999 年创建、开通,总部设在中国上海。作为中国领先的网络旅行服务公司,携程成功整合了高科技产业与传统旅行业,以互联网和传统旅游业结合的运营模式,向 2000 万会员提供全方位的旅行服务,包括酒店预订、机票预订、度假预订、商旅管理及旅游资讯服务。2010 年第一季度,中国网上旅行预订市场营收规模达 11.9 亿元,携程市场份额为 55.6%,保持绝对领先优势。其中,酒店预订和机票预订是携程网的主要收入来源,占其全年总营业收入的 90% 左右。在机票预订方面,携程旅行网是中国领先的机票预订服务平台,覆盖国内外所有航线,并在 45 个大中城市提供免费送机票服务,每月出票四十余万张。

(二) **航空公司拓展电子商务直销渠道**

艾瑞咨询发布的《2008 年航空公司网络直销发展策略市场分析及发展趋势研究报告》指出,2008 年中国国内机票的分销渠道中,传统代理商和在线代理人占据了航空公司机票销售总额的 90% 左右,航空公司的直属营业部、网站、呼叫中心等航空公司的直销渠道却只占机票销售总额的不到 10%,相对而言,美国航空公司机票直销的比例高达 70%。代理商在占有渠道资源的情况下,抽取机票佣金,每张机票平均要抽 5%~6%,约 30 元,对航空公司的效益产生很大的影响。在这种形势下,航空公司一直希望改变代理商过于强势的局面,扩大自己的直销渠道。

　　Easyjet 是欧洲最先开展互联网直销的航空公司,1995 年 10 月由希腊公民 Stelios Haj – ioannou 先生创立,它有力地推动了欧洲航空旅游向低成本及可信的直接销售转变。在不到 4 年的时间里,该公司先成功地经营了英国伦敦卢屯机场到爱丁堡和格拉斯哥两地的航线,之后又经营了欧洲的 22 条航线,业务扩张迅速。该公司拥有世界上最年轻的机队,1999 年拥有 19 架飞机,2000 年 7 月后增加到拥有近 50 架客机。这得益于该公司对互联网销售趋势的成功把握。Easyjet 从成立之初起,就把互联网直接销售作为与分销商并列的重要销售渠道,进行重点开发。Easyjet 航空公司面向休闲旅游市场和对价格敏感的商务市场并鼓励顾客尽早预订,以得到优惠机票,因为越临近出发的预订可能价格越高。

### 1. 航空公司拓展电子商务直销渠道的途径

　　航空公司拓展电子商务直销渠道,完善网站 IBE(Internet Booking Engine,互联网订座引擎)、提高 Call Center(呼叫中心)接通满意率、增添在线航空旅游产品的附加值、提高用户黏着度以及提升售后服务保障能力才是改善旅客体验、获取更高单位利润的不二法门,比起一味地使用低价的策略,更为行之有效。航空公司的电子商务渠道可以真正留住那些高收益、高忠诚度、高质量的旅客,让他们切实感觉到航空公司营销模式的改变所带来的服务品质提升。

### 2. 航空公司拓展电子商务直销渠道的好处

　　航空公司扩大直销渠道,不仅仅为了节约每张机票给代理人的 $(3+X)\%$ 的佣金,更为长远的目的在于,如果航空公司的直销渠道持续增强,那么代理商通过给航空公司卖票来收取佣金的模式将发生彻底变化,代理费将变得很低,甚至消失。而现在的情形是,航空公司付给代理人的佣金最高时 X 的值曾经达到 25 元,航空公司每年代理费总额保守估计有几十亿元人民币之多。目前英国航空公司和新加坡航空公司的直销渠道都占据了航空公司机票销售的 50% 以上,对于分销渠道的代理已经不再支付佣金。

　　"从航空公司的成本构成来看,提高直销比例成为开展自救的关键手段。"一位业内人士指出,全球航空领域的网上交易占全部旅游在线交易额的一半以上,一些低成本的航空公司 80%~90% 的机票是通过电子商务销售的。春秋航空是以价格低廉闻名的民营航空公司,是中国唯一一家不进中航信,以 B2C 网上直销为主要渠道的航空公司,其电子商务化程度已居国内同行前列。据春秋航空公司新闻发言人张武安 2010 年 8 月在上海表示,春秋航空通过网络直销渠道实现的机票销售额已占销售总额的 75%,占营业收入的 75%。

大力发展属于航空公司资金的电子商务直销渠道将大大增加市场的透明度,逐渐减少长久由于主观或客观原因造成的信息不对称,这样一来,不但可以为游客提供一个更透明的选购机票环境,更有助于促进航空公司的各种分销渠道的优胜劣汰,从而改善整个市场环境。不同营销模式的出票成本比较见表 7-2。

表 7-2 不同营销模式的出票成本比较

单位:美元

| 项目 | 传统模式 | | 互联网模式 | |
| --- | --- | --- | --- | --- |
| | 代理商销售 | 直销 | 在线代理商 | 直销 |
| 佣金 | 22.80 | 0.00 | 10.00 | 0.00 |
| CRS 订座费 | 8.40 | 0.00 | 8.40 | 0.00 |
| 信用卡手续费 | 6.00 | 6.00 | 6.00 | 6.00 |
| 出票人工及工本费 | 3.00 | 9.00 | 0.60 | 0.60 |
| 出票成本合计 | 40.20 | 15.00 | 25.00 | 6.60 |
| 占票价收入的比例 | 13.42% | 5.00% | 8.33% | 2.20% |

资料来源:JPMS estimates(此表格假定来回程票价为 300 美元)

**3. 航空公司拓展电子商务直销渠道的风险**

直接面对顾客带来的诸多成本优势,吸引着越来越多的航空企业在传统分销渠道之外自行发展电子商务直销渠道。目前国内各大航空公司都推出了自己的网站销售,纷纷将最低的价格直接投放在网站上,希望达到吸引终端消费者的目的。然而,当航空企业把网络销售作为一种新的销售渠道引入已有的分销体系时,必然面临新的渠道冲突的问题,即网络销售和传统分销渠道之间会产生新的冲突。而这种渠道冲突正是致力于发展电子商务的航空公司所遇到的最大的问题。

航空公司自建的电子商务直销渠道与代理商所掌控的分销渠道的冲突会有多种表现形式,抛开有益的竞争冲突,有些冲突危害极大,甚至足以动摇上游产品提供者(也就是航空公司)的生存态势。如果这种危险的电子商务营销行为并非基于对目标客户群的认真分析,错误地瞄准了代理商渠道的主要客户群,并且从这些客户群那里获得的收益代理商的重要收入来源,这就很容易导致恶性发展,造成受威胁的分销渠道商采取一些所谓的自救行为联合起来报复航空公司,尤其是对于八成以上的收入来源都来自各种分销渠道的航空公司,这种打击的影响无疑将是巨大的。

一方面，通过优化一系列的电子商务渠道以及提高航空公司直销渠道的市场份额，将会有一批本身不具备竞争能力的传统代理商被市场所淘汰；而另一方面，也要警惕另一种倾向，即对于那些新生的高效的 OTA（Online Travel Agency，在线旅行代理人）的依赖心理。毫无疑问他们有着朝气蓬勃的发展态势和背后的雄厚资金支持，但他们恰恰是航空公司未来直销业务拓展过程中最大的拦路虎。他们掌握着这个行业发展的成熟思路和核心技术，有些甚至已经在市场中确立了不可动摇的霸主地位，这样的市场集中度显然是传统线下代理人市场永远无法达到的。若仅仅是用看待传统代理商的眼光来看待他们，把他们当作航空公司的忠实渠道，甚至因其贡献巨大而奉为上宾，那么航空公司最后的结果将会是非常被动的。以携程为例，从携程的发展轨迹来看，显然它并不甘于仅仅做一个OTA（在线旅游代理商），而是要做一个综合型的一站式的旅游服务供应商。而眼下，携程也正在加强其资源整合能力，它在2010年6月刚刚成功入股汉庭酒店和首旅建国酒店管理公司，这是继2009年5月增持如家，成为其第一大股东后，携程在酒店领域的又一大动作。除涉足酒店外，携程在2010年年初还收购了香港永安旅游旗下的旅游业务。可见以线上业务为主的携程，现在也正在屡屡涉足线下业务。携程网作为一个平台，有雄心把几乎所有的旅游服务资源都整合在一起，成为一个相对垄断的旅游服务供应商。国外旅游业的发展也表明，真正的旅游服务大鳄都是综合型的旅游供应商。做旅游服务，没有线下支持是不可能的。可见，在携程身上，既有值得航空公司深入学习的地方以及与其共同合作的空间，也同样有值得航空公司警惕的一面。

**（三）旅游搜索引擎**

**1. 垂直搜索引擎与旅游搜索引擎**

垂直搜索引擎是针对某一个行业或组织，提供满足行业专业需求或者业务需求的专业搜索引擎。它是搜索引擎的细分和延伸，也是对某类网页资源和结构化资源的深度整合，可为用户提供符合专业操作行为的信息服务。垂直搜索引擎的应用方向很多，如旅游搜索、医药搜索、购物搜索等，几乎各行各业的各类信息都可以进一步细化成相应的垂直搜索引擎。

旅游行业的垂直搜索是目前发展较快的一个领域，旅游搜索引擎已成为网民获取旅游资讯的第一平台。在全球经济发展放缓的情况下，旅行者更会货比三家，而旅游搜索引擎此时就能给用户最大的帮助。据中国互联网信息中心（CNNIC）的数据显示，到2008年年底，中国旅游搜索的用户规模达到780万，比2007年大幅度增长47%，到2010年，该类用户已超过1890万。旅游搜索网站正在发挥信息整合平台的价值，成为用户获取信息及预订产品的重要渠道和平台。国内外比较著名的旅游搜索引擎有:Kayak、去哪儿网和酷讯网等。

通过旅游搜索引擎可以得到不同信息来源的旅游产品汇总和比价选择,在广泛的信息中为用户提供专业化的搜寻结果。旅游者可以通过搜索结果中的链接直接前往旅行预订商的相应页面进行预订操作,省去了传统旅游预订需要通过旅行社的环节,旅游搜索引擎大大地简化了信息搜索和决策的过程。

### 2. 航空公司与旅游搜索引擎的合作

航空业的电子商务并不简单地等同于电子客票,也不能仅仅是指公司网站,而应该是通过全球互联网络和自有网站销售票价产品、提供自助服务并与客户交流信息的一种全新的经营方式。传统的航空销售服务链是根据一定样本的市场调查结果进行产品定制或者服务定制,直接传递给供应商再通过营销手段推广给中间代理商,如全球分销系统、在线旅行社等,最终将产品和服务打包销售给客户。而全新的电子商务模式打破了传统模式的壁垒,转向由顾客驱动型为主导的经营模式,不仅顾客化被动为主动,传统的中间商也变成信息集成商,从航空公司的代理人转变成顾客的代理人。

在这个转变中,旅游搜索引擎无疑起到了至关重要的作用,顾客输入关键词,通过搜索引擎直接找到供应商,进入航空公司网站或者其他直销平台。终端消费者可以通过互联网直接向供应商下单,减少了不必要的中间环节。应该说互联网使得客户议价能力大大提高,客户的直接要求就是更加优惠的产品和服务。从这个意义上,直销是必然的趋势,减少了分销商的佣金以及其他不必要的成本,直接由供应商供应的产品和服务将更加优惠,也更加便捷。

以中国国际航空公司为例,早在2007年年初,国航开始与在线旅游搜索引擎"去哪儿"进行战略合作,针对"去哪儿"的高质量目标顾客,进行高效的营销活动,从而提高国航网站的直销能力。如今,月独立访问量高达3500万的"去哪儿"已成为国航最重要的搜索引擎营销渠道之一,对国航网站直销的收入贡献达到13%~15%。

中国国际航空公司电子商务高级副经理胡法进分析认为,设计出适合互联网用户的产品,让用户从搜索引擎开始就感受个性化的信息和服务,不断提升网站用户体验是立身之本,也是成功与否的关键。以去哪儿网为代表的旅游垂直搜索引擎,在突破简单的比价模式上进行了有益尝试,从2008年起陆续提供了包括航班准点率、里程奖励信息、网上值机、特殊餐食、个性化服务、国际航班的飞行时长、各个国际城市的时差、帮助用户选择最便捷的中转联程等在内的个性化信息服务。

2006年,国航的直销额是1.1亿元,而2008年,直销额直线上升为近24亿元,旅游搜索引擎功不可没。机票的B2C在线销售将是未来几年的大势所趋,这意味着中国民航业必须积极进行营销创新来迎接眼前的机遇和挑战。旅游搜索引擎的发展显而易见地催生了顾客驱动的互联网电子商务模式。航空公司除了能从旅游搜索引擎得到更多的机票销售业务以外，还能够借此进行有针对性的市场宣传。当航空公司的名字随着机票搜索结果，一次次呈现在用户眼前，谁能说这不是一种更为巧妙的营销方式呢？

**（四）电子商务环境下航空公司客票销售渠道战略联盟**

从我国在线旅游现状看，服务提供商大致分为两大阵营。第一阵营为携程和艺龙，它们掌握着我国绝大部分旅游预订资源，提供全面的网上旅游服务。第二阵营以中国通用旅游网、游易和"去哪儿"等服务商为代表，它们中的部分服务商除了作为一级代理商外，还作为二级代理商向一级代理商提供用户和旅游搜索服务等，网上旅游服务呈现多元化发展趋势。这两大阵营对航空公司网上直销都有很强的竞争力。

**1. 航空公司合作建立战略联盟是很好的竞争手段**

我国的航空运输企业在电子商务的进程中可以强强联合应对竞争。企业在竞争中合作，在合作中竞争，已成为世界风潮，这种"竞合现象"是市场经济发展到一定水平的产物，也可以说是竞争到一定程度后的结果。在现代，单独一家航空公司已很难在竞争如此激烈的市场中去慢慢积累各种成功要素。另外，航空公司之间竞争越来越激烈，两家或多家航空公司往往存在共同的对手，如果不联合起来的话，就很可能被实力强大的公司逐个击破。

航空公司之间的竞争是相互的，在相互竞争的同时，也就产生了一定的依赖关系。航空公司之间虽然存在分歧和对立，但也有共同利益。如果各航空公司在客票销售环节追求的利益一致，就具备了进行局部合作的基础。各航空公司应从大局着眼，在利益一致的经营环节上达成较长期具体的合作，达到双赢的结果。

战略联盟作为一种强有力的竞争手段，在欧美已经有了成功的先例。在美国，正当人们以为网上旅游的市场已被 Expeidia.com、Travelocity.com、Priceline.com 这些 OTA（在线旅行社）占领，后来者很难再有作为的时候，2001 年 6 月，由美国航空公司、大陆航空公司、达美航空公司、西北航空公司和联合航空公司五家航空公司组成的战略联盟，共同推出了电子商务旅游网站 Orbitz.com，以全美最大的五家航空公司作为后盾，该网站一经推出，便具有极强的竞争力。

战略联盟不同于由兼并和收购所导致的企业间的合并。联盟在大多数情况下没有资本关联，加盟企业地位平等，各企业保留自己的独立运作。联盟不要求两个企业之间做到各个方面的融合，其突出优势在于它的快速度和低风险。正因为战略联盟可以快速地实施，又有相当的灵活性，符合目前企业注重速度和控制成本的要求，所以，时至今日，战略联盟已经成为企业优势互补、拓展竞争地位、超常规发展的重要手段。

### 2. Orbitz/Opodo 战略联盟方式

Orbitz 是全球第一家由航空公司拥有的在线旅行公司。它是美国航空业面对不断崛起的在线旅行社,如 Expedia、Travelocity,和不断增加的全球分销系统费用的集体反应。美国航空公司、大陆航空公司、达美航空公司、西北航空公司和联合航空公司五家航空公司共同投资 1.45 亿美元创建 Orbitz。该公司主要是在网上提供包括该公司的 5 大控股航空公司在内的 450 家航空公司的机票。项目开始于 1999 年 11 月,2001 年 6 月 Orbitz 正式启用。通过它的主要网站 Orbitz,全球旅客可以预订使用其所提供的广泛的旅游产品。运营两年后 Orbitz 就成为了欧洲排名前三的旅游网站。Orbitz 于 2003 年 2 月在纽约证券交易所公开上市。自 2004 年第四季度起,营运现金流量保持正值。

Opodo 是欧洲第一个航空公司拥有的在线旅行公司。这是一家泛欧洲的企业,由英航、法荷航、意航、汉莎、奥航、芬航、伊比利亚航空和艾尔林格斯航空于 2000 年共同创立。Opodo 提供全方位的旅游产品,包括航班、综合旅游项目、酒店、租车服务、赛事门票、别墅、游船和滑雪等。2001 年网站在德国率先投入运行,目前在英国、法国、西班牙、葡萄牙、意大利、奥地利、比利时和瑞士同时运营。

### 3. 航空公司客票销售渠道战略联盟价值分析

(1)产生强大的网络效应。美国商业周刊曾指出,互联网为消费者提供了一个方便快捷的平台,通过这个平台消费者得以直接接触众多卖方,同时互联网也把卖方直接推到消费者面前。用一个被经济学家称为网络效应的现象来解释,那就是一件商品使用它的人越多,它就越来越热门。网络效应是一种找寻商品的力量,卖方和买方通过互联网达成的亲密接触取代了传统的面对面的合同签署。现在,电子商务在线销售的赢利在很大意义上就是得益于网络效应。

航空公司各自的官方网站在客票销售上之所以没有达到理想的效果,关键就在于没有产生足够的网络效应。由于单个航空公司航班频率低,旅客可选择的范围较窄,因此消费者更倾向于在那些能为其提供大量旅行信息的大型在线旅行社或旅行搜索引擎网站上查询购买合适的机票。

航空公司客票销售渠道战略联盟的结成可为结盟的控股航空公司和国内所有航空公司提供一体化的综合销售平台,将很多航空公司的航班信息集中到一起,因而能够满足不同旅客的需求,是各航空公司网上直销的进一步延伸。通过进一步的宣传和网站品牌建设,将其打造成民航行业强有力的在线旅行网站,以产生强大的网络效应。这样一方面能积极有效地应对在线旅行社和旅行搜索引擎的竞争,另一方面可以为所有航空公司更有效地进行客票销售。

(2)降低销售成本,增强对销售网络的控制力。航空公司发展电子商务进行网上销售的首要驱动力就是降低销售成本。航空公司的销售成本主要包括支付给全球分销系统的订票费和向代理商支付的佣金。根据资料显示,每销售一张客票,Orbitz 向控股航空公司收取的佣金约 5.3 美元,非控股航空公司佣金约为 10 美元。这一收费水平远低于向代理人支付的佣金,在扩大了航空公司客票销量的同时还为航空公司有效地降低了销售成本。根据资料显示,全球分销系统根据客票代理的销售业绩会提供一定的奖励。Orbitz 将所得的全球分销系统奖励返还给控股航空公司,比例约为每四个航段订票费(16 美元)返还 3 美元。这在某种程度上也降低了控股航空公司支付给全球分销系统的订票费。客票销售渠道联盟有利于降低客票代理及搜索引擎对航空公司所拥有的市场影响力,从而增强航空公司对销售网络的控制力。

(3)控制网络信息话语权,争夺旅客资源。互联网技术催生了企业运用信息来竞争。企业信息可获取性的变化会影响消费者的行为、需求、市场价格,以及市场竞争的动力。而当前国内航空公司在网络信息管理上处于被动状态,在信息的管理与控制方面没有什么有效的措施。当搜索引擎网站把来自航空公司网站上的信息进行集成发布并大大获利时,航空公司采取了被动接受的措施。这使航空公司在不经意间为网络上的竞争对手创造了极佳的条件,而自己处于极被动的境地。

在当前国内航空公司已经认识到电子商务在发挥着巨大作用的情况下,航空公司就应当对网络信息控制采取相应的应对措施。通过联盟成立信息透明的行业在线旅行网站,控制网上的客票价格和市场价格行情方面的话语权,以提高信息透明度,更快捷便利地为消费者提供获取航空服务信息的途径,大大提高旅客的让渡价值。最终能有效地吸引想要获得全部信息的消费者,并使之产生品牌忠诚。

(4)合力开发海外市场。随着我国经济的发展,对外交往和国际贸易不断扩大,进出境人数连年增长,然而国际航线一直是中国航空公司的短板。国内航空公司国际营销能力不强的主要原因之一是没有形成国际销售渠道网络,在网络营销和销售渠道建设方面缺乏经验和意识。虽然,国内许多开通国际航线的航空公司在官方网站都开辟了英文版,但英文网站的浏览率并不高。

中国的航空公司要挤占国际市场,就要加强与同行之间的横向战略合作。客票销售渠道战略联盟能有效地帮助各航空公司开展海外市场的推广,在全球的主要站点开发目标国语言版本,提高各站点在目标国的搜索排名与浏览量,增加海外乘客的订票量。

(五)航空公司理想的销售渠道

目前,航空旅游在线营销市场还处在急速发展期,整个市场也尚未走出培育成长期,市场这一块蛋糕还很大。无论是直销还是分销,都无法把市场彻底瓜分完。而国外在线旅游业的发展也证明,网上分销渠道和直销渠道都有自己存在的必要性,谁都不会完全消亡。

未来一个理想的均衡状态是,在直销渠道与分销渠道所服务的目标客户重叠空间小的前提下,实现以电子商务为主的直销渠道与分销渠道并存发展。在通向这一理想状态的道路上,必然意味着现在的传统分销代理商将逐渐减少其在航空公司总销售收入中的份额,一旦突破某一临界点,航空公司在这部分渠道上的边际成本也将进入下降通道,在这个过程当中实现两种渠道的均衡。我们不应简单线性地坚信那些单一业务模式的代理人作为航空公司的分销渠道会一劳永逸。全球统一发布的运价体系以及多业务代理商的突围与扩张,使得传统的分销模式未必能够长期平稳地继续存在而不发生重大变革。对于中国这样一个高速成长的经济体来说,航空市场也是在不断地增长的。如何既让我们的电子商务渠道分享到市场增长的盛宴,同时逐步占据那些本不应该存在的代理商市场呢?高附加值的产品提供、高黏性的用户体验以及高忠诚度的目标旅客群体才应该是航空公司努力的方向。

### 五、航空公司客户关系管理

客户关系管理(CRM,Customer Relationship Management)是现代电子商务的重要组成部分。简单地说,CRM就是企业通过适当的渠道,在适当的时间,向适当的人提供适当的商品。CRM是实现商品销售、市场开发、客户服务、技术支持的自动化商务过程。它既是一套理念,又是一套软件和技术。

企业在电子商务环境下的竞争优势,在很大程度上取决于对其客户的了解程度以及对客户需求的反应能力,企业应通过管理与客户间的互动,改变管理方式和业务流程,减少销售环节,降低销售成本,提高企业信誉和亲和力,增加客户的满意度,实现最终的获益提高。

#### (一) CRM 的历史

美国是最早发展客户关系管理的国家,早在1980年年初便提出"接触管理"(Contact Management),专门收集相关客户与公司的所有信息,到1990年则演变成包括电话服务中心支持资料分析的客户关怀(Customer Care)。现代企业面临新的市场需求和日益激烈的市场竞争,要求企业以顾客为导向,提供顾客所需要的产品和服务,维持传统客户市场,开拓新的客户市场。在这种背景下,新技术与现代管理思想相结合,使得传统的以客户为中心的管理思想不再停留在梦想阶段,客户关系管理的理念应运而生。

现代CRM概念是由Gartner Group(www.gartner.com)首先提出的。Gartner Group是一家研究分析现代商业发展趋势和技术的专业咨询顾问公司,是国际IT领域最为重要的思想库。Gartner Group认为"CRM首先是一个建筑在市场经济相对发达基础之上的管理理念,IT技术只是CRM理念的变现方式;CRM既是一种管理思想,又是一套解决方案,同时也是一套应用软件系统。"

(二) CRM 在航空公司的应用

航空公司应用 CRM 的目的是改善公司与旅客之间的关系,它应用于航空公司的市场营销、销售、服务与技术支持等与旅客相关的领域。CRM 从企业整体策略出发,首先是一种思想,然后才是一个管理软件和技术包,因为 CRM 在企业的运作过程中始终贯穿着以客户为中心的经营思想,它没有完整和清晰的标准,具体的软件形态也是多样的,它的关键是解决方案。CRM 技术通过建立客户数据库,对信息进行统计、分析、处理、采掘和提炼,使客服代表可以得到每个旅客的详细身份信息、过去交易记录、旅客爱好等信息,从而可以为旅客提供个性化的服务。快速发展的电子商务要求不断地对数据进行实时访问,所以越来越多的产品建立在 Web 服务器上,从而使对客户关系的管理可以方便地通过电话、IP 电话、Web、E-mail、传真、语音信箱等多种方式完成。其中,基于因特网(Internet)的呼叫中心就是航空公司收集旅客信息速度最快的途径之一。

## 六、常旅客网络营销

顾客忠诚度是现代市场营销学研究的一个热点。尤其是对服务业来说,顾客忠诚度的优劣关系着企业的生存和发展。有统计研究表明,吸引一个新顾客的成本大概相当于保持一个现有老顾客的 5 倍;20% 的老顾客往往带给企业 80% 的利润;一个公司如果将其顾客流失率降低 5%,其利润就能增加 25%~85%,而且由于口碑效应,一个满意的顾客会把他的满意度告诉他的数个朋友,但是一个不满意的顾客会把他的不满告诉更多的周围的人。

航空运输业属于典型的服务业,而且随着全球放松航空管制的趋势,航空运输业的竞争越来越超越了国家的边界,日趋全球化。在这种激烈竞争的条件下,通过提高顾客满意度,进而提高顾客忠诚度已经成为任何一家航空公司不可回避的营销主题,常旅客计划便是其中重要的一个环节。

常旅客计划(Frequent Flyer Program)是航空公司通过里程累积奖励为主的促销手段来吸引经常乘坐飞机旅行的旅游者,达到增加或保持公司的顾客数量,提升公司竞争力的目的。常旅客在逐渐受到更多重视的同时,网络营销也正得到越来越广泛的应用。

(一) 常旅客计划简介

20 世纪 80 年代,美国民航管理当局开始放松对航空企业的管制,航空市场上出现了激烈的票价竞争局面。由于客源常常流向低票价的航空服务,而大航空公司对待市场的反应不如中小航空公司灵活,因此大航空公司常常在竞争中处于不利位置。为走出票价大战的围城,一些大航空公司调整销售策略,进行了一些新的市场尝试,利用其先天优势吸引旅客。

1981年,美利坚航空公司(American Airlines)在不断的市场调整和市场调查研究中发现,为数不多的公务旅客在整个旅客运输收入中始终占有较高的比例,于是便推出了常旅客计划(AA Advantage),通过为旅客积累里程,对经常乘坐本公司航班的旅客给予升舱和免票奖励。这一计划保持了固定旅客群,提高了企业竞争力。如今,AA的会员已超过2000万,成为公司最主要的收入来源(约占运输收入的50%,效益的80%)。常旅客计划作为航空运输收入的一个新的增长点,已为许多航空公司采纳,并逐步被引申发展为一种新的经营战略理念。比如诞生于2000年的Skywards是阿联酋和斯里兰卡航空公司联合打造的创新常旅客飞行计划,仅仅用了6年,这个全球屡获殊荣的常旅客计划已在超过200个国家拥有200多万名会员。

事实证明,常旅客计划对航空公司稳定客源和保证收入所做的贡献是不容置疑的。首先,它可以提高公、商务客人的比例,吸引大多数的固定高票价旅客,减少旅客对价格的弹性需求,提高航班座位的收益,减少低票价的压力,使航空公司走出竞相削价的恶性循环;其次,常旅客计划以会员制的形式来积累市场份额并防止其他航空公司进入该市场,是航空旅客运输竞争中极具创造性的战略,它在航空公司增强实力、巩固市场、增大收益、开创新市场这四个方面发挥了积极作用。

(二)常旅客计划未来发展的趋势

如果把"常旅客计划"看成是企业的产品,那么根据常旅客目前的状况,可以说已是"产品成熟期",其特点是:产品销量增长缓慢,逐步达到最高峰后,开始缓慢下降;市场竞争十分激烈,各种产品的同类产品和仿制品不断出现,企业利润开始下滑。成熟期的营销重点是延长产品的生命周期,巩固市场占有率。这时需要采取以下策略:提高原来用户的使用率;努力改进产品的质量、性能和款式,以适应消费者的不同需求;改进市场营销组合,积极开展促销活动,采取价格竞争手段。

随着国内航空市场竞争的加剧和市场的日益变化,常旅客计划都面临着重新定位和产品改进问题,一些国外航空公司已经在以下两个方面进行了尝试。

1. 把大客户的管理纳入常旅客计划之中

大客户一般是指能够给航空公司带来高收益的客户群体,把他们纳入常旅客计划不仅充分利用了常旅客管理的资源,使航空公司不必再设立专门的管理人员和设备,而且能使航空公司通过档案记录了解到大客户的爱好、习惯和偏好等有价值的旅客旅行情报,更好地提供有针对性的服务。

2. 通过与其他商户企业的联合以达到方便旅客的目的

原来的常旅客会员卡只能用于常旅客身份证明和里程累积,比较单一,容易被仿效。现在一些国外航空公司已经把它扩展到银行、购物中心、酒店、旅行社和出租车公司等领域,通过存款、消费、住旅店、搭乘出租车都可以积累里程。此外,积累的里程使用范围也扩大到了消费、住旅店、参加旅游、搭乘出租车和领取奖品,而不再只是换取机票升舱和免票等奖励。这对旅客有着更强的吸引力,尤其是经常乘机的旅客。

通过常旅客计划,可以收集和整理有关客户的各方面信息,建立客户数据库。对客户的出行情况、本质需求和客户的购买及使用习惯等做深入的挖掘、分析,加深对客户的理解,掌握细分客户群体的差异化需求,从而设计差异化的产品和服务。各航空公司将自身的特色赋予在差异化的产品和服务中,这么做不易被"山寨",使旅客和航空公司都从中受益。这种常旅客管理方式改变了过去被动地接收旅客加入常旅客俱乐部的做法,而主动掌握旅客的情况,抓住能给航空公司带来高收益的旅客。

## 七、航空业电子商务的未来

### (一) 转变观念,迎接信息时代的挑战

网络等信息技术的应用已经对人类社会的政治、文化、经济等各方面造成巨大的冲击。航空业为了更好地参与全球竞争,就必须及早融入全球数字化,充分利用各种手段,大力宣传电子商务在未来竞争中的重要作用并提供相关的社会培训,提高对电子商务的应用能力。

### (二) 形成顾客驱动的电子商务模式

航空业的电子商务并不简单地等同于电子客票,也不仅仅是指公司网站,而应该是通过全球互联网络和自建网站销售票价产品、提供自助服务并与客户交流信息的一种全新的经营方式。我们应该形成全新的电子商务模式,打破传统模式的壁垒,转向由顾客驱动型为主导的经营模式,使顾客化被动为主动,将传统的中间商变成信息集成商,从航空业的代理人转变成顾客的代理人。

### (三) 节约成本,实现成本领先

顾客可以通过电子商务平台直接和航空企业联系,减少了不必要的中间环节。从这个意义上说,航空业通过电子商务走直销的路线是必然的趋势,减少了分销商的佣金以及其他不必要的成本,使得直接由航空企业供应的产品和服务将更加优惠和便捷。

### (四) 提高航空业电子商务能力

航空业开展电子商务,需要具备必要的决策能力、技术能力、管理能力和资金能力。中国航空业开展电子商务的能力不足,要继续推进关于信息技术和电子商务的教育和培训,高等院校要进一步完善科学建设,培养电子商务专业人才和复合型人才,不断充实和提高航空业实施电子商务的综合能力。

总之,航空业走电子商务之路早已经成为不争的事实,无论是国外还是国内的航空业都在谋求自己的电子商务未来。未来的电子商务模式将是一个集产品设计、服务、营销以及用户驱动的整合 IT 技术为一体的成熟系统。

## 第三节　中国国际航空公司电子商务

### 一、背景简介

中国国际航空股份有限公司简称"国航",英文名称为"Air China Limited",简称"Air China",其前身中国国际航空公司成立于 1988 年。根据国务院批准通过的《民航体制改革方案》,2002 年 10 月,中国国际航空公司联合中国航空总公司和中国西南航空公司,成立了中国航空集团公司,并以联合三方的航空运输资源为基础,组建新的中国国际航空公司。2004 年 9 月 30 日,经国务院国有资产监督管理委员会批准,作为中国航空集团控股的航空运输主业公司,国航股份在北京正式成立,员工 23000 人,注册资本为人民币 65 亿元、实收资本 94.33 亿元。2004 年 12 月 15 日,国航在中国香港(股票代码:0753)和伦敦(交易代码:AIRC)成功上市。

国航是中国唯一载国旗飞行的民用航空公司以及世界最大的航空联盟——星空联盟成员、2008 年北京奥运会航空客运合作伙伴,具有国内航空公司第一的品牌价值(世界品牌实验室 2012 年评测为 618.85 亿元),在航空客运、货运及相关服务诸方面,均处于国内领先地位。国航承担着中国国家领导人出国访问的专机任务,也承担许多外国元首和政府首脑在国内的专包机任务,这彰显了国航作为独有的挂国旗航空公司的尊贵地位。

截至 2011 年 12 月 31 日,国航(含控股公司)共拥有以波音、空中客车为主的各型飞机 432 架,平均机龄 6.77 年;经营客运航线已达 282 条,其中国际航线 71 条,地区航线 14 条,国内航线 197 条,通航国家(地区)30 个,通航城市和地区 143 个,其中国际城市 43 个,地区 4 个,国内城市 96 个;通过与星空联盟成员等航空公司的合作,将服务进一步拓展到 181 个国家的 1160 个目的地。

### 二、业务模式

在电子商务时代,旅客的消费行为和消费者需求发生了很多改变:由于选择范围的显著扩大,旅客可以在短时间内通过网络从大量的航空公司中进行选择,选择时刻和价格,以使自己获得满意的性价比;旅客可以选择航空公司的网站或者代理商网站进行价格的比较,从而使自己利益最大化。国航面临着市场的激烈竞争,可以通过电子商务的运用,吸引更多的消费者,培养更多忠实的常旅客,并降低营销的运营成本。这些都可以通过电子商务的实施来实现。

## (一) 经营模式

### 1. 星空联盟

星空联盟(STAR ALLIANCE)是目前全球最大的航空联盟,由18家国际航空公司组成。其环球航空网络,覆盖全球152个国家、地区的800个航空目的港。中国国际航空公司已经于2007年加入了星空联盟。星空联盟的会员搭乘任一星空联盟成员的航班,皆可将累计里程数转换至任一成员航空的里程酬宾计划的账户内,进而成为该计划的尊贵级会员。"星空联盟"成员公司全球雇员逾34万人,每年为超过4亿乘客提供航空旅行服务。联盟拥有2600余架高性能现代化的飞机,每天的出入港的航班达到15 000架次,飞往138个国家和地区的790个机场。"星空联盟"不仅为其成员航空公司带来巨大收益,同时也帮助它们降低运营成本。联盟成员通过联购联销、共同的燃油战略、机队协调、协同定位及采用统一的信息技术平台等方法以降低相关成本。

国航目前拥有的国内航线可以为国外航空公司提供飞往中国国内城市的转机航线,同样,国外航空公司也为国航在境外提供同样的航线服务。这样,国航的航线网络能够遍布联盟中其他航空公司覆盖的所有国家的城市和地区,大大拓展了国航的网络覆盖率。预计国航在加入星空联盟以后,收入能够增加3%~5%。

### 2. "国航知音"常旅客计划

"国航知音"是中国国际航空公司为经常乘坐国航航班的旅客专门设计的里程奖励计划。"国航知音"会员搭乘国航任意航班及与国航合作的航空公司航班均可获得里程奖励。不仅如此,"国航知音"还与酒店、银行、电信、汽车租赁、旅游、医疗保健、零售、互联网等多个行业的数十个世界知名企业建立了良好的合作关系,会员可以在它们遍布全球的服务机构处消费所获得的里程奖励和享受优质服务。

会员累积里程达到奖励标准,即可轻松换取奖励机票、奖励升舱、知音商城产品,换取源源不断的旅行优惠等多种奖励,飞行越多,奖励越多。并可升级为"国航知音"贵宾会员,即"星空联盟"金卡或银卡会员,同时享受国航和"星空联盟"成员航空公司的尊贵礼遇。作为星空联盟成员之一,中国国际航空股份有限公司携手星盟成员航空公司,共同为旅客搭建起覆盖全球的航线网络,让旅客享受顺畅、快捷的全球旅行。贵宾会员还可以享受国航为其提供的多种超值服务,包括:优先候补、优先办理乘机手续、免费行李优惠、在贵宾休息室候机、优先登机等。

### 3. 收益管理系统(Revenue Management)

收益管理的研究起源于美国,最早主要用于航空公司的座位超售和座位存量控制,以达到其资源与市场细分需求的匹配,从而实现收益最大化。从20世纪70

年代开始,随着收益管理理论与信息技术的发展,收益管理系统(Revenue Management System,RMS)的研究与应用取得了令人瞩目的成就,收益管理系统的功能和性能也得到了不断的扩展和完善。

国航为了提高总体客运收入,已实施一套收益管理系统。根据对各市场需求行为的预测,计算最佳定价及座位存货政策以获取机票销售最高利润。公司收益管理政策的目标是以尽可能最佳的价格销售机票,以获得最高收益。公司采用的PROS收入管理系统使用精密的预测及优化模型来迅速地分析公司在不同票价水平上供应座位的经济效益,使公司能够从现有运载能力中获取最高收益。自2002年年底以来已经应用于公司所有的国际航线。2005年年底开始将PROS系统在公司的国内航线推广使用。

收益管理系统的应用避免了航线的粗放式管理,只依靠航线管理人员根据经验或者感觉进行航班舱位调整的不精确的管理方式被淘汰。收益管理系统根据航班的销售情况,自动对航班舱位开放进行调整,使航班的收益最大化,再结合航线管理人员的经验,对航班收益体制改革起到了很大的作用。收益管理系统的应用也杜绝了在航班销售情况非常好的情况下销售人员出于某些目的进行低舱位的销售的现象。内部资料显示,实行收益系统管理的航班,较未实行以前,在其他条件不变的情况下,收益水平提高了5%~10%。

(二)特色业务

1. 自助值机业务(CUSS,Common Use Self-Service)

2006年4月18日国航在北京首家推出电子客票自助乘机登记服务业务。截至2009年2月底,在不到3年的时间内,使用自助乘机登记服务的旅客累计已逾380万人次,国航北京自助值机业务经历了从无到有、从小到大的迅速发展过程:2006年自助值机服务旅客达30万人次;2007年突破100万人次大关,占所有购买电子客票旅客数的16%;2008年突破了200万人次,占所有购买电子客票旅客数的24.5%。目前国航已经在中国内地54个大中城市开通了自助值机业务。伴随着自助值机业务的日趋成熟、网上值机业务的异军突起和手机值机业务的方兴未艾,国航北京自助乘机登记业务正在步入一个新的时期,面临着更为广阔的前景。

电子化、自助化是民航运输业务发展的必然趋势,开展自助值机服务更是国际航协实施"简化商务"全球战略的重要举措之一,也是推行电子客票业务的重要辅助手段。对航空公司来说,为旅客提供电子客票自助乘机登记服务和网上值机有诸多好处:自助服务降低了航空公司的成本费用,缓解了机场资源紧张的状况,同时能够为旅客乘机提供更多个性化选择,提高航空公司的服务品质。

今后,国航还将进一步扩大自助乘机规模,对现有自助服务系统进行简化,开发自助办理改乘航班等新功能。近期,它们将为从北京出发的国内旅客推出通过手机自助办理乘机登记手续的服务,旅客除可以使用手机直接登录国航 WAP 网站办理乘机手续外,还可在网上购票环节定制该项服务。在航班可以办理手续的时间,系统自动将航班信息发送至旅客的手机,旅客通过简单的操作,就可以得到一个存储在手机中的电子登机牌。

### 2. 企业差旅

随着中国企业差旅制度的不断完善,选择一家优秀的差旅供应商已经成为各大企业控制差旅支出和规范差旅管理的重要手段之一。中国国际航空股份有限公司(简称"国航")凭借多年来为客户服务的经验,同时借助北京宝库在线网络技术有限公司(简称"宝库")的技术实力,于 2011 年 6 月 18 日成功上线中小企业差旅管理系统(Small and Medium Enterprises, SME)。

国航企业差旅管理系统的省钱之道可以概括为简单与直接两点。第一,奖励政策简单明了,成为国航企业客户即可享受 4% 的票价直减优惠。第二,直接签署双方协议,可有效节省中间环节的成本支出,使优惠更透明,服务更直接。这两点即可节省差旅开支 10% 以上。另外,国航还定期推出购票赠礼、票价优惠等活动,企业客户均可参与,从另一个方面节省了差旅费用。

国航企业差旅管理系统不仅可实现票价查询、统计与差旅分析等基础功能,还可协助客户准确掌控差旅全局。宝库在差旅管理系统的开发过程中特别加入了个性化的服务,员工在预订高价机票时需要填写理由,同时系统会有最低价格做对比,整个过程企业领导均可看到。这样从购票的前端就规范了票价管理,为节省费用打下基础。通过 SME 可生成完善的差旅报表,企业可通过报表分析机票价格的变化,从而将时间要求不严格的差旅活动安排在票价较低的时间。

除此之外,国航还为中小企业客户提供一系列的专属产品以及增值服务,为中小企业客户提供方便、快捷的机票、酒店预订销售服务。

### 三、案例评析

#### (一)国航客运电子商务应用对策

##### 1. 针对内部问题的对策

(1)提高反应速度以快速响应旅客的需求。电子商务的一个重要优势是提高交易的效率,大大缩短了交易处理的时间。虽然许多企业从电子化处理过程中获得了速度的体验,但是提供的客户服务却无法与快捷的电子商务运作相适应,结果只会令客户失望。美国 JUPITER 公司在对多家电子商务网站进行调查后发现,有 42% 的网站对客户的询问要到 5 天以后才能进行回复,还有众多的网站对于客户发来的电子邮件根本不予回复。从客户的角度来看,他们在向商家询问以前,都是经过仔细考虑和比较选择的,是怀着信任和期待与网站联系的。如果网站对客户的需求不予答复,那么遭受损失的将是电子商务网站。网上购物者要求一笔交易必须在十分钟之内办妥,客户询问电话的等待时间不应该超过3分钟,而且必须在一周之内把商品送达。所以,对客户的需求不能迅速做出反应的企业,在电子商务发展中是难以取得成绩的。

民航电子商务网站销售的电子机票不存在客票送达旅客手中的环节,只要旅客完成了交易,就会立即产生旅客的电子客票信息,旅客就会得到商品,并可选择时间去使用这个商品。但是,网站交易的过程如果过于烦琐,并且耗时较长,旅客就会放弃交易,在短时间内不会再次尝试这项服务。

(2)满足个性化需求。随着经济的发展和社会的进步,越来越多的消费者开始追求个性化消费。电子商务为个性化的需求满足创造了极为有利的条件。通过构建客户数据库以及网络的连接,使一对一营销成为可能,又十分必要。满足个性化的需求,在航空公司有几种服务可以提供给旅客进行选择,如餐食的选择、座位的位置选择、是否需要吸烟的舱位等。如果是头等舱或商务舱,应该给旅客更多的选择,除餐食选择以外,这应包括旅客习惯阅读的报纸、杂志,纪念品,等。使旅客个性化的服务需求得到满足,是增强旅客满意度、提高忠诚度的有效举措。

(3)加强员工培训,重视向员工授权。客户服务水平很大程度上取决于提供客户服务的员工的素质,高素质的员工必须依靠系统、全面的培训,并通过必要的授权才能慢慢培养起来。

首先要选择适合从事客户服务的员工,然后进行有计划、有步骤的培训,这是提高服务水平的有效手段。培训的内容涉及很多方面:有关本企业产品和服务的基本知识;为客户服务时的技巧,如应对粗鲁无礼的客户、提出无理要求并一再纠缠的客户、愤怒的客户的各种方法和技巧;处理网上问询的各种方法,正确快速地回答旅客提出的问题、回复电子邮件;如何处理客户投诉及听取旅客意见;培养团队精神,等等。

培训的内容要不断完善调整,适应本企业的发展需要,培训要成为一种制度,成为提高员工素质、改善企业服务的一种有效手段。培训与授权是紧密相关的,因为没有适当的授权,培训就无法产生应有的效果。授权对于提高员工的客户服务水平至关重要,但又是一项难以把握的工作。授权会影响管理层的权力,但是对于服务型企业中直接面对顾客的服务人员来说,如果任何事情都要和领导请示,就会失去客户的信任,也会影响客户服务人员的工作积极性和责任感。要在最大限度让顾客满意的原则下,规定员工具体的工作权限和相应的责任,保证授权的正确合理,提高客户的满意度。

(4)完善网站系统的功能。在网站建设中,要注意网站内容的全面性与重点性的结合。旅客登录网站,需要进行航班查询、预订,查询航空公司的运输规定、行李携带重量、优惠信息,以及如何使用网站功能等信息,需求不一。只有满足旅客的需求,让旅客在最短的时间内找到自己需要的信息,并且保证信息的准确性,才能让旅客继续信任、使用网站。航班变更的信息,有关宠物携带、无成人陪伴儿童等的相关规定都要放到网上,供旅客查询,以方便旅客携带相关的证件和注意相关事项。

网站所提供的信息要保证完整性和准确性。航班查询预订、航班到港时间,常旅客里程查询、兑换免票或者商品,航空公司的运输规定,行李携带规定等信息,必须包含在网站内容内,而且要及时更新,不能出现执行的规定与网站内容不一致的情况。否则,旅客就会产生不信任感。如果旅客在网站上查询的信息为可以免费携带行李2件,每件32公斤,但是由于机型调整,规定已经修改成只能携带一件32公斤的行李,就会给旅客造成不便。因为旅客需要为这32公斤的行李支付高额的逾重行李费或者不能携带这32公斤的物品。如果旅客投诉,也会给航空公司的信誉和效益造成影响。

网站要提升信息的易查度。旅客们所希望查找的信息各有不同,国航要针对旅客需求,进行前期调研,找出大部分旅客经常需要查询的信息是哪些,关心的问题是哪些,希望以什么样的方式浏览这些信息。然后根据旅客的需求改进网站内容,为旅客提供方便快捷的查找方式,满足旅客的需求。

此外,需要完善呼叫中心与网站功能的结合。呼叫中心在客户关系管理中居于重要的地位,随着各种技术的不断发展,呼叫中心从概念上已经演变成(电话、传真、互联网等)"呼叫"+(信息)"中心"的客户服务中心。呼叫中心最初的设计目标是为多个传统销售渠道服务,电子商务改变了呼叫中心管理客户交互的方式,推动公司重新考虑客户服务,对销售和营销工作的效率带来了更高的需求。国航已经建立了呼叫中心,但是还应打造集成化、一体化的呼叫中心,集中机票预订、航班查询、运价查询、动态查询、常旅客信息、行李查询、销售政策发布、客户投诉等功能,通过一个电话号码向全球的客户提供多语种的服务,并逐步与互联网访问集成,比如"点击进入对话"或"点击进入交谈",或是至少在24小时以内响应客户的电子邮件。这些都将使国航与竞争对手有所区别。实现中英文、业务介绍、航班查询、航班预订、投诉受理、客户回访、常旅客信息查询、航班动态查询、天气查询、公司客户查询等功能,达到"一站式"服务的目标,即客户只要拨打客服电话,就可以得到上述各项服务,而无须再拨打其他电话找其他部门。

(5)学习国外航空公司电子商务的成功经验。向成功开展电子商务的国外航空公司学习,结合中国旅客的消费特点进行改进,是使国航电子商务尽快完善成熟的捷径。这里以在美国市场上电子商务处于领先的美国航空公司(以下简称美航)为例。

美航于1995年开始进行网站的改造,初期提供航班咨询、飞机起降、航班行程变更、登机门等诸多信息。这当然是简单的网络应用,接下来,美航对自己公司的常旅客进行调查发现,有70%的A级会员愿意以电子化方式进行交易,他们非常在意能否自由地安排旅行计划,甚至需要随时取消原定的行程与班机。于是,美航在1996年为A级会员开通了网络订票系统,带动了A级会员的激增。之后不久,美航开通了A级会员可以直接在网上订票并更改的服务。很快,用户已经可以在飞机起飞前临时更改座位,而无须到航空公司售票处换票了。美航发现,网络订票的乘客比通过传统方式订票并拿到机票的旅客需要更多的保障,因为大多数旅客对于最后能否拿到机票并顺利登机有一些不放心。因此,当旅客订位或者更动预订时,美航就会主动寄发一份电子邮件进行确认,让旅客感到安心。美航对于乘客的电子邮件开始进行个性化的回复,首先处理A级用户的邮件,同时建设更全面的个性化自动回信系统,以处理大量邮件。让乘客自行设立里程兑换的条件,获得自己想要得到的奖励。美航的成功,在于其敏锐地利用了高速发展的网络技术。从美航的电子商务发展中,总结启示,对于国航发展电子商务是非常有益的。

应总结国外航空公司的成功经验,参考其网站功能设计,避免设计出不符合旅客需求的网站,为旅客提供便利、全面的网站功能。例如登机门的查询,在美航的网站上有非常清晰的导航条,国航网站则没有提供这一服务。在许多大的枢纽航站,候机楼规模很大,并且不止一个,这就使得登机口之间的距离较远。旅客如果不及时了解自己登机口的信息,有可能对出行造成不利的影响,误机的情况将不可避免。

**2. 支付手段和税务制度问题的对策**

(1)支付手段的完善。当前电子商务的发展情况要求网站必须提供足够多的银行和第三方支付的电子支付方式,以满足旅客的需求。目前,国航网站上已经开通的支付银行包括招商银行、工商银行,还开通了VISA国际卡的电子支付。由于目前各银行都在大力发行信用卡,国航应该进一步扩大购票的签约支付银行,或者发展第三方支付,拓展旅客的电子支付的渠道,方便旅客的购票,满足旅客通过电子手段购票的需求。

电话支付这一手段也日趋完善。电话支付分为两种方式,一种是购票旅客通过航空公司的呼叫中心提供自己的信用卡信息,完成支付过程。旅客要有信用卡,而且是航空公司签订信用卡托收和约的才可以完成支付。这种方式,可以满足担心网上支付的安全问题,或者在外不能上网的旅客,在通过电话查询预订以后及时支付票款,完成购票过程。还有一种电话支付方式是通过第三方电话支付,即通过银行或者中立的第三方服务商的电话来进行支付,航空公司在得到付款确认以后,再通过电话或者短信的方式通知旅客乘机时间,确认行程。目前,这种方式在已经形成规模的订票网站,如携程网、艺龙网已经开展得比较普遍。国航的呼叫中心也已经实现了多种银行卡的托收支持,并且销售量在逐渐上升。

(2)税务报销问题的对策。对于发票问题造成的电子机票的如送票、旅客接收送票或者上门取发票的成本问题急需解决方案。目前的解决办法并不简便。如果旅客全部在机场领取报销凭证,由于每一个航班办理登机手续的时间有限,现场打印会十分紧张和混乱,容易造成服务质量方面的问题。所以在目前的状况下,配送主要还是把报销凭证送达旅客手中,还可以采取在机场自助打印行程单的方法,旅客凭身份证件就可以简单快捷地打印出行程单,这样也能解决一部分问题。此外改进航空公司值机柜台的设备,使系统自动识别旅客是否已经领取发票,如果没有领取,则在旅客办理值机手续打印登机牌的同时,打印出旅客报销凭证,连同登机牌一并交付旅客,就可以解决配送问题,同时也符合中国目前的税务规定。

### (二)国航客运电子商务对策的实施措施

#### 1. 以全局和系统的意识发展电子商务

航空公司电子商务可以分为三类。第一类也称航空旅游电子商务,即在航空公司的营销与服务领域开展的电子商务。其特点是对航空公司的收入产生影响,主要目的是为航空公司开源。开展网络销售、网络促销、旅客公共关系等网络营销活动,提供网上订票、网上售票等直销业务。第二类是指在飞机、航材、油料的采购、租赁,财务收入信息的交换,机务维修以及常旅客里程消费等领域开展的电子商务。其特点是对航空公司的成本费用产生影响,主要目的是为航空公司节流。第三类是为使航空公司的第一类和第二类电子商务有效地开展和高效地运转,企业必须建立高效的信息传递平台,即企业电子协作系统。企业电子协作系统是利用公司企业网、国际互联网、固定和移动通信设备,传递企业内的办公信息和业务信息,实现分布式企业的逻辑集中和内部的网状交流。

建设电子商务的过程中以下几点应注意。第一,要从意识上重视,成立专门的组织部门、实施部门,要有切实的人力支持和财力支持。第二,要有一个完整清晰的系统计划,厘清公司实施电子商务所要建设的系统都包括哪些模块,把要实现电子商务的业务系统完整清晰全面地列出。对不适合电子商务发展的工作流程进行改造,使工作流程适应电子商务的发展。第三,建设系统要分清主次,先建设哪一块,后建设哪一块,前后之间如何衔接和保证数据的兼容性。第四,制度上的保证。系统建设完成以后投入使用,要发挥系统的效率,防止系统资源的浪费,就要从制度上要求必须使用系统,废弃原有的非电子方式,保证系统的利用率。第五,系统要不断完善和改进,适应工作的需要,这样才能保证系统被工作人员接受,发挥出系统应有的价值。

国航发生过这样一起投诉案例:旅客是国航的白金卡会员,使用累计的里程兑换一张由北京飞往纽约的机票,但是由于系统的传输故障,在旅客到达机场后没有旅客的座位,而这时已经没有普通舱了,旅客花了 8 万多元购买了一张头等舱机票。由于在机场,值机人员在旅客没有出示白金卡的情况下,无法通过旅客登记使用的护照来识别出旅客是公司的白金卡会员,因此不能为旅客提供相应的服务,导致旅客投诉。这就是值机系统提取的旅客数据不能清晰地显示旅客对于公司的价值,未能有效识别旅客身份,存储在常旅客系统中的旅客资料在旅客办理值机手续的时候也没有被提供给离岗系统,两个系统不能有效地互相传输有价值数据,从而导致不能为旅客提供全程的有效身份识别,造成不良的影响。

**2. 培养适应电子商务发展的员工队伍**

在电子商务快速发展的今天,电子商务人才的重要性越发凸显,而社会上此类人才的缺缺也将制约电子商务的更快发展。电子商务需要培养以下几方面的人才:一是公司负责计算机通信工作的技术人员,他们负责电子商务系统的开发,对计算机、通信等方面的科技知识十分了解,但是需要积极地充实商贸与经济管理方面的知识。二是企业的决策者和各级领导,他们是推广电子商务的核心力量,其领导的企业或部门将是电子商务的最终使用者和受益者,他们熟悉企业经营管理、成本效益分析等管理知识,但是需要迅速了解电子商务涉及的其他领域的最新技术。三是电子商务所涉及的不同领域的工作人员,他们是电子商务各个系统的使用者,这部分人员对电子商务的认识不同,计算机使用水平也不同,电子商务建设推广需要工作人员的支持和成功执行。

**3. 加强网络营销的同时用传统营销方式推广网上购票**

网上订票的前提条件是旅客要知道网站的地址或知道网站名称的关键词,才能登录网站完成后续的购买行为。为了让用户知道并登录国航的电子客票网站,需要开展一系列的宣传活动,包括网络宣传和传统的宣传活动。

网络宣传有以下几种方式。一是在知名网站投放广告,引导旅客进入国航网站;二是注册搜索引擎,在旅客查询相关内容的时候引导旅客进入国航网站。国航已经开始在国内知名的门户网站如新浪网、搜狐网等投放了广告,用户点击就可以进入国航网站,并且开展了很多促销活动推广国航的门户网站。如 2007 年联合了多家奥运合作伙伴及赞助商,在国航官方网站上开展了一次"奥运伙伴齐参与、国航网站送好礼"的大型客户奖励活动。此活动上线后分三期进行,每期为期一个月。面向在此时间段内登录国航官方网站或拨打国航客户服务电话购买电子客票的旅客进行滚动抽奖。据统计,在活动进行的三个月间,国航官方网站首页就创造了同类型活动点击量之最,达到四万四千余次,同时促进国航网站电子客票销售量突破三千万元大关,与 2006 年同期相比提高了 5.6 倍。作为北京奥运会合作伙伴,国航喷涂了四架"奥运吉祥号"飞机,宣传奥运,同时宣传国航。奥运吉祥号飞抵了国内八个城市,每到一地都吸引了大量媒体的宣传报道,对于国航的知名度提升起到了非常大的作用。除了传统的媒体报道,国航在搜狐网开通了"奥运吉祥号"专版进行宣传,在宣传的同时还进行一个有关旅客购买习惯的有奖调查,访问量达到了4万次以上,收回问卷1万多份。

同时,要充分利用传统宣传方式。一是通过工作人员的宣传推广国航的网站;二是利用电视等媒体平台,进行广告宣传;三是利用公共场所的广告牌宣传,以提高网站的知名度。此外,有效的宣传促销活动也是必不可少的。

### 思考与练习

1. 什么是航空公司电子商务?讨论开展航空公司电子商务的意义。
2. 什么是航空公司联盟?航空公司联盟有哪些形式?
3. 电子商务对航空公司发展有哪些影响?
4. 什么是电子客票?使用电子客票的好处有哪些?
5. 简述航空公司产品的传统销售渠道。
6. 电子商务的应用使航空公司的销售渠道产生了很大的变化,具体表现在哪些方面?
7. 什么是客户关系管理(CRM)?简述 CRM 在航空公司的应用。
8. 在电子商务的推动下,中国国际航空公司的经营模式发生了哪些变化?

# 第八章　景区旅游电子商务应用

## 案例导入

### 5A 景区门票跨入"百元时代"

近日有消息称,未来数月将有超过 20 个知名景区门票涨价,涨幅从 20% 至 100% 不等,中国景区门票将进入"百元时代"。面对这种高涨的票价,有人选择铤而走险,甚至穿越悬崖峭壁实践高危的"逃票攻略"。一面是游客兴致高,另一面是景区涨价忙。随着我国旅游景区的门票步入"百元时代",不少普通群众对部分景区望而却步,也滋生出危险的"逃票攻略"。一名大学生网民表示,逃票当然不对,而且涉险更没必要,"但门票太贵也是事实,比如我们大学生想看看祖国大好河山,却怎么承担得了动辄百元的门票?"然而,更多游客则选择了安全地网淘"低价票"。

景区涨价逃票不如"淘票"

刚从桂林阳朔旅游回来的王小姐就是"淘票"一族。虽然工作很忙,但一有时间她还是要跟朋友一起出游。这次去阳朔,除了火车票、吃饭和住宿之外,她只花了 283 元钱。其中,包括图腾古道、蝴蝶泉、大榕树、月亮山、聚龙潭和奇石宫在内的市值 276 元的十里画廊景点套票,她在淘宝旅行上淘的仅 100 元。此外,还有到阳朔必去的印象刘三姐,以及根据陶渊明所著《桃花源记》中描绘的意境所打造的世外桃源景区,也淘到近 5 折的门票价格。

来自淘宝网的数据显示,票价的上涨,也催热了"淘票"一族。近一年来,像王小姐这样爱网上淘票的人环比增加了 110.96%,而这一趋势,将随着门票价格的上涨愈加明显。

从以上案例来看,景区开展网上门票销售这一电子商务的形式,可以让游客得到实惠,同时景区也可以大大减少"逃票"的现象。当然,景区电子商务不止限于门票网上销售。

# 第一节 旅游目的地营销系统

## 一、旅游目的地营销系统

### (一)系统概述

1997年,世界旅游组织在旅游电子商务方面推出一个主题,叫作"旅游目的地营销系统"(Destination Marketing System,DMS),就是用网络的形式进行旅游宣传促销,并于2002年4月在昆明举行的"亚太旅游信息技术会议"上进行了重点推荐。

旅游目的地营销系统(DMS),是一种旅游信息化应用系统,它以互联网为基础平台,结合了数据库技术、多媒体技术和网络营销技术,把基于互联网的高效旅游宣传营销和本地的旅游咨询服务有机地结合在一起,为游客提供全程的周到服务,可以极大地提升目的地城市的形象和旅游业的整体服务水平。目前,DMS在国外已得到广泛应用,英国、新加坡、西班牙、澳大利亚、芬兰等10多个发达国家和地区的DMS已演变为一种较为成熟的旅游营销模式,促进了当地旅游业的快速发展。旅游目的地网络营销系统信息丰富且更新及时、查询不受地域和时间限制、信息服务全面有效,具有资源优势、时效优势、空间优势、互动优势和心理优势。在全球范围内,目的地旅游网络营销系统被不同层次的目的地营销机构作为重要的分销渠道和营销工具广泛地应用于旅游目的地提升和管理。旅游目的地网络营销系统是目的地管理机构利用计算机和通信技术,尤其是互联网和万维网,完成旅游市场营销和目的地管理,特别是对潜在游客提供全面的信息和旅游产品选择。在市场竞争日趋激烈和技术飞速发展的今天,拥有网络营销系统不仅能够使游客更快、更容易感知目的地,目的地营销机构也更能获得营销的成功。信息时代为旅游目的地营销机构带来新的商机,无须巨大的资金投入,去制作和散发印刷品以及开办分支机构以吸引旅游者到自己的目的地旅游,即可向世界的消费者推销其旅游目的地;对于通过传统营销渠道开展全球营销想都不敢想的小型目的地营销机构,如今可以建立在全球范围的存在(global presence)。新兴目的地营销机构不一定需要巨大的经费预算才能成功。旅游目的地营销机构可明智地充分利用新的营销方式,吸引那些能够带来最大增值效益的旅游者,为目的地机构及企业拓展新的商机。在目的地营销系统的推广中,目的地营销机构必须积极参与,作为连接优质旅游产品的桥梁。

### (二)旅游目的地营销系统建设形式

1. 组织结构

旅游目的地营销系统有三种组织结构:一是以国家为中心的组织结构;二是以

地区为中心的组织结构;三是地区性的网络结构。

2. 经费结构

DMS 的经费结构包括两部分:系统创建经费和系统运营经费。多数全国性的信息系统是由政府提供开发基金的,而地区性的信息系统在开发资金来源方面则显示了多样性,可以由政府、法人、个人共同提供。一旦 DMS 系统建立起来以后,必须保持并随时刷新纪录。多数 DMS 系统免费为旅游供应商发布信息、提供服务,有些则仅仅在每年象征性地收取一些手续费。当 DMS 系统包括用户预订功能时,旅游供应商可以付费发布信息或为每一份预订付佣金。无论哪一种情况下的收入都用来弥补营业费用。DMS 的经费结构与它的信息类型和范围息息相关。如果旅游供应商需要付费发布信息,则是否愿意付费就成为信息类型及范围的决定因素。

3. 信息内容与信息来源

DMS 的成功在很大程度上依赖于其所容纳的信息的准确性和新颖性。要保持信息准确无误和新颖是很难的,因为旅游信息时间概念性强,特别容易过时成为无效信息。诸如汇率、日程安排、重大事件及开放时间随时都会变化,而且潜在游客需要了解对旅游产品的详尽描绘信息。更为重要的是 DMS 需要信息质量的保证,因为 DMS 中的任何一条信息出现错误,那么,这整个系统将失去可信度。在这一方面,国家的旅游部门可以对信息的准确性进行检查,也可以由一些专门机构来辅助评价产品信息的可靠性。例如,在一些目的地中,商业部、饭店协会或汽车俱乐部建立起了评估系统,评估 DMS 系统中的住宿及其他设施信息的准确性。

4. 信息技术

在创建数据库过程中,最常用的软件是一种关联数据库,用户可以通过它迅速进行查询及搜索信息。有些国家的旅游部门创建了大众与 DMS 的连接界面。当旅游部门下班后或员工无暇顾及的时候,顾客可以通过设立在外面的电脑终端进行查询。同时,商店、机场及火车站等处也开始设立公众查询终端。

5. DMS 与其他信息系统

在设计 DMS 系统时应该考虑的一个重要问题是预留下它与其他旅游部门计算机系统的兼容性。DMS 与 GDS 的联结可以使旅行商通过联机获得旅游目的地信息,而一个全国性的 DMS 系统更利于这种结合。DMS 系统同样也可以与视传系统相连接,将信息传递给千千万万的潜在顾客。DMS 系统同样也可以与其他的许多电脑系统相连接,诸如全国电脑气象预报系统、交通信息系统、饭店业数据库等。

## 二、中国旅游目的地营销系统

### (一)我国旅游目的地营销系统发展历程

相比国外而言,我国的 DMS 起步较晚,但发展很快。2002 年 4 月,国家金旅工程公共商务网的承建运营机构金旅雅途公司和南海市旅游局,签署了中国第一个旅游目的地营销系统——南海旅游目的地营销系统的合作建设协议。2002年10月30日,经过半年时间的建设和"十一"期间的试运行,中国第一个旅游目的地营销系统(南海DMS)宣布正式建设成功。南海DMS作为中国DMS的第一个国家试点系统通过由国家旅游局信息中心主持,中国科学院何新贵院士为组长的专家小组鉴定,南海DMS系统的建设是一个复杂的系统工程,包括目的地形象设计、以旅游电子杂志为整体设计思路,主要面向休闲度假游客的南海旅游网、旅游目的地信息管理、邮件营销、旅游电子地图、旅游黄页、广告发布、在线调查与投诉、流量统计、旅游企业营销通等系统。南海旅游目的地营销系统可将南海旅游企业纳入网络化营销中,企业可在该系统中建立自己的旅游营销系统,发布、编辑、更新企业和产品信息。该系统进一步还可以支持电子触摸屏、游客信息中心、电话中心等,这是和中国当时的所有旅游网站不同的地方。当时的统计数据显示,2002年"十一"黄金周期间南海DMS网站点击量达511万,注册用户达3.7万。我国首个旅游目的地营销系统发展历程见表8-1。

表8-1　我国首个旅游目的地营销系统发展历程

| 时间 | 发展历程 |
| --- | --- |
| 2002年1月 | 金旅雅途提出"南海旅游目的地营销系统(南海DMS)"建设方案,作为"中国的第一个旅游目的地(城市)营销系统"(国家试点)。 |
| 2002年4月 | 金旅雅途与南海市旅游局正式签约,建设中国第一个旅游目的地营销系统(国家试点)。 |
| 2002年10月30日 | 南海目的地营销系统通过专家鉴定,中国第一个"旅游目的地营销系统"建设成功。 |

2003年1月,国家旅游局联合信息产业部下发了《关于在优秀旅游城市建立并推广使用"旅游目的地营销系统"的通知》,开始在全国138个城市推广DMS。目前,全国DMS的中心平台建设已初具规模,粤港澳、大连、三亚、珠海、深圳、厦门、苏州等15个区域或城市的DMS已投入运营,有景点(景区)12 223个,旅游企业36938家,旅游产品信息120 033条,在旅游宣传促销中发挥了重要作用。

(二)我国旅游目的地营销系统模式

我国的旅游目的地营销系统采用的是国家—省—市的多级系统组织结构,由国家旅游局统一指导,分地区建设,实现各级旅游目的地信息系统的互连互通。系统的经济结构方面,由政府旅游主管部门,即各级旅游局提供系统的开发及运行基金;系统的管理体制方面,由各级旅游主管部门负责管理;系统的信息来源方面,信息由地方旅游局负责收集,进入系统后经分类、整理,有序地发布于相应的目的地信息网上,并向上层汇集,有选择地发布于上层信息网站,最上层的国家级网站发布着经筛选的、最重要的旅游信息,并通过导航和搜索功能,让浏览者方便地获得所需的各级系统中的信息。从总体上看,我国 DMS 目前采用的是一种政府主导型的运作模式,这种模式在一定程度上适应了我国旅游业信息化水平不高的现状,使政府在旅游目的地营销中的作用得到了充分发挥。

(三)中国旅游目的地营销系统的技术设计简介

中国旅游目的地营销系统是国家金旅工程项目之一,它集旅游信息服务、电子商务、旅游行业管理于一体,建立起一个完善、高效、低投入的目的地信息平台和旅游营销体系。它涉及旅游者、旅游企业、旅游主管部门、银行、保险公司等众多实体,DMS 为这些实体提供了一个进行商务活动的平台。DMS 运营商作为系统的拥有者和维护者,为旅游者、旅游企业、旅游主管部门、银行、保险公司提供服务。旅游目的地营销系统同时具有顺畅的旅游信息采集、发布、更新流程,完整的信息技术标准和管理规范,完善的旅游信息和服务质量保证机制。利用它可以有效地收集、整理和整合目的地信息,建立起旅游产业有效的市场反馈机制,对旅游目的地进行整体策划和有效宣传,并结合全国性的目的地营销系统,为当地旅游企业提供各种营销服务。DMS 运行模式示意图见图 8-1。

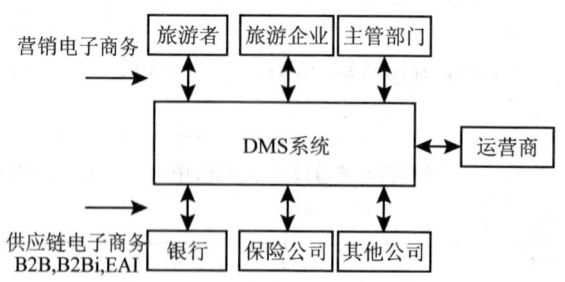

图 8-1 DMS 运行模式示意图

系统整体采用基于 J2EE 的分层架构,并在适当的位置加以调整。与传统的 J2EE 架构最大的不同之处是在系统的业务层和数据层之间添加了一个专门用于分布式信息处理的中间层 ADQM,ADQM 用来完成那些跟分布式查询相关的业务处理,其他的集中式业务处理就和典型的 J2EE 应用一样,可以采用直接通过 JDBC 接口连接数据库的方式来实现,也可以使用 O/R 映射框架来实现。系统由 4 个部分组成,各部分的主要功能如下:

目的地营销组织(Destination Management Organization,DMO)子系统,为旅游管

理机构提供了一个可视化的、方便快捷的网上管理平台。用户可以在任何地方、任何时间通过万维网登录该系统,对该机构的旅游资源进行信息管理、信息发布以及信息查询。整个系统被分成领导指示、基本信息、行政管理、信息审核、旅游宣传、客户管理、信使服务、预订中心、平台用户、互连互通和系统管理等板块,每个板块又被分成若干个功能小板块。DMO可以将地方目的地营销系统组合成为统一的中国国家旅游目的地营销平台,和当地旅游企业联系(管理),共同形成当地完整的目的地营销平台和网络。DMO可以帮助各旅游目的地营销组织整合社会资源,建立目的地营销资源数据库,实现(管理和营销)信息的管理、收集、编辑、发布和检索,可以全面、高效、低成本、无国界地对目的地形象进行宣传。

目的地信息子系统(Destination Information System,DIS),可以准确有效地管理与旅游目的地相关的各类信息,包括"吃、住、行、游、购、娱",实现灵活的分级管理和权限定义。主要功能包括:目的地管理、用户管理、权限管理、目的地结构管理、代码管理等。

企业端子系统使各类旅游企业成为当地目的地营销系统的组成部分,并进而成为中国国家旅游目的地营销平台的基本组成元素。整个系统包括基本信息、企业宣传、产品销售、预订中心、商业机会、企业管理、系统设置等功能模块。它可以帮助企业组织整合社会资源,建立营销资源数据库,支持数据库营销。系统实现了(管理和营销)信息的管理、收集、编辑、发布、检索。系统可以完成企业的广告管理,电子杂志管理(生成和发行)和在线电子商务管理(预订、支付),可以全面、准确、高效、多元化、低成本、跨国界地提升旅游企业形象和进行产品宣传。系统可以为(海内外)同业之间以及企业与消费者之间提供高效、低成本沟通,是旅游企业进行生意谈判、产品商情发布的高效益方式。

公众客户前台,为旅游目的地提供直观形象的旅游目的地形象设计手段,提供全面、准确、及时的旅游目的地综合信息,网站使用宽带多媒体技术作为表现手段,包括旅游视频、Flash动画、三维环视等。其主要功能为:浪漫初体验、视频冲击波、旅游嘉年华、文化新空间、月刊风景线、攻略指北针、企业博览会、媒体聚光灯、旅游局之窗、其他目的地等。前台系统为用户提供了功能强大的信息查询工具和个性化的旅游行程设计工具;设计了动感电子杂志,提供当月最新的各类旅游优惠促销信息。前台系统可以根据实际情况的需要设定黄金周大型旅游专题,实时、高效的同业交流专区,实时的媒体联系渠道和旅游局政务信息。为了使目的地营销系统面向世界,前台系统充分考虑了国际化的要求,提供了多语种的不同版本。

中国旅游目的地营销系统平台为各级旅游目的地营销系统和各类旅游企业的信息系统之间的数据交换提供一种快速安全的交换标准。为目的地的各旅游企业和区域内的各目的地系统提供一种整体对外宣传和管理的机制,充分体现目的地旅游整体效应的优势。建立统一的旅游电子商务的运营、支付和结算平台,为旅游行业各类 B2B、B2C 和 B2G 的电子商务形式提供系统级的支持和服务。通过对一个统一的旅游电子商务平台的开发,可以尽量缩小旅游信息化发达地区和欠发达地区之间的差异,从而有效地带动全国旅游电子商务的发展。平台为运行于其上的各类应用系统提供统一的开发、功能扩展、升级和维护服务,有效地降低了各旅游管理机构和旅游企业实现信息化的成本。

## 第二节 景区电子商务应用

### 一、景区电子商务

旅游景区是以旅游及其相关活动为主要功能的空间或地域,具有参观游览、休闲度假、康乐健身等功能,是具备相应旅游服务设施并提供相应旅游服务的独立管理区。该管理区应有统一的经营管理机构和明确的地域范围,包括风景区、文博院馆、寺庙观堂、旅游度假、自然保护区、主题公园、森林公园、地质公园、游乐园、动物园、植物园及工业、农业、经贸、科教、军事、体育、文化艺术等多种类型。

旅游景区电子商务是旅游电子商务的重要组成部分,是电子商务在旅游景区管理中的应用,其本质是以旅游景区为核心,通过先进的信息技术手段改进旅游景区的内部管理,对外进行信息交换、网上贸易等电子商务活动。旅游景区作为旅游市场这个大系统的重要单元,它与整个市场系统必须保持密切的输入、输出关系,并进行大量的资金、服务、信息等的交换。

旅游景区电子商务的应用是通过旅游市场这一媒介而起作用的,具体涉及两个方面,即旅游产业市场和旅游消费市场。

在旅游产业市场方面,第一,应用旅游景区电子商务可以促进旅游资源整合,实现旅游景区规模效益。旅游景区的开发会催生大量相关的旅游企业,如酒店、旅行社、旅游交通企业等,然而,这些企业普遍存在着规模小、整体服务质量低、市场竞争无序等问题。通过开发旅游电子商务,可有效地缓解旅游信息的不对称,增加市场透明度,整合旅游资源,树立旅游服务品牌,实现产业链的整合和优化。

第二,应用旅游景区电子商务可以降低旅游景区的运营成本,提高市场营销效率。为拓展业务,增进与协作企业间的共同发展,旅游景区必须与各业务相关者保持密切联系,通过景区电子商务系统可以顺畅地进行交流沟通,而且费用低廉,从而有效地降低旅游景区的营销成本。

第三,通过电子商务系统提供的先进平台,旅游景区能够广泛地搜集各类信息,如旅游者需求动向、相关旅游企业情况、旅游市场热点等,同时也可以将自身信息如服务项目、营销活动等及时迅速地传播出去。不但提高了信息传输的通达性，还具有传统媒体不具备的交互性和多媒体性，可以实时传送声音、图像、文字等信息，直接为信息发布方和接收方架设起沟通桥梁，促进了旅游景区市场交易效率的提高。

在旅游消费市场方面，旅游景区电子商务可以满足旅游者个性化需求，提高旅游自由度。当前个性化、零散化的旅游消费正逐步取代传统的团队旅游，旅游景区电子商务可以全天候跨地域地为散客旅游者提供旅游景区预览和决策参考信息。旅游者可以通过互联网提供的可视、可查询、可实时更新的信息搜寻自己需要的旅游产品；旅游景区可以在与潜在旅游者交流沟通的基础上，根据旅游者个人偏好和要求设计旅游产品，提供个性化的旅游方案，使旅游者获得更大程度的满足和被重视的心理好感，为企业赢得更多的利润空间。另外，旅游景区电子商务的应用将有效地改善诸如旅游者在旅游景区进行跟团旅游，导游服务质量差、旅游者行为受到约束等问题。旅游者可以通过互联网，根据自身需求设计适合自己的路线、逗留时间，减少各种不确定因素，提高旅游活动的自由度，使旅游者充分享受旅游景区的优质服务，获得美好、舒适的旅游体验。

## 二、景区网上营销

网上售票是景区电子商务最重要的功能。

电子商务的销售模式并不适合所有的商品，某些商品的网上形象和实物会有一定的差别，比如：颜色、手感、大小尺寸等，由此可能造成消费者的不满意，使商品送达后被要求退货，让交易双方都蒙受损失。

而景区则适合开展网上营销，因为旅游需要客户亲临现场，并亲身体验才能完成消费，由于较少的物流，被公认为是一个适合电子商务优先发展的行业。景区门票的可描述性和不变性，避免了购销双方产生理解歧义，特别适合网上订购。另外，如果用户订票后没有去旅游，对景区来说，没有什么实际上的损失。不像酒店客房预订，如果客人预订后没有入住，会对酒店造成客房资源的浪费和经济上的损失。

### （一）网上售票系统业务模块

一般来说，网上售票系统的业务分成三大模块，分别是游客模块、旅游景区模块和后台管理模块。

#### 1. 游客模块

游客可以通过访问网站，浏览相应的旅游景区信息，并进行账户注册、景区门票预订，预订时需要提供游客的手机号码；预订成功后系统会自动以邮件和短信的方式通知游客其订票编码和取票密码，这时游客可以方便地到指定的地点取票。

### 2. 旅游景区模块

游客要预订门票的景区必须是同系统服务商签订协议的景区。这时系统服务商就可以为景区开设一个专门的账户,让景区来更新景区的信息,以方便游客查看,提高预订的成功率;景区的管理者也可以凭借这个账户系统管理自己的信息,如门票预订信息、客源统计等,同时当游客取票时,出票人员要把游客信息和系统信息进行核对,以保证出票的成功率。

### 3. 后台管理模块

后台管理模块主要是系统服务商对旅游景区的管理,包括权限的分配、用户的统计、资源的管理、门票统计分析、系统报表等内容,并可根据客户预留的手机号和邮箱,定期向数据库中的老客户进行景点推荐和优惠促销活动。后台管理通过中心数据库和业务逻辑控制,实现对游客和旅游景区的管理。

### (二)网上售票系统接口设计

#### 1. 邮件接口和手机短信接口

通过邮件接口,系统自动把游客的注册信息和预订信息发送到游客的指定邮箱中,通过手机短信接口,把游客的预订信息发送到游客的手机上,以方便查询。手机短信接口主要是实现网络与短信平台的通信。当用户在网上预订产品成功,就可以以手机短信的方式通知客户。但短信平台是由业务提供商(SP)通过互联网与移动短信网关(ISMG)相连,通过短消息网关传到移动或联通的短消息服务中心(SMSC),最后通过短消息服务中心与手机用户连接,从而实现系统短信接收和发送功能。

#### 2. 在线支付接口

游客可自由选择是在线支付还是到景点时再支付。

到景点支付的好处是:灵活性大,预订门票后,如果临时有事不能出游,可以选择不去景点旅游,对于景点和个人来说,都不会造成很大的损失;缺点是:到景区交费,同景区现场排队购票没有任何区别,对于游客来说,只是得到了一定的票价上的优惠,对于景区来说,只是增加了潜在的游客,没有减轻售票的工作量。

为了避免在景区排队交费,就要选择在线支付票款,但先于游览前而完成支付,会使出行的灵活性大打折扣。安全性成为在线支付能否实现的一个关键。据中国互联网络信息中心(CNNIC)发布的数据,截至2009年5月,中国网民总数达到了3.2亿,自2008年2月之后一直保持全球第一的位置。而支付宝用户数达到2亿,占到了网民总数的62.5%,每10个网民中就有6个支付宝用户,更为重要的是这一市场仍在快速增长。采用支付宝的方式进行在线支付,可以保证支付的安全性。为了适应手机3G的应用,可以实现手机支付接口。将来游客也可以通过手机的方式进行实时支付。

### 3. 电子门票及电子门票系统

目前的电子门票种类众多,根据存储的介质和特性的不同,主要包括条码票、IC卡票、磁卡票、ID卡票等。这几种门票均不太适合网上销售。近年来,出现了一种二维码电子凭证的新技术,可以较好地解决门票网上销售的问题。

(1)二维码。所谓二维码,是用特定的几何图形按一定规律在平面(二维方向上)分布的黑白相间的矩形方阵记录数据符号信息的新一代条码技术,由一个二维码矩阵图形和一个二维码号,以及下方的说明文字组成,具有信息量大、纠错能力强、识读速度快、全方位识读等特点。

(2)二维码电子凭证。二维码电子凭证,是将现代移动通信技术和二维码编码技术结合在一起,把传统凭证的内容及持有者信息编码成为一个二维码图形,并通过短信、彩信等方式发送至用户的手机上,使用时,通过专用的读码设备对手机上显示的二维码图形进行识读验证即可。它最大的特点是唯一性和安全性,不仅节约了成本,更重要的是节省时间、提高效率、方便使用,同时还非常环保和时尚。二维码电子凭证广泛应用在电子支付凭证和个人身份鉴别两大业务领域,用作各种电子化票据、证据,如电子票(电影票、演出票、火车票、飞机票等)、电子优惠券、电子提货券、电子VIP、积分兑换凭证,等。现在比较成熟的应用有电子票务、电子VIP、积分兑换、电子优惠券。

(3)景区二维码电子门票。景区二维码电子门票与电子机票的二维码类似,游客在付费后,将收到一条带有订单号的二维码短信或彩信,凭该短信即可进入景区。将手机收到的二维码短信或彩信作为电子门票使用,在景区入口处通过专门的识别器读出手机短信的信息。这种方式完全抛弃了门票的介质,将识别码作为门票,与条码、磁卡、IC卡在识别的最终目的上是一致的。这种方式将电子商务与无线通信技术相结合,使电子门票更加便捷、高效、环保,实现了"无纸门票"。

(4)电子门票系统。电子门票系统是近年来国内新兴的新技术,并作为旅游景区信息化的重要应用。由于其强大的功能和极强的现实意义,在国内发展迅速。电子门票系统是一个智能化的管理系统,它是包括电子门票制作、电子门票销售、电子门票验票、电子门票统计、景区内客流监控、景区资源开发决策等环节的综合控制系统。

传统的票务管理模式是一种粗放式的管理,以手工作业为主,票务管理的整个环节都存在巨大的漏洞。同时,售票、验票、清点的劳动强度大,游客的通行速度慢。采用电子门票后,门票的预订、销售、制作、发放、统计、核算等可以完全、实时地掌握,使内部管理更加透明化、规范化。电子门票系统能实时、准确查询和统计门票销售的数量、销售额、类别、时间等,并可打印各类报表,为景区科学决策提供了统计数据。此外,还能有效地杜绝财务漏洞,确保景区的经济效益。仅仅是从节约的人力成本的角度来看，电子门票的经济效益也十分可观。可以说，提高内部管理效率，转变管理模式是电子门票应用的一个主要初衷。

电子门票系统极大地提高了旅游景区的现代化和智能化管理水平。电子门票系统不仅用于内部管理和电子商务，通过与相关部门数据库的对接，电子门票系统还可以提高税务、交通等部门的监管效率。电子门票种类繁多、差异性较大，识别技术和门票材质可以有多种组合方式。

（5）专用网络。景区内部需要有一个专门的局域网，作为电子门票或数字景区管理的专用网，该网络也可以与建设部门、税务部门等景区监管部门建立联系。在具体的网络结构方面，可以采用 C/S 结构的出票功能和 B/S 结构的 web 页面浏览、查询和预订等功能。采用 C/S 结构的出票功能，只能在特定的出票点才能出票。B/S 结构的 web 页面浏览、查询和预订等功能，可以针对散客、旅行社等不同的客户，设定不同的权限，甚至设置成在线出票的功能。

## 第三节　景区预订平台——驴妈妈

"自助游天下，就找驴妈妈！"从 2011 年 3 月 15 日起，人们发现全国数亿瓶 500/600 毫升装的百事可乐瓶身上都出现一个"驴妈妈旅游网"的标志，每个瓶盖内更藏着从 10 元旅游优惠券到价值人民币 4888 元泰国游的神秘奖品……这是近期国内旅游电子商务网站与传统消费大品牌展开跨界合作的一个创新模式，意味着一种新的旅游电子商务营销模式正在悄然出现。

一位业内人士指出：这种跨界合作达到的营销效果将是"1＋1＞2"，而两类不同行业之间的相互渗透和相互融合，将使企业整体品牌形象和品牌联想更具张力，这对合作双方均有裨益。旅游电子商务企业越来越倾向于牵手传统消费品牌，其实质反映了在营销策略上的一种全新尝试。通过基于非竞争性品牌之间的"跨界合作"，不仅可为品牌带来资源上的互补，更使品牌与品牌之间达到相互映衬和相互诠释的效果，实现品牌从平面到立体，由表层进入纵深，从被动接受转为主动认可，由视觉、听觉的实践体验到联想的转变。

从以上案例可以看出，"驴妈妈"的最大价值将体现在其强大的营销能力和为游客设计、提供个性化产品。其最终目标是实现旅游"一站式"服务，实现景区和目的地的规划咨询、营销推广、客源导入，提供景区旅游的所有服务。在这一节中，我们将讨论景区如何利用电子商务进行营销。

### 一、网站概况

2008 年当各大旅游公司还在努力瓜分旅游市场这块蛋糕时，一个以分销旅游景点门票为主营业务的网站诞生了——驴妈妈。这样的汉字组合听起来多少有点儿奇怪,甚至有点儿"非主流"。但这听起来有趣又诙谐的名字,一亮相就让大家喜欢上了。

国内最大景区预订及资讯网站"驴妈妈"是上海景域国际旅游运营集团,整合奇创旅游规划咨询机构、《携程自由行》杂志资源,打造的中国第一家以景区分销和精准营销为主的旅游电子商务网站。"驴妈妈",这个名字也多少透露些驴妈妈的商业模式,帮助自助游旅客,给他们提供便宜的门票、打折的酒店、实惠的餐饮以及有用的信息,这就是驴妈妈商业模式建立的基础。

## 二、市场定位及商业模式

### (一)市场定位

国内景区和国外景区的最大区别在于,国外大都是"泛景区"、"开放景区"的概念,而国内的特点则是将景区围起来收门票。久而久之,昂贵的门票在游客心理上形成了一道坎,将大部分休闲自助的散客挡在了门外。在这种状况下,景区的客源便以短期逗留的观光客为主,除了门票、缆车外,景区几乎没有其他的收入来源。那些景点内的餐饮、住宿、购物场所也常常形同虚设,没有被充分开发利用,而这部分"二次消费"所产生的收入,往往比门票本身要多得多。相比而言,国外景区门票价格相对便宜,门票只占游客出行消费的小部分。

如果把休闲度假游客吸引进景区,所带来的综合收益更为可观。另外,目前国内的旅游电子商务网站大多只停留在"旅"上,而没有解决"游"的问题。加上国内旅游市场已经走向散客时代,自由出行将给旅游票务直销市场带来可观的前景。驴妈妈的创始人和 CEO 洪清华正是从中得到启发——"像妈妈一样呵护驴友",驴妈妈既能降低中高端自助游客的门票支出,同时又能提高景区综合收入。他专门进行了市场调研,结果发现,一个普通游客要完成对景区的了解、最终形成购买行为,平均需要查询 12 个左右的网站才能完成,且信息常常是不完整的甚至陈旧的。国内景区的信息化水平还相当有限,但这也意味着其中的发展空间十分巨大。

2008 年年初,洪清华在上海注册成立了驴妈妈公司。成立之初,驴妈妈就定位自助游服务商服务市场,经过数年发展,形成了以打折门票、自由行、特色酒店为核心,同时兼顾团队游的巴士自由行、长线游、出境游等网络旅游业务,为游客出行提供一站式服务便利的一个第三方电子商务网络平台,将重在休闲度假的自助游客和重在观光的团队游客加以区隔。这样做有以下目的:由于两者的诉求是不同的,自助游客的核心价值,在于进入景区后的二次消费,因此在他们和景区之间架设一个平台,既可以让他们享受到优惠便捷的服务,也有助于盘活景区内的二次消费资源。

当各大旅游景点都争先在"旅"上做功课时,驴妈妈却定位在"游",单单一个字眼的变化,却改变了传统旅游市场的游戏规则。以前的旅游,跟团游比例占旅游市场的80%,自助游仅有20%的市场,随着旅游市场的转变,现在刚好来个大反转,自助游占80%,跟团游仅占20%;运营上,旅游景区提供的是标准化服务,收的是标准化服务费用,像机票、酒店等标准化的服务,用户的可选性较小,如果游客去某地旅游,景区只提供30元、20元的套餐,那顾客就只能选择其中之一,被动式消费无法满足旅客的需求。这种被旅游、被消费、被住宿、被购物的观念在驴妈妈这里改变了,驴妈妈变被动为主动服务游客,用门票+高铁、门票+住宿、门票+机票、门票+巴士等产品组合的营销方式,满足客户需求;另外门票打折也让游客感觉到实惠,以往大家要组团才能享受打折优惠,如果从驴妈妈这里订票,即使一个人也会打折,比如去杭州晚上看印象西湖,一个人或几个人去窗口买票220元/人,如果从驴妈妈那里订票160元就可以了。

### (二)商业模式

按"驴妈妈"创始人洪清华的设想,"驴妈妈"的商业模式按其成长和发展,分为三个阶段:

第一阶段,携程模式。

这个阶段,着眼于门票直销。通过与上游旅游产品供应商的战略合作,网站可以获得相对优惠的价格政策,景区一般给驴妈妈四到八折的折扣,驴妈妈给到客户六到九折,从中提取一定的佣金。可以看出,通过与上游旅游产品供应商的战略合作,网站将获得相对优惠的价格政策,而这种优惠将主要交由游客享受,这样一旦游客更愿意进入景区,网站的价值将充分凸显。

第二阶段,会员模式。

出售门票、赚差价只是驴妈妈初级阶段的盈利模式,驴妈妈更倾向于建立一个平台和社区。如武当山、峨眉山、张家界等一些客源丰富的景区,在成为驴妈妈会员后,每年只需付给公司一定数额的会员费,公司就会为景区提供系列电子商务支持服务,景区的后台系统就交由其自行管理,驴妈妈只需直接输送客源。这样收取会员费成为主要收入。

第三阶段,景区营销平台模式。

这是驴妈妈的最终目标:实现驴妈妈从"中介型网站"向"服务型网站"的转型。建立一个庞大的景区营销平台,吸引景区在驴妈妈上精准营销推广,收取广告费用以及其他整个产业链延伸所带来的收入,各合作景区将在驴妈妈网站上拥有各自独立的分销平台,游客将能够直接与景区对接实现各环节票务的订购。

## 三、多元化的赢利模式

公司多元化的赢利模式,是支持公司持续发展和增值的关键。驴妈妈赢利模式包括佣金、营销、分销等。

### （一）佣金

"驴妈妈"从景区拿到的门票价格，与游客给付的费用中间存在一定差价，这个差价就是佣金。佣金是"驴妈妈"赢利的一个方面。

### （二）网上营销

随着"驴妈妈"业务的扩大和提升，很多产品供应商（旅游景区的合作商）开始在驴妈妈进行广告宣传，这当然不是免费的，需要向"驴妈妈"支付一定的费用。

### （三）完善的分销系统

"驴妈妈"采用了 Hishop 公司的易分销系统，利用第三方的资源进行分销。例如，保险公司会找到"驴妈妈"以第三方的身份为游客外出提供保险等。

### （四）预付费

与目前国内大部分旅游网络公司实行"后付费"的模式不同，"驴妈妈"实行"预付费"模式。这种与众不同的方式，让游客体验到新鲜。"后付费"模式，一般都是旅客到了酒店门口或景区门口排队付费。而驴妈妈实施的"预付费"是国际运作方式，即"先付费再旅游"的模式，游客在旅游前先将费用通过网站的支付宝、银联或各大银行支付后，就能开心地去旅游了，节省了排队和等待的时间，而驴妈妈再与签约的旅游景点（产品提供商）进行月结等后续的操作。公司通过"预付费"的方式，使公司的营收达到可持续。

正是由于多元化的盈利模式让驴妈妈做到可持续发展，并根据现代人的需求打造相应的产品，因此这种主动服务的模式，让驴妈妈有着良好的资金循环。

## 四、技术解决方案

### （一）电子门票

电子商务几乎都有"物流"，但驴妈妈的"电子门票时代"实现了零物流。这不仅节省了纸张和能源，还大大地提高了工作效率，同时也为消费者提供了更好的消费体验。游客只要在驴妈妈平台上预订旅游产品，就会收到一条手机短消息，客户根据这个含有二维码的手机短信，就能顺利地通过景区驴妈妈的专用通道，实现数字化通关。

游客预订旅游产品的基本流程：

（1）游客登录驴妈妈网站；

（2）游客选择景区并在线下单；

（3）游客确认订单后即时收到二维码或普通短信；

（4）游客至景区使用凭证（通过专用识读设备验证）；

（5）景区工作人员在确认有效后回收电子票凭证（回收后不可再次使用）；

（6）游客进入景区游玩。

## （二）E景通

驴妈妈开发的"E景通"软件免费将景区的后台与驴妈妈网站对接。平台对接后，通过"E景通"可以直接把信息推送到驴妈妈网站指定的页面上，让更多需要查找信息、安排行程的"驴友"看到；而诸如"因大雪要封山"、"部分游乐设施正在维护中"等来自景区的临时性紧急信息，经由"E景通"也可以在第一时间通知到已经买了票的散客。

## （三）iphone客户端

驴妈妈针对"果粉们"（苹果手机的忠实拥护者）开发的iphone客户端，能满足游客对目的地的更多资讯需求，只要登录驴妈妈iphone客户端不仅能享受到精美界面带来的超凡体验，更能随时随地获取目的地旅游资讯。此外，该客户端还特别根据iphone用户的使用特点，添加了许多实用功能，如"目的地的丰富信息"、"推荐的景点和酒店"、"每周团购"等。驴妈妈iphone客户端甚至堪比一本精心编辑的旅游杂志。同时，客户端依托驴妈妈旅游电子商务的优势，提供便捷的"景点门票预订"、"酒店预订"、"自由行产品预订"、"订单管理"等贴心服务。

## （四）呼叫中心及客服

驴妈妈旅行网利用互联网和电话呼叫中心系统等先进技术平台及各类软硬件，给客户提供全天候的网上网下预订服务。开发了先进的实时监控管理系统、先进的客户关系管理系统（CRM）、预订服务质量监控体系、房态管理系统、网络实时预订系统。

驴妈妈开发了一套基于数据库的呼叫记录管理系统，将每个呼入、呼出电话的详细情况全部记录在数据库中，并且结合报表生成系统，制作各种实时报表和统计分析报表，方便数据的记录、查询和统计的同时，具备对数据分析、挖掘和处理的能力。

## 五、成功要素

### （一）整合线上线下营销，实现低成本运作

驴妈妈旅游网自成立以来，就采取了线上精准营销策略。首先是搭建了一个庞大的旅游媒体营销联盟：驴妈妈网站平台+《携程自由行》杂志+国际、国内多家旅游相关的媒体，依托这一平台，景区就能完成系统的营销规划，低成本全方位地导入大批中高端自助游客。

"十大商圈"地推活动，是驴妈妈从线上营销转到线下营销的一次重大举措。它为消费者提供了一个线下互动的实体店环境，也将旅游新理念带给更多的消费者。体验店相对于线上更侧重提升消费者的品牌体验——提供丰富的旅游产品展

示、便捷的网上流程演示、有效解决大额支付等问题,方便不熟悉网络操作的消费者享受到驴妈妈的服务。

### (二) 整合各种渠道进行联合营销

整合各种渠道进行联合营销,实现分销与营销的充分融合,景区与游客的无缝衔接。比如:2010年最佳世博游特色景区评选,免费送上海世博会门票;携手速8爱上大自然活动;入驻淘宝网;携手腾讯助力"抄底游";与百事可乐联手给力全民7亿瓶可乐游;参与宁夏卫视、上海第一财经制作的《中国职场好榜样》,驴妈妈首席自助游体验师亮相并入选十大"好玩"岗位;等等。这些联合营销加线上线下低成本的营销手段,让驴妈妈的社会影响力持续攀升。

### (三) 博客和微博营销

对于旅游场所来说,最好的营销方式其实是口碑传播,而博客、微博正是口碑传播的天然集散地。"口碑传播",为驴妈妈找到消费者中的"意见领袖",并通过这些"引爆点"将某一旅游目的地的知名度迅速扩张,并且形成流行热点。

博客互动性强,成本低廉,拥有无穷的创造性与极强知识性、自主性和共享性。正是博客的这种性质,使得驴妈妈决定把博客融入旅游目的地市场营销的全过程,在游客、成本、方便和可信度等方面充分发挥作用,实现旅游目的地市场营销整个流程的再造。

### (四) 培养大学生客户群体

大学生是未来消费能力最强的潜在消费人群。驴妈妈"校园推广大使"活动,激发了大学生旅游热潮。大学生不仅可以获得礼品,还能享受到比会员还优惠的价格。目前驴妈妈"校园推广大使"活动已经覆盖上海地区所有大学。

### (五) 与旅游相关行业合作

2011年8月1日,驴妈妈携手中国银行推出"旅管家"服务。只要是订购驴妈妈旅游网境外游产品的游客就可以享受中国银行"旅管家"业务提供的旅游保证金服务、代收签证材料服务和外汇兑换等一站式服务,为广大游客出境游提供了极大便利。

为满足广大驴友"自由行"交通需求,驴妈妈旅游网还联合一嗨租车推出"租车自驾游",由驴妈妈提供景点门票、酒店、自由行路线等贴心服务,"一嗨租车"提供舒适安全的租车服务,让"自由行"真正自由。让游客不用跟团,不用担心交通问题,也不怕景区门票的昂贵,只需轻点鼠标,快乐旅程即刻开启。

通过新的商业模式,"驴妈妈"将现行价格政策中,游客无法享受到的景区门票优惠让利给自助游客,从而吸引到消费潜力远强于一般跟团游客的中高端自助游客,帮助景区做游客和消费增量。正如目前的机票、酒店预订打折只是一种营销手段,并不会减少航空公司和酒店的综合收入,实现景区盈利能力的全面提升,才是采用该模式的根本目的。

对于旅游景区而言,通过"驴妈妈"网站的分销联盟,表面上可能会让出一部分的散客门票收入,但实际上景区通过这一全新的电子商务平台,可以大大节约营销成本,增加分销渠道,吸引更多有消费能力的中高端自助游客,实现景区内各类娱乐项目、住宿、餐饮等一揽子消费,打造出多元化的盈利点组合。

### 思考与练习

1. 什么是旅游目的地营销系统?

2. 旅游景区电子商务的应用是通过什么媒介起作用的?具体涉及哪两个方面?

3. 选择登录两个景区的网页,尝试预订门票,然后再取消预订,观察不同的景区预订流程有何不同,各有什么优缺点。

4. 登录驴妈妈网站,浏览其主要模块的网页,体验各模块的功能。如果你的手机可以上网,尝试体验一下驴妈妈的移动电子商务功能。

5. 在网上收集10个提供景区门票订购功能的网站的网址。

6. 微博营销目前开始流行,如果你是某景区的营销经理,谈谈你进行微博营销的计划。

# 第九章 旅游产品与服务中间商电子商务

### 案例导入

高速公路变停车场，知名旅游景区人满为患……刚刚结束的十一"黄金周"因史无前例的"大拥堵"而引发了媒体和业界的广泛评议。就此话题，记者电话采访了同程网 CEO 吴志祥先生。

针对今年"黄金周"期间的"大拥堵"现象，吴志祥表达了不同的看法，他认为这至少表明了我国旅游业所蕴藏的巨大发展空间，也证明了旅游业足以成长为一个"战略性支柱产业"。在吴志祥看来，目前的"大拥堵"等节日旅游"乱象"只是暂时的，只要加以引导和培育，游客就会逐渐形成理性、文明的旅游消费习惯，在这一过程中，在线旅游代理商将扮演至关重要的角色。

吴志祥认为，在线旅游代理商的兴起将加速国内旅游业的转型升级，同时，也将在很大程度上承担起培育市场和教育消费者的责任。2012 年十一"黄金周"期间，同程网利用其在景区门票分销领域的优势资源首次推出了规模化的景区门票团购活动，每天吸引了超过十万名游客前往合作景区游玩，这些景区普遍具备优质的旅游资源和相对宽松的游览环境。据粗略统计，整个"黄金周"期间，有近 100 万游客通过同程网的门票团购活动被引导到一些"非热门"景区游玩，游客从中获得了高质量的游玩体验，相关的景区也获得了数倍于往年的门票收益。"这一模式实现了景区运营方、游客和同程网的三方共赢，我们呼吁更多的景区和旅游企业参与进来，为构建健康有序的旅游市场尽一份力。"

案例中提到的在线旅游代理商，实际上就是通过网络来销售旅游产品的旅游产品中间商。本章将研究旅游产品与服务中间商是如何来运作电子商务的。

# 第一节　旅游产品与服务中间商概述

## 一、旅游产品与服务中间商

### (一)旅游产品与服务中间商的定义

旅游产品与服务中间商处于旅游产品生产者与旅游者之间,是专门从事旅游产品交换的中介组织。由于旅游产品与服务中间商的存在,可以大大减少旅游产品流通过程中的交易次数,节省了旅游产品生产者在产品销售上所花费的时间与精力,便于把旅游产品分销到更远的空间,解决旅游产品生产和旅游产品消费空间上的矛盾;既有利于发挥生产企业在旅游产品生产方面的专长,也有利于发挥旅游产品与服务中间商在经销方面的特长,还有利于旅游者购买,节省交易成本,从而形成旅游产品生产者和经营者各得其所的"共赢"局面。

### (二)旅游产品与服务中间商的职能

#### 1.市场调研,加强供求双方的信息沟通

旅游产品与服务中间商利用自己直接面向旅游消费者的优势,真实、客观、全面地调查、掌握消费者的意见和需要,从而为旅游供应商提供准确、及时的信息,帮助供应商对市场的变化做出及时的反应,使旅游产品和服务的供应能不断适应旅游消费者的需求。

#### 2.组合加工,进行市场的开拓

旅游产品与服务中间商专门进行旅游产品的购销工作。他们集中来自各个旅游供应商的数量众多、品种特色各异的旅游产品,并能根据产品特点、市场需求特征组合出内容、线路、时间、价格、交通及旅游方式等各不相同的包价旅游产品,既能满足旅游者对一次旅游活动的整体需求,又能满足他们各不相同的需求倾向。同时,旅游产品与服务中间商可以通过自身对市场的变化及走向的强烈敏感性,把旅游供应商提供产品的生产优势与自己的市场开拓的营销优势结合起来,使旅游生产企业与旅游中间商都得以顺利成长。

#### 3.促进销售,激发顾客的潜在需求

旅游产品与服务中间商往往是旅游促销的专门人才,各自拥有自己的目标群体,与社会各方及市场中各部分有可能形成良好的公共关系,他们可以借助广告、宣传、咨询服务和名目繁多的促销活动,促使潜在需求转化为现实的旅游需求。同时,他们还可以提供诸如代办旅游签证、旅游保险等其他相关服务,更好地为旅游者创造各种附加利益。

## 二、旅游产品与服务中间商的类型

### (一)按旅游中间商业务性质划分

#### 1. 旅游批发商

旅游批发商通常指经营包价旅游批发业务的旅行社,旅游批发商在营销渠道中一头联结旅游产品生产者,另一头联结旅游产品零售商。由于旅游批发商的直接客户是旅游零售商,因此旅游批发商以零售商需求为直接导向,根据零售商需要大量购入旅游生产者的产品如景点观光门票、旅游交通运输工具的一定时间的座位票、旅游饭店的客房、餐饮产品等,把它们组合成包价旅游线路,以一定批量并以批发价销售给旅游零售商,再由零售商转卖给最终消费者(游客)。有的旅游批发商很有实力,销售网络遍布世界各地,也有的旅游批发商规模较小只经营特定旅游市场的专项旅游产品如修学旅游、体育旅游等,网点较少。旅游批发商的主要功能有以下三点:

(1)组合旅游产品功能。根据市场需要大量购买旅游生产企业的产品,并按日程整合成有吸引力的包价旅游线路,以批量形式销售给旅游零售商,供旅游零售商再转卖。

(2)分销功能。旅游产品生产企业可借助旅游批发商的营销渠道,实现大规模、远距离销售。

(3)分摊风险功能。旅游批发商由于购买的是旅游产品所有权,如果销售不出去,将导致已购买的旅游产品价值的全部损失,所要分担的风险大。要实现从旅游产品到货币的"惊险"跳跃,旅游批发商需准确把握旅游者需求变化。旅游批发商通过市场调研,及时获得准确的市场信息,据此进行批量采购,并把旅游产品组合成适销对路的包价旅游线路。

#### 2. 旅游零售商

旅游零售商是指从事旅游产品与服务零售业务的旅游中间商,其特征是从旅游产品生产企业或旅游批发商处批量代理销售旅游产品,再以零售价格出售给旅游者。旅游零售商是旅游产品营销渠道的最终环节。

旅游零售商处于旅游产品生产者与旅游者之间、旅游批发商与旅游者之间,起着重要的交换媒介作用。具体有以下三点作用:

(1)方便购买。旅游零售商网点分布于大中小城市,触角很广,能带给旅游者购买上的便利。

(2)信息服务。旅游零售商直接面对旅游者,为旅游者购买和出行提供所需要的信息与咨询服务。同时将旅游者的意见和建议、需求变化等市场行情及时反馈给旅游产品生产者和旅游批发商,为他们的生产和经营提供信息导向。

（3）分配与促销。生产者和批发商可通过旅游零售商星罗棋布的网点进行销售，尽管旅游零售商不购买旅游产品的所有权，但以按销售额的一定比例返还的佣金作为收入，因此旅游零售商会积极进行宣传、展示、推广等促销活动。

### （二）根据是否购买旅游产品所有权划分

#### 1. 旅游经销商

旅游经销商是买进旅游产品再转卖出去的旅游中间商，其显著特点是旅游产品所有权在买卖双方的转移。经销商通过购买而取得旅游产品所有权，经销商的收入来自一买一卖的差价。旅游经销商由于取得了旅游产品的所有权，因此产品再转卖的所有利益和风险都由其独立享受和承担。旅游经销商基本上是旅游批发商。

#### 2. 旅游代理商

旅游代理商是指受旅游产品生产者或提供者的委托，在委托权限内代理销售生产者或提供者的旅游产品的旅游中间商，其显著特点是旅游代理商不取得旅游产品所有权，收入来自根据代理销售量多少所取得的被代理企业支付的佣金。

旅游代理商不承担因旅游产品销售不出去而产生的价值损失，其代理的积极性高低主要取决于从代理销售中所得到的佣金多少。旅游代理商既可以是旅游批发代理商，也可以是旅游零售代理商。两者之间的区别是旅游批发代理商以批量形式把旅游产品再委托给旅游零售代理商代理销售，而不直接与旅游者打交道；旅游零售代理商则受旅游生产企业或旅游批发商、批发代理商等的委托，代理其向旅游者销售旅游产品。

### 三、旅游供应链和核心企业

供应链是围绕核心企业，通过对信息流、物流、资金流的控制，从采购原材料开始，制成中间产品以及最终产品，最后由销售网络把产品送到消费者手中，从而将供应商、制造商、分销商、零售商直至最终用户连接成一体的连锁结构模式。著名旅游学者 Richard Tapper 和 Xavier Font 等人在 20 世纪 90 年代将供应链概念应用到旅游业，提出旅游供应链包括旅游产品供应体系中所有用来满足旅游者需求的商品和服务的提供者，这些企业直接或间接地与旅游经营商、旅游零售商或仅提供住宿的供应商合作，在旅游过程中旅游者直接向其购买商品或服务的目的地其他供应商，包括住宿、交通、酒吧、餐馆、纪念品、吸引物、手工艺品、食品生产和垃圾处理系统，以及其他对旅游业的发展起支持作用的目的地基础设施。进入 21 世纪，国内有些学者认识到旅游供应链概念的重要作用并引入供应链管理的理论来对旅游业和旅游企业的发展进行探索。刘连银指出，旅游业的发展应该从产业链的角度进行区域协同和联合营销，并指出产业链对中国旅游业纵深发展的重要作用；张辉提出,旅游业今后的竞争不仅仅是企业之间的竞争,更是企业所在的整个供应链之间的竞争,他认为下一步中国旅游企业的深度发展,不在于核心竞争力的构建,而在于链条式企业的构建,在于围绕核心企业建设产业链;李宏则对旅游供应链的构成体系进行了探讨。

传统旅游供应链是在信息网络化还比较落后的条件下存在的,其模式通常为:旅游产品供应商→批发商→零售商→客源地消费者。

与大多数有形产品的传递方式一样,从生产、批发、零售再到消费,供应链上的每个成员环节实行"一对一"的固定联系与配合。因此信息传递比较困难,成员之间不能灵活多向联系,更不能跳环节联系。一旦中间某一环节发生中断,就会导致链条运转效率下降,甚至整个供应链无法运行。此外,信息的不对称降低传统旅游供应链的经济性。传统供应链中,由于信息的不对称,成员之间的协作性比较差,供应链的运作成本高,效率低。僵化的供应链使得各成员只注重自身企业的价值与利益,而容易忽略整个供应链的价值与利益。同时,由于旅游消费者不了解旅游企业的情况,旅游企业也不知道旅游消费者的需求,传统供应链在满足顾客需求、实现顾客价值方面存在不足。

网络信息技术和电子商务技术的发展促进了旅游的飞速发展,这使得传统的旅游供应链受到了挑战。旅游供应链的模式发生了很大的变化,开始由"一对一"的模式向网状的模式转变,供应链开始演变为供应"网"。即通过互联网和电子商务手段将众多的旅游产品供应商、旅游产品中间商、客源地旅游者纵横交错地联系起来,从需求预测、产品设计、企业采购、生产组合、分销代理到客户服务,实现了整个过程的良好协作。透过供应"网",可以看出价值链的成员之间实行的是"多对多模式",旅游供应链成员之间不再是固定的联系,可以交叉联系,也可以跨环节联系,如旅游供应商不仅可以与多个旅游批发商协作,还可以跳过批发商与零售商协作或直接向旅游者销售。供应链成员在广泛的选择机会中进行有效的资源的优化整合,从而提高供应链的效率。

按照现代供应链理论,供应链上核心企业必须在供应链上具有一定程度的影响力、吸引力和融合力,在供应链的运作和管理中处于信息交换中心、物流集散的调度中心、资金结算中心和统筹规划的协调中心,核心企业必须具有核心业务和核心竞争力。目前对于旅游供应链核心企业的研究普遍认为以旅行社作为核心企业;也有些研究认为旅游供应体系中的餐饮、住宿、购物、娱乐、参观、游览部门的任何企业都有可能成长为核心企业,究竟是哪一个企业成长为核心企业,归根结底是由企业掌握的资源决定的,有可能是饭店企业、交通企业,也有可能是旅行社或者是旅游景点,甚至是旅游产品中间商,特别是近几年兴起的旅游网络公司。

## 第二节　旅游产品与服务中间商电子商务模式

### 一、B2B 和 B2C 模式

旅游产品与服务中间商电子商务主要模式有 B2B(企业对企业)、B2C(企业对消费者)模式。B2B 是企业与企业之间相关产品和服务采购,交易的信息查询、谈判,合同的签订、票据往来,订单的结算。B2B 多半是合作企业间的交易,对象、范围相对有限。B2C 模式是企业对消费者的电子商务,主要功能是提供企业旅游服务的信息咨询和产品的在线预订和销售,B2C 本质上是企业产品和服务的网上直销,利用互联网边际成本低、无时空限制的特点,给企业带来更多的商机。B2C 电子商务深受企业青睐,现有的旅游电子商务绝大多数是这一模式。

### 二、B2C 旅游电子商务基本内容

B2C 旅游电子商务基本内容主要包括:旅游目的地的宣传营销和客房、机票等旅游产品的预订。在线预订是目前旅游电子商务的主要形式。根据在线旅游预订网站的来源与业务运作特征,在线旅游预订的 B2C 电子商务可划分为两种模式:代理模式、直销模式。

#### (一)代理模式

这种模式下的在线旅游网站本身并不拥有客房和机票,只是酒店和航空公司产品的代理。从供应链的角度来看,与传统的旅行社代理模式并没有本质上的不同。所不同的是把这一服务从线下搬到了网上。利用网络信息覆盖面大,查询方便,信息获取成本和比较成本相对较低的特点,来获得自己的客户群。这类模式具有代表性的是携程、艺龙、同程,企业收入主要来自酒店、机票、景区、租车、演出门票预订的代理费,由于入市较早,树立起了具有一定知名度的品牌,为后来者制造了很高的入市门槛。这种现象在网络界比较普遍,因为在网上信息的传递成本很低,关键是看谁能把客户吸引来并留住客户,所以网络经济也被称为吸引力经济。大多数酒店对在线预订网站提供一致的前台现付价格,因此在线旅游服务商在酒店预订方面无法为用户提供太多的价格差异。产品和价格是同质的,品牌作为服务品质的象征成为吸引客源的重要因素。这类在线代理商的劣势在于缺乏强有力的旅行社作为传统资源支撑,经营旅游线路产品的能力较弱。为了实现多元化经营,分散企业风险,在线旅游代理商开始寻求"落地",通过收购现有旅行社的方式实现与传统旅游业资源的优势互补。2006 年 10 月,携程购并了上海翠明国旅,与传统旅游市场结合的趋势已经显现。

### (二) 直销模式

自开展旅游在线预订以来,网络代理已经成为酒店非常重要的销售渠道,通过第三方订房网站实现的网上预订成为增长最快的订房渠道。有数据显示,目前国内许多酒店通过这些网络代理预订网站做成的生意已占到20%。但这种网上订房的代理模式,其佣金一般要占酒店客房租金的10%~20%,并且大量的酒店信息集中在一起,旅客选择的指向性不强。近几年,携程、艺龙、同程、去哪儿等旅行搜索引擎在线旅游产品中间商相继出现,客户通过其进行网络预订而产生的利润相当可观,这中间有很大一部分利润被预订网站拿走。

考虑到这些因素,具备一定实力的酒店连锁集团开始自建网站,绕过代理一环,自己在网上开展直销业务,面向消费者开展网上直销。酒店集团自建网站能否吸引用户使用,与酒店自身的品牌知名度和服务质量有很大关系。品牌可以吸引顾客的首次到来,好的服务质量则可以吸引客人再次光顾,形成固定的客户群。另外,网站的建设费用和先期的宣传费用也是不得不考虑的问题,如果收益小于投入的成本,选择网上代理则是一种比较好的现实选择。对于单体酒店和小规模的酒店集团来说,即使建有独立的网站,由于吸引不了足够多的客户,其建设网站的收益也很少。而对于形成规模的酒店连锁集团而言,由于本身拥有大量的固定客户,通过酒店自身的网站不但能够降低顾客的信息搜索成本,提供更加便捷的服务,同时也是一种实力的体现,增强顾客对酒店的认可度,从而吸引来更多的客户。在开展网上直销方面,全国性的经济型酒店连锁集团取得了不俗的业绩,如家客栈、锦江之星就是其中的典型代表。

但是作为最为"烧钱"的互联网企业之一,在线旅游初期的投入非常巨大。而且携程、同程等在线中间商通过建立全国的酒店、机票产品网络,已经形成了很强的先期优势。任何一家单体酒店都无法与之抗衡。所以,即使是有了自己网上直销系统的酒店和机票供应商,还是不得不把自己的产品同时放在上述中间商的分销系统中。

## 第三节 典型旅游产品与服务中间商盈利模式

### 一、携程模式

携程网的三大核心业务是酒店预订、机票预订及旅游项目,涉及客户范围较广,可包括企业旅游者、集体旅游者及个体旅游者等。此外,携程网通过广泛的合作和对传统预订、票务企业的并购活动,同全球134个国家和地区的28000余家酒店建立了长期稳定的合作关系,其机票预订网络已覆盖国际国内绝大多数航线,送票网络覆盖国内47个主要城市。

规模化的运营不仅可以为会员提供更多优质的旅行选择,还保障了服务的标准化,进而确保服务质量,并降低运营成本。

携程和许多知名的传统旅行社的区别是:在产品形式上,定位于商务旅行、自助度假旅行,主要面对散客;从服务手段来说,通过网络、电话提供服务。

酒店预订、机票预订等业务竞争的只是信息的传递,这对新生互联网公司来说相对较为容易,而且,这个行业的利润率在旅游行业中较为优越。携程的收费方式很简单,实际上是扮演了中介服务公司的角色,它将客户与酒店互相引荐,并促成两者之间的生意,然后收取佣金。网上酒店预订的代理费在10%左右,订票为3%。虽然这两大业务的平均利润率都不算高,但它们充分发挥了网络经济的成本—收入效应,网站及后台系统的建立只需要一次性的固定成本投入和很少的可变投入,用户也只需一个电话或点击一下鼠标就可轻松完成预订,携程后台系统的工作也只是对数据的自动变更。因此,旅游网站处理一个订单的成本比传统旅行社低得多,所以,它的纯利润是旅游行业中最高的。

携程逐渐定位为一个旅游行业的中介服务机构,这不仅为单纯的酒店预订、机票预订提出了一个更高层次的概念,也为自身的发展开拓了市场空间,这种网络加电话预订的方式,让携程成为国内在线旅游预订领域绝对的领军企业。携程从最开始的酒店、机票代理人逐步渗透到度假预订、商旅管理、特约商户、旅游资讯等领域,一度被誉为传统旅游与互联网"无缝结合"的典范。

携程模式并非没有缺点。它的点有以下两个:第一,整体业务中酒店和机票预订仍然占很大的比例。携程2010年财务年报显示:截至2010年12月31日,2010年全年酒店预订营业收入总计13亿元人民币(1亿9400万美元),占2010年总营业收入的42%;2010年全年机票预订营业收入为12亿元人民币(1亿8300万美元),机票预订营业收入占2010年总营业收入的39%;2010年全年旅游度假业务营业收入为3亿8000万元人民币(5800万美元),旅游度假业务营业收入占2010年总营业收入的12%。

酒店和机票预订占了其年营业收入的81%,而旅游度假营业收入占12%,其他增值业务仅占了7%。这样的业务结构使得携程的多元化之路增添了很多变数,过度依赖传统业务可能不利于携程向专业旅游电子商务公司的战略转变。而当酒店、机票传统业务遭遇越来越强劲的竞争对手的时候,携程就会逐渐陷于被动。艺龙、芒果、同程等后起之秀已经牢牢占据了整个行业近四分之一的份额,而拥有数亿用户的移动12580更使携程感受到了巨大的压力。从携程的角度上讲,只有通过改善与酒店会员的关系等措施巩固市场地位,才能在愈演愈烈的旅行代理商之战中继续保持优势。此外,通过进一步的多元化经营提高竞争力也是一个非常关键的战略步骤。2012年一季度,在携程的四大营业收入中,受季节因素的影响,机票、酒店预订业及商旅管理业务收入环比出现了一定程度的下降,但同比保持稳定的增长态势。但由于航空公司发展直销趋势的不可逆,导致了机票佣金比例的逐步下降,这部分业务为携程贡献的收入以及利润率都在持续降低。利好的消息是旅游度假业务受春节出行需求的带动,同比增长达到了33%。

作为老牌的OTA企业,携程正在面临多方带来的严峻挑战,一方面是老对手去哪儿在流量上远远领先于自己,另一方面淘宝旅游、京东等B2C平台也加入了旅游市场的竞争中。这些迫使携程不得不通过线上战略合作及线下大规模资本投入的方式,获取更多的流量及线下资源。例如携程完成对永安旅行社100%控股的运作以及战略投资太美旅行社,以巩固在休闲游市场的地位。加之此前对松果网、如家、汉庭、首建国旅的投资,意在对酒店资源实现更好的控制。

而且,携程到目前为止还是主要依赖于数千人规模的呼叫中心来完成预订交易,而只有很少一部分订单是通过网络完成的,人工成本很大,用携程高管的话说就是:劳动力成本将拖累利润率。这与国际上的大型旅游网络公司差距较大。像Expedia都是主要依赖于互联网完成交易的,电话预订中心的客服人员很少。一旦这些巨头大举进入我国,那么其成本优势将有可能威胁到携程的市场地位。

携程的酒店会员为了避免被其完全控制而纷纷寻求对策,一些有实力的酒店主要通过两种方式来降低对携程的依赖度。一种方式是通过酒店主页或第三方平台自建网络直销渠道,另一种方式就是大量发展合作预订网站。同程网"入住点评返现金"的模式一经推出就吸引了8000余家酒店与其合作,这本身就反映了酒店决策者们"不把鸡蛋放在一个篮子里"的新思维。

由于在线旅游市场竞争日趋激烈,迫使携程正在加速转型的步伐。一方面携程加大了市场销售和营销的投入,以维持稳定的客源和在市场上的品牌影响力。例如携程推出酒店优惠券返现的促销方式,让利给消费者的同时,维持了很好的用户黏性。2012年一季度营销费用占比为19.0%,同比上年一季度增长了3.7%。另一方面,携程对产品开发的投入也在持续增加,从而加强在互联网和移动端新产品的拓展。综上所述,携程正处于转型期,新产品的开发、市场定位的巩固以及各部门人数的增加,最终导致了携程运营利润率水平持续下降,2012年一季度运营利润率水平已降至19.4%。

在携程模式中,由于旅游产品中间商自身无产品资源,因此其赢利多少关键取决于其能从上游服务提供商手里拿到的价格。许多旅游企业由于缺乏强有力的旅行社和客房资源的支撑,在数量和价格上都不存在优势。"携程是不可战胜的",这是业界对携程在酒店、机票预订行业地位的一致评价,可见今后不可能再出现一个新的携程了。

## 二、旅游垂直搜索

旅游垂直搜索以其专业服务在国外大受追捧。Kayak已经将酒店用户评论网站Travelpost与其现有的垂直搜索业务进行整合，Travelzoo和TripAdvisor也相继发布了垂直搜索功能。国内的去哪儿也在做着和这些跨国巨头们相近的业务。

携程是在线OTA模式，相当于沃尔玛模式，去哪儿则是垂直搜索引擎（团购业务涉及部分直接销售）模式，本质上是媒体模式，二者之间的市场分层各异，所以并不存在直接竞争。但是随着中国旅游网站数量及产品服务大量增长，流量竞争成为旅游网站竞争的核心要素，旅游垂直搜索引擎和微博成为旅游网站流量渠道日趋重要的部分。

这两种模式在发展的次序上递升，但是没有层次的高低。去哪儿搜索、比价的来源是供应商和OTA，通过为自身平台上的客户导入流量获得广告收入。去哪儿这样的垂直搜索引擎必须在OTA大量丰富，或者线上供应商大量丰富的基础上发展而来。这也是1999年携程OTA就开始获得发展，而到了2005年去哪儿才开始崭露头角的原因所在。

这种模式有一个非常大的问题：无法克服携程对酒店资源的控制。所以，目前凡是做旅游垂直搜索的公司都迫于压力，不得不选择了与携程合作而非站在其对立面。这种"被合作"方式，在一定程度上给国内旅游垂直搜索行业带来了不确定因素。

## 三、网上旅行超市

在国内旅游电子商务行业，有一种模式正在悄悄地攻城略地，那就是以多元化、一站式为特色的"网上旅行超市"模式。这种模式最大的力行者就是总部位于苏州的同程网。这家成立于2004年的旅游电子商务公司近年来逐渐从单纯的旅行社B2B模式过渡到涵盖旅行社、酒店预订、机票预订、景区营销、旅游用品和旅游管理软件等多个业务领域的多元化旅游电子商务公司。同程网CEO吴志祥一直对外宣称，同程网要成为旅游电子商务行业的"沃尔玛"。近两年来，该公司快速、稳健的成长证明了该模式到目前为止是成功的。2008年同程网成功获得1500万元人民币的风险投资，这也是投资者对其业务模式的充分肯定。此外，B2B和B2C双平台运作的模式也在一定程度上保证了同程多元化战略的稳步发展。但是，多元化始终都要不断应对资源分散和定位模糊的困扰。

目前的形势是，同程和携程在旅游电子商务多元化领域展开了无声的竞赛，谁先于对方一步完成部署谁就是最终赢家。携程经过痛苦的转变，才使其非传统业务达到了占总营收19%的规模。这一点上，同程显然具有先天优势，因为同程从一开始走的就是多元化道路。但是面对携程这个"庞然大物",同程还是感到了巨大的压力。

模式没有对与错的分别,凡是符合时代特点和用户需求的模式都是成功的。旅游电子商务行业发展至今,已经进入一个快速整合的阶段,行业价值链越来越清晰,能否尽快找准自己的方向将决定着一个企业能否生存。

据中国旅游研究院数据显示,2010年中国旅游电子商务(基于互联网平台的在线旅游业交易)市场规模达到2000亿元人民币,占整体旅游收入份额将近15%。在旅游市场持续扩容和信息技术广泛应用的双重推动下,不同类型、不同模式的旅游电子商务主体得以快速发展。

从目前走势看,尽管旅游电子商务在局部领域显示了垄断竞争的迹象,但是总体而言,这一市场还未进入分层竞争与分类竞争的成熟阶段,而且更多地体现为对传统旅游市场份额的渗透。

就商业模式来看,旅游电子商务企业有OTA、垂直搜索、媒体与行业平台等多种模式。为了避免平台上供应商对不公平竞争条件的疑虑,去哪儿网做不了OTA。同理,由于无法保证搜索结果的公正性,携程也做不了搜索引擎。在OTA的领域里,携程是当然的巨无霸,而去哪儿网则成为旅游垂直搜索引擎领域的王者。

在旅游电子商务产业链中,海豚遨游大海,骆驼驰骋大漠,各自有着稳固的疆域与广阔的成长空间。

## 第四节　旅游产品中间商同程网电子商务

☞ 导入案例

### 腾讯投资同程网

在线旅游代理网站同程网对外证实,网站已获得腾讯千万元投资,并准备启动国内创业板的上市计划。目前腾讯的数千万元投资已完成交割。吴志祥表示,腾讯的持股比例不到30%,同程网管理团队仍占据控股权。在完成融资后,同程网的相关业务将接入QQ购物与腾讯旅游频道。

### 一、网站概况

同程网创立于2004年,总部设在中国苏州,目前员工1500余名,注册资金5000万元。经过数年在旅游在线市场的成功运作,同程网已成为国内最大的旅游电子商务平台之一,也是目前中国唯一拥有B2B旅游企业间平台和B2C大众旅游平台的旅游电子商务网站。2006年12月,同程网项目荣膺CCTV赢在中国五强项目,并得到软银赛富、IDG、今日资本等多家海内外风险投资商的青睐,2008年获得国内著名创投机构1500万元风险投资。

同程旅行网由"同程网"、"一起游"、"旅交汇"3个子网站组成,如图9-1所示:

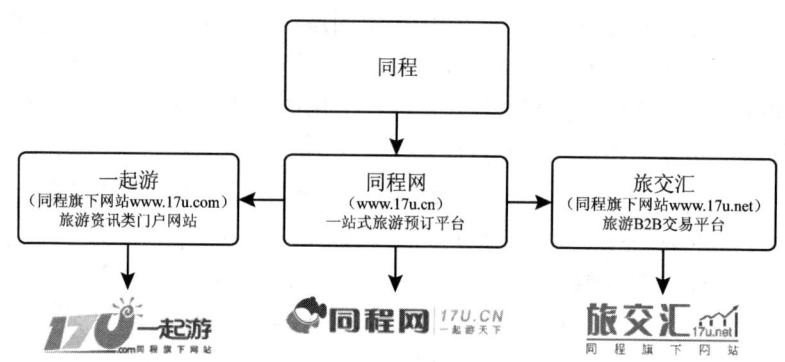

图9-1 同程网的三大子网

同程网:中国最好的一站式旅游预订平台之一,该平台作为中国领先的在线旅游网站,拥有1000多万注册会员,网站拥有国内最全的旅游产品线,提供国内20000余家及海外100000余家酒店预订,覆盖全国所有航线的机票预订,5000余家景区门票预订,全球热门演出门票预订,200多个城市租车预订,境内外品质旅游度假预订。提供互联网预订、手机无线预订和365×24小时电话预订,网站秉持"有保障的低价"原则,在行业内首创"先行赔付"和"点评返奖金"等特色增值服务,成为目前中国增长速度最快的旅游预订平台。

一起游:中国最大的旅游资讯类门户网站,为超过1000万会员提供真实可信的出行指南和旅游资讯。网站形成了以旅游攻略、点评、问答、博客为特色的旅游社区,为旅游者提供全球上千个热门目的地官方旅游攻略。"一起游"以其100万篇驴友原创游记攻略,超过300万条以上高质量旅游点评与问答,正在成为国内旅游者安排旅游行程及分享游后体验的首选网站。

旅交汇:中国最大的旅游B2B交易平台,为包括旅行社、酒店、景区、交通、票务代理等在内的旅游企业提供专业的交易、交流和信息化管理服务,目前拥有注册旅游企业会员14万余家,其中VIP会员10000余家,被誉为永不落幕的旅游交易会。2008年,同程网进入旅游软行业,目前基于saas平台的旅行社、酒店、航空代理软件用户遍布全国,已拥有客户1400余家,其中同程六合一旅行社管理软件拥有客户1000余家,正在成为国内旅行社信息化的标准软件。

## 二、市场定位及服务内容

同程网是国内最大的旅游电子商务平台之一,也是目前中国唯一拥有双平台的旅游电子商务平台。两个平台的运营目标客户不同,战术方法不同,自然战略定位也不同。同程网的目标定位只在 B2B 和 B2C,也就是同程网所说的行业商务和社会商务。

### (一)社会商务(B2C 市场)

2012 年 2 月 17 日,同程网首页突然多出了一个"自助游"频道,内容和产品均精确瞄准自助游人群。1 个月后,同程网又在苏州召开新闻发布会,宣布将以"首届春季网络旅游节"的举办为契机,开始全面实施筹划了近 2 年的自助游战略。按照吴志祥在发布会现场的演讲,同程网之所以选择现在全面推进自助游战略,简单地说就是"我们已经准备好了"。从公开的信息看,同程网目前可提供超过 5000 家景点门票的在线预订,可预订酒店资源数量也与携程、艺龙等不相上下。另外,同程网自 2012 年 2 月下旬以来,开始力推"酒店 + 景点门票"的套餐业务,主要瞄准自助游市场。从业务组合和资源配置来看,同程网的确准备好了。

主攻 B2C 伊始就一直在围绕自助游市场进行布局,同程网高层也一致认为自助游是未来旅游业的大趋势。吴志祥在阐述同程网的"一站式"业务模式时非常强调其对于自助游者的价值,同程网"一起游天下"的品牌理念据说也是根据自助游市场的特点提炼而来的。

2010 年,同程网 B2C 业务的营收实现了突破性增长,同时,围绕自助游的布局也已启动。2010 年年初,同程网组建专门团队筹备自驾游平台,随后该项目获得了江苏省政府提供的专项资金支持。同程网也因此成为业内最早实施自驾游项目的企业。2011 年,同程网在自驾游立项成功的基础上高调推出"自驾游护照",旨在引导消费者的自驾自助游习惯,此举也是同程网正式开始系列自助游业务开发的里程碑。"自驾游护照"发行不到一年时间即聚集起了近万人规模的活跃会员,实践证明了该细分市场的真实存在。

### (二)行业商务(B2B 市场)

同程网的行业商务。同程网是中国最大的旅游交易平台,同程网搭建包括旅行社、酒店、景区、交通、票务在内的近 10 万余家旅游企业间的信息、交易平台,在全球中文旅游网站中排名前三,旅游 B2B 交易网站排名第一。

## 三、收入来源

目前,同程网主要有 B2B 和 B2C 两大电子商务平台,早期建立的 B2B 平台为旅游企业提供旅游资源的整合、交易,而新建的 B2C 平台则向消费者提供类似携程的各项旅游服务,从酒店、机票到各类门票、租车、旅游产品,最终都通过向商家抽取佣金的模式获利。

### 四、技术解决方案

同程运用互联网、呼叫中心及其他技术为企业运营管理提供强有力的工具,为客户提供更好的服务,为企业创造更大的价值。同程旅行网拥有目前国内旅行服务行业比较大的呼叫中心,是同程旅行网重要的组成部分。

#### (一) 同程的呼叫中心

**1. CCT 简介**

"CCT"为"呼叫中心"的缩写。"呼叫中心"是一些公司企业为用户服务而设立的。早在20世纪80年代,欧美等国的电信企业、航空公司、商业银行等为了密切与用户的联系,应用计算机的支持、利用电话作为与用户交互联系的媒体,设立了"呼叫中心"(Call Center),也可叫作"电话中心",实际上就是为用户服务的"服务中心"。

早期的呼叫中心,主要是起咨询服务的作用。开始是把一些用户的呼叫转接到应答台或专家。随着要转接的呼叫和应答增多,开始建立起交互式的语音应答(IVR)系统,这种系统能使大部分常见问题由机器即"自动话务员"应答和处理,这种"呼叫中心"可称为是第二代呼叫中心。

现代的呼叫中心,应用了计算机电话集成(CTI)技术,使呼叫中心的服务功能大大加强。CTI 技术是以电话语音为媒介,用户可以通过电话机上的按键来操作呼叫中心的计算机。接入呼叫中心的方式可以是用户电话拨号接入、传真接入、计算机及调制解调器(MODEM)拨号连接以及因特网网址(IP 地址)访问等,用户接入呼叫中心后,就能收到呼叫中心任务提示音,按照呼叫中心的语音提示,就能接入数据库,获得所需的信息服务,并且可以进行存储、转发、查询、交换等处理,还可以通过呼叫中心完成交易。

"呼叫中心"把传统的柜台业务用电话自动查询方式代替。"呼叫中心"能够每天24小时不间断地随时提供服务,并且有比柜台服务更友好的服务界面,用户不必跑到营业处,只要通过电话就能迅速地获得信息,解决问题方便、快捷,增加用户对企业服务的满意度。

如果抛开技术的飞速发展、功能需求的日益增加等方面的因素,我们可以赋予呼叫中心一个不随时间而变化的定义,那就是呼叫中心是为了客户服务、市场营销、技术支持和其他的特定商业活动而接收和发出呼叫的一个实体。早一些的定义还有,呼叫中心是利用电话,结合与自动呼叫分配系统(ACD)相连的中心数据库而进行商业活动的场所。

呼叫中心(Call Center)的名字也不是唯一的,这里不妨列出一些它的别名或曾用名:客户服务中心(Customer Service Center)、客户关照中心(Customer Care Center)、客户联系中心(Customer Connect Center)、客户支持中心(Customer Support Center)等,至于技术支持热线、服务热线、联系热线等称谓就更多了。从中我们不难看出,正是因为呼叫中心是一个崭新的产业,所应用的各项技术,尤其是CTI技术在迅猛发展,并且被广泛而深入地应用到各行各业的领域中才使得它有了今天的丰富多彩的内涵和外延。从某种意义上讲,对它的描述越多越好,因为无论怎样定义,都说明了呼叫中心在以客户为中心的今天,将为企业带来无法估量的效益和价值,最终赢得丰厚的利润,推动整个社会的进步。

2. 呼叫中心的作用

现在再没有人置疑呼叫中心在企业中所起的作用。企业之间的竞争大致经历了三个阶段。第一阶段是产品本身的竞争,这是由于早期一些先进的技术过多地掌握在少数企业手里,可以依靠比别人高出一截的质量,赢得市场。但随着科技的飞速发展,新技术的普遍采用和越来越频繁的人才流动,企业间产品的含金量已相差无几,客户买谁的都一样,这就进入了价格的竞争,靠低价打败对手。现在已经进入了第三阶段,就是服务的竞争。靠优质的售前、售中和售后服务吸引和保持住客户,最终取得优势。而呼叫中心正是企业提升服务的有力武器。它可以提高企业的服务质量,让客户满意,使得用户数和营业收入不断增加,并形成良性循环;同时降低成本,通过呼叫可增加企业直销,降低中间周转,降低库存;还可有效地改善内部管理体制,减少层次,优化平面式服务结构,提高工作效率;除此以外通过呼叫中心能够宣传并改善企业形象,扩大企业影响力。

如果把呼叫中心只是当成客户投诉、索赔、抱怨的中心,那实在是有点大材小用了。呼叫中心最具生命力的还是呼出(Outbound)。通过呼出主动地为客户提供服务,向客户宣传、推荐和销售产品才是它的用武之地。通过这种主动的呼出,最终将为企业换回无可估量的利润。比如一个空调厂商每年在四五月份时给你打来电话,询问家中的空调状况如何,并告诉你在夏季使用前最好先清洗一下。你的第一反应很可能不是要真的去检查空调,而是决定今后如果没有特殊原因,所有电器都要购买这个品牌的。道理很简单,在质量、价格相同的情况下,别的厂商没有打来电话,服务不如这个品牌周到。

3. 呼叫中心组成

(1)CTI技术。目前,大部分呼叫中心是采用了CTI技术的新一代电话服务中心。其不同于传统电话服务中心之处在于将计算机的信息处理功能、程控交换机的电话交换接入及分配功能、自动语音处理技术与实际应用业务系统紧密地集成在一起,充分利用先进技术为用户提供更亲切周到、功能更强的服务。CTI技术的前期是计算机和电话集成（Computer Telephone Integration），它使语音和数据融为一体，并在终端（计算机和电话机）上得以实现，这是CTI最早的技术应用。但是后来，CTI的概念逐渐地被赋予了更深层的解释。CTI服务器运行在计算机平台上，完成对于电话呼叫事件的捕捉和呼叫信息如主叫号码、被叫号码的实时采集，完成应用系统发出的电话控制指令（如自动摘机、挂机、转接、外拨）的传递执行。利用CTI服务器的这一功能，计算机应用系统可以实现对客户电话号码和其他输入信息的自动识别，并据此查询后台数据库，然后将查询的信息在人工座席的终端上以信息窗口形式弹出，帮助业务代表迅速方便地实现与客户的信息交互。

（2）自动呼叫分配系统（Automatic Call Distribution，ACD）。自动呼叫分配系统是现代呼叫中心有别于一般热线电话系统和自动应答系统的重要标志，其性能的优劣直接影响到呼叫中心的效率和顾客的满意度。在一个呼叫中心系统中，ACD可以处理成批的来电，并将这些来电按规定路由转给具有类似职责或技能的各组业务代表。各组业务代表被组成"连选组"，来电则按"先进先出"的次序分配给"最悠闲的业务代表"。配备拥有先进路由指示功能的ISDN设备的呼叫中心还可以自动识别出呼叫者的身份及其呼叫目的，然后将呼叫转给最能满足呼叫者要求的空闲业务代表。

（3）自动语音应答（Interactive Voice Response，IVR）。自动语音应答服务器IVR为呼叫接入提供自动服务，可以充当"自动台席"，主要能实现系统接入语音导航、自动留言、自动账务查询、故障自动申告、自动外拨功能等功能。现有配置的IVR服务是基于DIALOGIC语音卡开发，采用研华工控机作为硬件平台，每台服务器支持120路。同程网在客人预订产品需要客户提供信用卡信息时，为了增加客户的信任感，采用了语音导航技术，另外还有一键拨号等技术。

（4）自动传真服务器（Interactive Fax Response，IFR）。根据业务调度实现传真资源与IVR人工话务员座席之间的资源转接，完成传真的收发功能，同时支持多媒体用户收发传真。目前，IVR、IFR基本合设在同一台工控机上。预订同程网在线产品，订单提交成功后，系统将自动发送传真给对应的合作商家。

（5）录音服务器VRS。用于人工座席的同步录音，支持多种同步录音方式，其目的是保证对客户服务的质量，随时保存重要话音记录以备查询和取证，帮助话务员提高业务水平并有效监督和改善客服中心的话务员服务质量。录音服务器每台支持64路，录音VRS的线数与座席数数量相同，另外还设了8线作为监听，安排管理人员实时监听服务质量。同程网工作人员接听或者外呼的每一通电话都有录音记录，成立专门的质检部门抽听每一位客服的录音来提高服务质量。另外对客户服务部也起到很大的作用，当发生投诉事件，要找到问题的关键，录音是最好的证据。

(6)数据库服务器。数据库系统采用主机群集的方式实现,采用 Oracle8i 数据库服务器存储所有呼叫中心的数据,包括配置数据、历史数据、呼出名单,客户关系管理信息的数据库如电话号码联系方式、为用户提供过服务的各种历史记录以及提供各种业务信息资源数据库如号码资源话单信息、用户投诉建议及相关处理等各种信息;有些数据为本地数据,有些数据还需要定期从业务数据库复制到呼叫中心数据库或通过通信服务器从业务系统数据库中联机检索得到。

(7)人工坐席。人工坐席是同程网客户服务中心的对外服务窗口和主要业务处理的承担者,也是影响整个系统功能和系统体系结构的决定性因素。从功能上看,人工坐席可分为普通话务员坐席、班长席等。每个坐席包括计算机终端及跟排队机匹配的数字话机。

(二) 同程六合一旅行社管理软件

同程网六合一旅行社管理软件,是一个功能强大的旅行社网站,建立了可持续发展的旅行社管理模式;集合了产品中心、销售中心、计调中心、财务中心、客户中心、资源中心的六大中心模块和行政中心、系统中心的整合,提供散拼、团队、单项业务多种业务模式。为旅行社实现软件化、无纸化办公提供有效帮助,拥有独立域名、多套模板可供选择,网站空间高速稳定(全国服务器集群服务),建立可持续发展的旅行社管理模式,实现线路自动更新、实时显示剩余座位,同时网站注册会员自动进入旅行社客户资料库,将业务流、客户流合二为一,电话报名、门市报名、网站报名,资料自动进入客户资料数据库,计调人员出团单上所有人员自动进入客户资料数据库。一边做团,一边不知不觉积累客户资料,还具备了信封套打、短信群发、生日自动提醒、事件自动提醒功能。快速建立产品、销售、计调、资源、财务、客户六大中心,实现多种线路分销模式:门市、代理商、内部员工直接剩余座位,在线预订;支持零售商与批发商财务直接对账,与此同时还将拥有同程诚信录档案,接受 80000 名同行监督,展现卓越诚信。散拼团管理、团队组团、团队地接多种业务模式悉数包揽,内部资源共享,提升工作效率,让更少的人做更多的事,与旅行社网站、分销系统、客户管理、线路分销实现软件化无缝对接。

六合一不仅可以借助该系统建立和拓展自身的网络分销渠道,无限制设置分销端口,打通组团社和代理旅行社实时线路信息通道,而且凭借同程网 B2B 和 B2C 两个平台,可以直接进入同程网散客直销和同行分销平台,获得订单。系统自动生成确认单,支持线上线下两种确认方式,既可自动向组团社发传真确认,也可直接在线确认,零售商与批发商财务对账,一目了然。

## 五、同程成功因素分析

### （一）资源优势

同程网经过长期酝酿，利用拥有 4 万家旅游产品供应商的资源优势，2005 年 1 月推出面向普通游客的 B2C 平台，游客可以通过旅游点评、旅游提问、旅游询价、旅游博客等互动形式参与到网站中，并可直接与旅行社、酒店、景区、交通等旅游供应商进行沟通，进行旅游采购，降低旅游者采购风险与采购成本。随着 B2C 平台的推出，同程网也成为目前中国唯一拥有双平台即 B2B 旅游企业间平台和 B2C 大众旅游平台的旅游电子商务平台。

### （二）网络优势

同程网利用网络优势，将流行的"最后一分钟订房（Last Minute）"概念加以推广，整合酒店中突然取消的团队房、散客的 No Show 房等瞬间积压的资源，用超低价的优势在极短的时间内为它们寻找新的买家。虽然看起来是偶然性的资源，但是当这种偶然性积累到一定数量，达到相当的规模就变成了必然。而只有网络这种工具，才能让这种瞬间资源的规模化变成现实。

### （三）降低旅游者出游成本

假期增加后，旅游者的出游次数也将有一定程度的增加，出游的成本控制就成为旅游者重点考虑的问题之一。作为一家在国内领先的 web2.0 旅游网站，除了为游客提供旅游资讯以外，同程旅游网致力于为游客提供更全面、优质与低成本的旅游服务。同程旅游网目前提供 4000 家酒店预订，遍布全国各省市，从家庭旅馆到五星级酒店应有尽有，价格为门市价的 2～7 折。游客在同程旅游网注册，免费验证手机后，立即可以获取 10 元奖励；预订每间酒店客房并且成功入住后可以得到 10～100 元的点评奖金；帮助家人、同事和朋友订房，都可以获得奖金，还可以推荐他们自己使用同程网进行订房，获得推荐奖金。同程旅游网这种新型酒店预订方式的推出极大地降低了出游者的旅行成本，获得了很好的口碑效应。

### （四）奖励和优惠

**1. 点评奖金**

点评奖金是指客人通过同程网预订酒店、机票、景点门票、演出门票、租车和旅游度假服务，在成功消费后的 60 天内，对所预订的产品发表点评，即可获得由同程网给予的奖金奖励，点评奖金累积在"奖金账户"中。点评奖金返还到客人的同程网账户中，在一个消费年度内累计满 200 元可以申请提现。

**2. 消费券**

消费券是由同程网设立的一种在线旅游产品优惠券。获得消费券的会员可以在规则规定的条件下用消费券支付购买同程网全部在线支付产品。

### 3. 年度最佳建议奖

同程网特意设置一个"年度最佳建议奖",专门奖励在过去一年里对同程网的服务提出过有价值的建议的会员,开创了在线旅游行业的一个先例。发展自助游主要面对的就是个性千差万别的"驴友",企业必须具有足够的耐心倾听他们的意见,不断改进服务,同程网正在向这个方向努力。另外同程培训自己的讲师团队,为合作的旅游企业进行电子商务普及与推广工作,运用C网资源与B网优势,向合作城市输送大量的客源,直接给合作城市带来收益,真正达到地方政府、旅游企业、游客多赢的局面。

### 4. 会员互动活动

旅游具有一定的空间性与地域性,同程的会员遍布全国,在全国主要旅游城市,同程已经在当地设立办事机构,随着时间的推进,将建立越来越多的办事机构。通过当地的服务机构,可以更好地服务当地的旅游企业,提升同程的服务品质和口碑。办事处也起着与当地政府接洽、活动承办策划的功能。办事处拥有销售团队,不仅能解决办公费用问题,而且还能为总部增加利润。但前期要进行大量的市场调研和准备工作。

同程经常搞旅游博客大赛活动,看似平常的比赛,实则是继论坛以后更聚拢人气的方式之一。旅游者把旅游的经验和感受写出来与别人分享,有的形成旅行第一手资料,对游客出行带来极大的便利。长此以往,一方面增加网站内容的原创性,便于搜索引擎收录,另一方面起到了口碑宣传的功效。写博客得现金,是一举两得,同程把投在互联网的钱,用到这里了,而且效果显著。

### 5. 企业文化

注重企业文化与员工学习。同程有自己的内网系统(OA系统),每天员工必要登录到平台上,写工作日志,每个月阅读一本书,把读后感发布在上面,学习内部培训资料,在同程创立之初这项制度就形成了。同程经常组织旅游方面的活动,而且员工比较热爱旅游,这可以适时提升员工的工作热情。互联网是年轻人的舞台,他们追求个性自由与成长发展,在企业发展的同时,逐渐奠定了企业的文化。而文化是最富有生命力的,也是别人难以逾越和复制的。

### 6. 对外宣传和造势

2008年和2009年是中国旅游的旺年,全国各大旅游省份、城市政府把旅游产品推介工作作为重点进行宣传,加强旅游产品体系建设,优化旅游产品结构,政企结合,举办各种大型主题促销活动,努力提升当地旅游知名度和竞争力,促进区域旅游合作,争创市场开发新优势。同程借国家大力发展旅游电子商务这一机遇,与各地旅游局、报纸、电视媒体举行各类活动,比如旅游线路设计、摄影大赛等活动,不断加强同程在当地的形象,运用小城市包围大中城市的策略。在这一过程中,同程正努力扮演自己的旅游媒体形象和当地旅游资源招商的大使形象。

同程善于对外宣传和造势。适时造势其实是很重要的,给自己造势,也给这个行业造势。通过参加"赢在中国",把同程网项目推到媒体和网友中,也把自己推向了 VC(Venture Capital,风险投资)。旅游 B2B 范围很小,很难有大的赢利,而 B2C 正是同程后续的战略之一,也是更大赢利的途径。B2C 需要大量的资金,通过媒体造势,找到自身的融资渠道,让风险投资选择同程。同程六合一推出时也通过大量的媒体报道,用软广告宣传产品,成为同程实现市场占有率的有力武器。

## 第五节　旅游垂直搜索引擎去哪儿网

### 导入案例

3.06 亿美元,这是百度有史以来最大的一笔对外投资,也是中国在线旅游市场获得的最大一笔投资,投资对象是在线旅游搜索引擎去哪儿网(Qunar.com)。2011 年 6 月 24 日晚间,百度与去哪儿网共同宣布:双方达成一项深度战略合作协议,去哪儿网获得百度战略投资 3.06 亿美元,百度将成为去哪儿网第一大机构股东。去哪儿网将和百度在全线产品线和品牌方面保持紧密合作。

3.06 亿美元,这比大多数互联网公司梦寐以求的 IPO(首次公开募股)获得的资金都多。从全球来看,搜索引擎从来就是一个充满想象力的市场,与在线旅游市场紧密结合的垂直搜索引擎去哪儿网,获得资本垂青并不让人意外。

### 一、网站概况

"去哪儿"是目前亚太及中国领先的在线旅游媒体,创立于 2005 年 2 月,总部位于北京。由纪源资本(GGV Capital)、梅菲尔德(Mayfield)、金沙江创投(GSR)和特纳亚资本(Tenaya Capital)共同投资支持。"去哪儿"为旅游者提供国内外机票、酒店、度假和签证服务的深度搜索,帮助中国旅游者做出更好的旅行选择。凭借其便捷、人性化且先进的搜索技术,"去哪儿"对互联网上的机票、酒店、度假和签证等信息进行整合,为用户提供及时的旅游产品价格查询和信息比较服务。

艾瑞监测数据显示,2011 年 3 月旅行网站月度访问次数统计中,去哪儿网以 5106 万人次高居榜首,携程次之;日均覆盖数据统计中,去哪儿网以 104 万人蝉联榜首,携程日均覆盖人数为 66.9 万人,位居第二。11 月份,去哪儿网月度访问率为 42%,保持在中国在线旅游网站中第一的位置,携程以 15% 位列第三,去哪儿网访问率几乎为携程的 3 倍。

去哪儿网目前可搜索超过 700 家机票和酒店供应商网站,搜索范围超过 10 万家酒店和1.1万条国内、国际航线以及4万条度假线路、2.5万个旅游景点。此外，去哪儿网团购频道已针对全国100多个城市开展旅游团购服务。

　　对于在线旅游业尚处于起步阶段的中国市场，"去哪儿"的诞生恰逢其时，随着航空公司相继推出在线旅游服务，以实现其自有服务在网络空间的延伸，"去哪儿"认识到在线旅游市场的用户需求已经逐渐变化：中立、智能、全面的比较平台，对用户进行旅游产品选择和决策的作用日渐突出。正是这种需求的增长，促使了公正、中立的旅游新媒体"去哪儿"的出现。凭借便捷、人性化且先进的搜索技术，去哪儿对互联网上的机票、酒店、度假和签证等信息进行整合，为用户提供及时的旅游产品价格查询和比较服务。"去哪儿"必将肩负起整合中国在线旅游产品及提供高价值旅游信息的全新历史使命。

## 二、市场定位

"去哪儿"网对网站用户进行了精确细分。

（1）经常出行的商务人士。对于这类人群，酒店和机票是其出行必不可少的产品。

（2）爱好旅游的人士。去哪儿网提供了团购游，价格优惠，路线多样。对于特别喜欢自助游的人群更有度假路线搜索，可以找到各种各样的玩法，应有尽有，满足各种旅游者的爱好。

（3）经济宽裕而又谨慎出游的白领或大学生。"去哪儿"网提供了各种省钱游，包括酒店也可以双向对比，以帮助这类人群确定最优惠的旅游方案。

## 三、服务内容

"去哪儿"提供的产品包括以下几种。

### （一）机票搜索频道

提供全面的国内和国际机票搜索功能，用户能够随时查询国内外各城市之间所有最新航线价格信息，并获得该机票在赠送保险、接送机等服务方面的参考信息。随着人们生活水平的提高以及航空业近几年的快速发展，越来越多的人会选择飞机作为出行的交通工具。"去哪儿"为了能够快速、准确和真实地将机票价格呈现给客户，与国内数百家互联网运营商签订协议，并且为客户提供多种选择。如果客户认为当天机票过于昂贵，网站还会以曲线的形式将半个月以内的同程航班机票价格展现给客户，客户不需要重复搜索机票，就可以轻而易举地决定选择哪家公司购买机票。除此之外，运营商也可以参与到竞争中来，发挥自己的价格和渠道优势。

去哪儿网不仅在技术上要求做到最先进、最专业，在服务上也要求不断提高网站的核心竞争力。机票业务是去哪儿网站最核心的业务之一,也是发展最快的业务。根据用户调查结果显示,80%的用户投诉都针对黑代理、山寨网站、假冒网站,等。此外,调查数据显示,在线订票用户遇到的常见问题中,加价出票、退款不及时、电话无法接通等成为用户最为关心的问题。

针对用户的投诉,去哪儿网最近推出金牌机票服务系统,这个系统包括:100%的 CATA 认证代理商体系、代理商投诉管理系统、代理商信息查询系统和消费者评价排序体系。

100% 的 CATA 认证代理商体系,可以保证通过去哪儿网搜索到的代理商 100% 都是经过认证的、合格的、有经营资质的代理商。此外,利用代理商信息查询功能,可以查询所有机票代理商的详细信息,让用户更加放心地使用去哪儿的服务,提高机票产品服务的核心竞争力。

**(二)酒店搜索频道**

2010 年 3 月份,去哪儿网发布了《2010 年第一季度中国酒店行业用户点评趋势报告》。去哪儿分析了 3500 万庞大的旅游消费者的搜索数据行为,并经过预测、对比得出用户各项关注点的趋势报告。去哪儿的酒店频道目前可实时搜索 121 个网站,594 个城市,约 40 000 家各种星级与档次的酒店。也包括短期公寓、度假村、青年旅舍等信息,并提供 9 大类搜索条件(价格,星级,服务设施,品牌,地标,商圈,行政区,酒店特色,酒店名)、36 种搜索要素以及 8 种排序方式供用户选择。去哪儿网分析了各种出游情况及其影响因素,并以此为依据向客户提供参考意见,同时也为酒店提供改进服务质量的相关建议。另外新推出的团购频道,也包含了全国各地的团购酒店价格,为客户提供了更大的优惠。无论是酒店经营淡旺季都为客户提供 4 到 8 折的优惠。去哪儿网拥有全球最大的酒店点评系统,为客户外出提供更便捷、更快速的服务。

**(三)度假搜索**

能够快速搜索各类旅行社、在线供应商的旅游度假产品,范围包括海外度假、特价周边游、国内特价机票、国际特价机票和国内特价酒店等。对于没确定目的地的客户来说,"去哪儿"提供了最好玩城市和路线推荐,并根据节假日情况提供主题游以供客户选择;而对于已确定目的地的客户来说,如何选择价格便宜,服务优质的旅行社成为客户最关心的问题,去哪儿度假频道可以根据客户出行的地点提供自由行或跟团游等各种形式,并提供多种玩法,总有一种能打动客户的心,给了客户以充分的选择。旅行社通过竞争,提高了服务质量并实现了市场资源的有效配置。

**(四)签证搜索频道**

一般情况下,任何签证都以各种各样千奇百怪的条款为特征,如果不是特别有经验的人，将会花费大量的时间跟精力，就算材料准备齐全，也有可能被无理由拒签。为了避免这些情况，客户会委托第三方来办理，然而市场上有不少乱收费的代理机构，如何找到一家诚信度高的第三方成为关键问题。"去哪儿"与佰程旅游网合作，提供全球签证服务，根据用户需求搜索各种签证类型及价格信息，并将第三方的签证服务评论充分暴露在阳光下，只要发现有不良记录，便会影响公司信誉，所以与去哪儿签订协议的第三方会努力提高业务质量，从而通过客户评论提高竞争力。

#### （五）火车票搜索频道

2010年3月，去哪儿网推出其第四大旅游搜索平台火车票搜索频道。火车票并不是去哪儿的主营业务，是作为网站的辅助功能定位的，供一些经济水平一般的游客查询使用。为了更大程度地方便旅客，去哪儿网首推机票与火车票比较搜索模式。网站在火车票搜索位置前，添加了"搜索匹配"的功能，机票与车票的价格差异在同一平台中一览无余，甚至大多数时候机票价格要低于火车票。此项功能的完善，大大满足了普通工薪阶层的出行需求。

#### （六）"知道"

最先发起"知道"并将之搞得有声有色的当属搜索引擎老大百度，百度知道题目范围广，问题种类多，并有专业的知道团队，所以投入市场不久，就受到了大量网民的喜爱，成为网民解决问题的第一选择。"去哪儿"沿用这一模式，不过其开发的知道是专为解决客户在日常旅游中遇到的问题而推出的，涉及票务交通、酒店住宿、旅游攻略，满足了人们出行的各种需求，增进了旅客的交流，提高了网站流量。

#### （七）博客

博客自打进入人们的视野就得到了众多用户的热捧并快速发展，新浪自2009年开通微博，至今品牌价值已飙升到7.5亿元。"去哪儿"开发的博客频道满足了游客分享旅游经历和心得的诉求，并增加了客户之间的互通性，有效地提高了点击率，也为其他游客提供了借鉴和参考，使客户对网站的品牌更加忠诚，有效增强了客户黏度。

#### （八）"旅行"频道

2011年3月30日，去哪儿网低调上线了"旅行"频道，为用户提供旅行攻略、游记等相关信息搜索。此频道希望能帮助用户更快获得有用的旅游信息，成为最好的游记、攻略、旅游信息搜索平台。此外，该频道还整合了去哪儿网此前推出的行程管理功能，用户规划出行过程更加方便。去哪儿网通过语义搜索对全网内容进行分析，过滤旅游信息，并对优质信息进行排序，可大幅度节省用户查找时间。

#### （九）团购频道

2011年1月，旅游搜索引擎"去哪儿"推出团购频道，这是国内首个以旅游营销为主题的团购平台。去哪儿团购频道主要提供优质酒店、度假村、酒店式公寓、经济型酒店、青年旅舍、特色客栈等高品质服务和产品的团购项目。团购网自2011年3月份以来发展迅速,但要从千团大战中脱颖而出,结合自身优势走垂直化路线成为去哪儿网的不二选择。

**(十)奖励和优惠**

除此之外,去哪儿网(Qunar.com)还创新性地推出一些"新玩意",一些酒店下面出现一个小礼物的红色醒目标志,并配合有一些文字说明,有说明送代金券的,有说明送免费赠品的。

这些"新玩意",正是去哪儿网推出的一项全新功能——酒店优惠信息提示功能。这是其他旅游网站未曾出现过的。去哪儿网集中了国内近八万家酒店信息,但如何使客户更全面、更有效地了解酒店优惠信息,一直是这家全球最大的中文旅行网站所努力攻克的一道难题。去哪儿网对各种优惠信息进行了归类,不仅方便了消费者进行横向价格比较,而且有利于对优惠券进行充分比较。根据历史数据显示,在美国酒店业,约60%的营业额都是通过优惠券推广所产生的。去哪儿网率先对酒店优惠信息进行整合,开启了酒店业双网联动营销的先河,这将大大有助于提升酒店营销水平。

## 四、盈利模式

一个成功的商业模式必须是赢利的,除了有独特的价值定位,满足客户需求的产品,合理的资源系统,还要能够获得价值。"去哪儿"把客户价值最大化作为服务的第一宗旨,赢利自然就成了其经营的必然结果。其收入来源主要有以下几方面。

**(一)广告**

广告是"去哪儿"公司的主要收入来源,目前在各产品与服务页面上提供的广告包括:

(1)首页广告:banner广告和文字广告。适合品牌宣传或促销,图片广告按显示次数收费,文字广告按点击收费。

(2)机票搜索结果页面广告:有banner广告、文字广告、图片广告三种形式,机票报价网站推广,适合可以提供实时价格信息的机票预订网站,按点击收费。大多数航空公司为了节约成本,拓宽销售渠道,将部分机票出售给代理经营商,留一部分价格区间给代理商,由其自行调整机票出售,而一般代理商为了更好地完成业绩,往往会以低于航空公司机票市场价的价格出售。

(3)酒店页面广告:banner广告和文字广告。适合酒店相关品牌宣传或促销推广,图片广告按显示次数收费,文字广告按点击收费。

(4)酒店搜索结果页面广告:banner广告,文字广告,图片广告,首推酒店广告,具有针对性、订单转换率较高的图片广告。

### (二)竞价排名服务
"去哪儿"在搜索结果中提供排名服务,并按照用户点击收费。

### (三)企业客户
为航空公司、酒店、签证服务代理机构、旅游景点和度假村等提供广告服务。

### (四)酒店预订电话费
当消费者搜索到"酒店直通车"业务的页面时,可以通过去哪儿网站的400个电话与酒店联系并进行预订。去哪儿网向酒店收取消费者与加盟酒店通话所产生的电话费用,按每分钟2元的标准收取。这样比其他旅游网站收取佣金的模式更为划算。去哪儿官网上提供了一个案例,某酒店直通车获得107个用户电话,实际入住76个夜间,按每间房260元计算,共获得收入19760元。如果按照15%的佣金来算,该酒店需向传统分销商支付2964元费用,但107个电话费仅收428元,为酒店节省了很多利润。所以此项业务不仅能让中小酒店从中获益,更能成为去哪儿网的重要收入来源。

## 五、技术解决方案

去哪儿网是一个垂直搜索引擎。所谓垂直搜索引擎,是指针对某一个行业的专业搜索引擎,垂直搜索引擎是搜索引擎的细分和延伸,是对网页库中某类专门信息进行一次整合,定向分字段抽取出行业相关信息后再按适当的形式返回给用户。垂直搜索引擎和普通的网页搜索引擎的最大区别是前者对网页信息进行了结构化信息抽取,也就是将网页的非结构化数据抽取成特定的结构化信息数据,好比网页搜索是以网页为最小单位,基于视觉的网页块分析是以网页块为最小单位,而垂直搜索是以结构化数据为最小单位。然后将这些数据存储到数据库,进行进一步的加工处理,如:去重、分类等,最后分词、索引再以搜索的方式满足用户的需求。整个过程中,数据由非结构化数据抽取成结构化数据,经过深度加工处理后以非结构化的方式和结构化的方式返回给用户。

应用于旅游行业的垂直搜索引擎,称为旅游垂直搜索引擎。它可以理解为搜索引擎的一种细分,即在旅游行业领域的专业搜索引擎。"去哪儿网"就是提供旅游垂直搜索引擎服务的旅游产品服务中间商,通过搜索引擎的形式为游客提供服务。

常规意义上基于网页搜索的搜索引擎,搜索结果中的内容根据相关性排列,来源于其他网站的内容索引,与此类似,旅游垂直搜索引擎的检索结果也来自被收录的网上旅游电子商务网站,当用户检索某个旅游产品(如酒店客房、旅游线路、机票、旅游纪念品等)时,所有销售该旅游产品的网站都会被检索出来,用户可以根据产品价格、对网站的信任和偏好等因素进入所选择的网站购买产品。

旅游垂直搜索引擎与一般的网页搜索引擎相比,主要的区别在于,除了搜索产品、了解产品说明等基本信息之外,通常还可以进行不同供应商的相同或相似产品价格比较,并且可以对产品和在线旅游电子商务网站进行评级,这些评比结果指标对于用户购买决策有一定的影响,尤其对于知名度不是很高的旅游产品供应商,通过购物搜索引擎,不仅增加了被发现的机会,还有助于增加顾客的信任。

在"去哪儿"网站上,用户不仅可以用多种方式进行检索,如产品名称、品牌名、网站名称等,还可以对产品进行评比,发表自己的意见,同样这些信息也可以被别的用户参考。因此当用户使用"去哪儿"搜索引擎检索旅游资讯时,可以获得比较丰富的信息,对做旅游产品购买决策有较大的参考价值。这也从另一个角度说明,旅游产品供应商,利用旅游垂直搜索引擎进行推广可以增加被用户发现的机会,从而达到促销的目的,因而该引擎成为网上销售的一种常用促销手段。

去哪儿的垂直搜索和通用搜索的区别是:去哪儿提供非常精准的产品信息,如果在百度和 Google 搜索,只能搜出大量机票网站,其中还包括大量交易风险。去哪儿的垂直搜索和在线旅游网站的区别是:携程是以佣金、代理费为主,所以携程要想获得高额利润,必须营销对他来说收益最大的产品,其网站就不能包括所有产品,那些低价产品或是无法换来营销额的产品信息就搜索不到。而去哪儿刚好相反,由于它是一个媒体平台,因此去哪儿可以搜到最全最丰富、价格最优的产品,这是其他旅游电子商务网站无法做到的。

除了信息丰富,交易安全,去哪儿还提供了旅行信息搜索频道,帮助游客完善出行计划,并提供了分享平台供游客交流分享出游心得。

## 六、成功因素分析

### (一) 不同于"携程"的模式

客户有出游的打算后,便会收集信息,首先确定去哪里玩,然后对比出游价格,包括酒店、机票、景点费用,经过比较选择最后决定行程。出游过程中,会根据亲身体验,对酒店服务、景点满意度进行评分与分享,这样既增加了旅游过程中的互动,又为以后的出行者提供了参考。

大部分旅游直销网站,包括淘宝、携程、腾讯财付通、12580 等,这些公司都在发展旅游电子商务。航空公司,汉庭、7 天等酒店都在开展直销模式而绕开代理环节,同程网搭建 B2C 及 C2C 模式,立足散客市场,淘宝则采用 C2C 模式来补充传统模式,每一家企业都企图开拓新疆土,然而所有的模式都是在围绕"携程模式"做出调整,只有"去哪儿"绕道成功。去哪儿集成了以上所有网站的网络信息,帮助消费者分析最丰富的价格和产品在哪里,为消费者提供信息比较。去哪儿网并不直接参与交易,而是用无形之手来推动交易。

### (二) 强大的数据库

去哪儿有机票、酒店等资源的数据库,能够为客户提供比价、资源条件、优惠信息等筛选服务。"去哪儿"与超过 400 家的机票供应商和超过 1500 家酒店的供应商建立了业务联系,由供应商将其机票价格信息、房价与公司的数据库实时连接。

机票方面,"去哪儿"的搜索范围涵盖了中国国际航空公司,南方航空公司,芒果网,携程旅行网等各航空公司、各区域大型机票销售代理,消费者只要在网站上输入机票的需求信息,即会出现各航空公司及代理商的自低到高的价格信息和特惠服务,使消费者对旅行产品可以进行轻松对比充分分析。

酒店方面,"去哪儿"已经与希尔顿国际酒店集团、万豪酒店集团、上海锦江集团、法国雅高集、团速 8 中国酒店等众多国内外著名品牌达成战略合作伙伴关系,为消费者提供更为广泛的酒店选择和直接有效地获得渠道。

### (三) 资本的注入

2009 年 11 月 12 日,"去哪儿"宣布在北京完成了第三轮 1500 万美元的融资,本轮融资由纪源资本领投。除此之外,去哪儿分别于 2006 年和 2007 年先后获得两轮共 1200 万美元风险投资。在此之前,"去哪儿"的所有投资人包括梅菲尔德风险投资公司、金沙江创投和特纳亚资本等。

### (四) 超大规模实时数据搜索技术

"去哪儿"的核心技术为超大规模实时数据搜索技术,其核心技术实现了用三到五秒的时间从数百个数据源获得大量数据,处理并展现给消费者最新的在线旅游产品数据,并能够同时服务数十万人查询而保证服务的速度和效果。因而数据搜索的时效性能够得到有效保证,而普通搜索引擎对数据的时效缺乏良好的更新能力。正因为如此,去哪儿曾一度超越携程等其他旅游网站而达到日均覆盖率第一的喜人业绩。

### (五) 开发去哪儿网址导航首页

为了培养客户的忠诚度,进一步增加顾客黏着度/粘着度(第 6 章旅行社电子商务系统出现),去哪儿开发了自己的导航首页。自从"好 123"被百度收购以后,网站导航首页的潜在市场被众多企业看好,各种各样的导航首页虽然相差不大,但是客户对自己忠诚的网站,往往依赖性比较大,这也是提高竞争力的一种手段。

## 思考与练习

1. 什么是旅游产品中间商?它有哪些职能?
2. 传统旅游供应链的模式是什么?为什么会造成"牛鞭效应"?

3. 携程模式有哪些特点？你认为有什么不足？
4. 网上旅行超市有什么优点？
5. 同程旅行网的成功经验有哪些？
6. 什么是呼叫中心？你认为呼叫中心今后会不会被取消？
7. 访问一下"去哪儿"网，体验一下其主要功能。

# 参考文献

[1]巫宁,杨路明.旅游电子商务理论与实务[M].北京:中国旅游出版社,2003.

[2]邓凯,常晋义.电子商务[M].北京:中国电力出版社,2003.

[3]巫宁,杨路明.旅游电子商务[M].北京:旅游教育出版社,2004.

[4]方美琪,付虹蛟.电子商务理论与实践[M].北京:中国人民大学出版社,2005.

[5]杜文才.旅游电子商务[M].北京:清华大学出版社,2006.

[6]王欣.中国旅游电子商务的现状与路向[J].社会科学家,2000(3).

[7]肖建成,余蓉.旅游电子商务在旅游业中的应用前景[J].云南地理环境研究,2004(1).

[8]夏立,杨福林.中国旅游电子商务模式分析[J].合作经济与科技,2007(22).

[9]陈丽芳.浅谈中国旅游电子商务发展现状和对策[J].科技资讯,2007(31).

[10]谌利.浅论我国旅游电子商务现状和发展趋势[J].中国集体经济,2008.

[11]王曰芬,丁晟春.电子商务网站设计与管理[M].北京:北京大学出版社,2004.

[12]何秀芬,杜艳艳.浅谈旅游网站设计[J].中国市场,2010(18).

[13]袁津生,齐建东,曹佳.计算机网络安全基础[M].北京:人民邮电出版社,2008.

[14]管有庆.电子商务安全技术[M].北京:北京邮电大学出版社,2006.

[15]王忠诚.电子商务安全[M].北京:机械工业出版社,2009.

[16]孙学文.电子商务基础与实训[M].南京:东南大学出版社,2010.

[17]王淑华.电子商务在酒店业的应用和发展[J].辽宁师专学报(自然科学版),2006(3).

[18]吴东晓.我国饭店业电子商务初探[J].社会科学家,2001(1).

[19]罗冬梅.探讨中国酒店业发展电子商务的对策[J].商场现代化,2007(21).

[20]江辉仙.中国旅游酒店电子商务发展现状、问题及其对策[J].福建地理,2003(3).

[21]姬宝文.信息时代单体酒店电子商务营销的解决途径[J].中山大学学报论丛,2007(11).

[22]闫淑玲.试论电子商务在我国中小型饭店中的应用[J].乐山师范学院学报,2007(12).

[23]朱磊.基于移动电子商务的酒店营销管理[J].中国商贸,2011(8).

[24]杨巨恩.电子商务环境下旅行社的生存和发展[J].职业,2012(22).

[25]谢雨萍.旅游电子商务冲击下旅行社的发展策略[J].社会科学家,2002(1).

[26]朱镇,赵晶.旅行社和旅游在线服务商的电子商务竞争优势来源比较研究[J].中国地质大学学报(社会科学版),2011(2).

[27]盛正发.中国旅游电子商务的SWOT分析及战略选择[J].菏泽学院学报,2005(6).

[28]郄亚兰,张蕾.浅析电子商务对旅游业发展的作用[J].中国市场,2012(32).

[29]韩彩霞,张永林,仝丽娟.旅游电子商务——传统旅游业的未来[J].经济论坛,2006(12).

[30]杨超.航空公司电子商务发展战略初探[J].空运商务,2011(4).

[31]楼明慧.航空业的电子商务未来[J].互联网周刊,2009(21).

[32]婕芳.电子商务促进航空业发展研究[J].科技创新导报,2010(13).

[33]朱泽坤.电子商务发展对航空机票销售模式的影响[J].物流工程与管理,2012(1).

[34]赵剑凌.电子商务环境下航空公司客票销售渠道战略联盟研究[J].空运商务,2010(3).

[35]杨福良,邓志成.电子商务在航空公司营销中的创新[J].空运商务,2012(1).

[36]司林胜.电子商务案例分析[M].重庆:重庆大学出版社,2008.

[37]吴晓波.供应链与物流管理[M].杭州:浙江大学出版社,2005.

[38]贺澄君.Call Center系统结构及其功能和典型应用案例分析.http://wenku.baidu.com/view/b6995739b90d6c85ec3ac695.html

[39]周时祥."六合一"基础培训课堂.http://wenku.baidu.com/view/

b393f006bed5b9f3f90f1c8a.html

[40]赵亮,王忠伟,李洪娜.旅游电子商务运营模式及其发展趋势[J].改革与战略,2012(4).

[41]郑亚琴,胡成杰.携程和春秋旅游电子商务模式比较[J].安庆师范学院学报(社会科学版),2011(4).

责任编辑：郭珍宏

**图书在版编目(CIP)数据**

旅游电子商务教程／周春林等编著． —北京： 旅游教育出版社，2013.1（2021.12 重印）
新编高职高专旅游管理类专业规划教材
ISBN 978-7-5637-2552-6

Ⅰ.①旅… Ⅱ.①周… Ⅲ.①旅游业—电子商务—高等职业教育—教材 Ⅳ.①F590.6-39

中国版本图书馆 CIP 数据核字（2013）第 018466 号

新编高职高专旅游管理类专业规划教材
谢彦君 总主编

**旅游电子商务教程**

周春林 王新宇 周其楼 等编著

| | |
|---|---|
| 出版单位 | 旅游教育出版社 |
| 地　　址 | 北京市朝阳区定福庄南里 1 号 |
| 邮　　编 | 100024 |
| 发行电话 | (010)65778403 65728372 65767462(传真) |
| 本社网址 | www.tepcb.com |
| E-mail | tepfx@163.com |
| 印刷单位 | 唐山玺诚印务有限公司 |
| 经销单位 | 新华书店 |
| 开　　本 | 710 毫米×1000 毫米　1/16 |
| 印　　张 | 17.75 |
| 字　　数 | 282 千字 |
| 版　　次 | 2013 年 2 月第 1 版 |
| 印　　次 | 2021 年 12 月第 6 次印刷 |
| 定　　价 | 30.00 元 |

（图书如有装订差错请与发行部联系）